RESEARCH ON CHINESE BUDDHIST SOCIAL WORK

INDIGENOUS EXPERIENCE BASED ON HISTORY AND CULTURAL TRADITIONS

中国佛教社会工作研究

基于历史和文化传统的本土经验

杜立婕 著

 宗教文化出版社

图书在版编目（CIP）数据

中国佛教社会工作研究：基于历史和文化传统的本土经验 / 杜立婕 著 . -- 北京：宗教文化出版社 ,2022.7

ISBN 978-7-5188-1279-0

Ⅰ . ①中… Ⅱ . ①杜… Ⅲ . ①佛教－社会工作－研究－中国 Ⅳ . ① B948 ② D635

中国版本图书馆 CIP 数据核字 (2022) 第 121916 号

中国佛教社会工作研究
——基于历史和文化传统的本土经验

杜立婕 著

出版发行：宗教文化出版社

地　　址：北京市西城区后海北沿 44 号　（100009）

电　　话：64095215（发行部）　64095265（编辑部）

责任编辑：王志宏

版式设计：武俊东

印　　刷：河北信瑞彩印刷有限公司

版本记录：880 毫米 × 1230 毫米　32 开　8 印张　300 千字

　　　　　　2022 年 10 月第 1 版　2022 年 10 月第 1 次印刷

书　　号：ISBN 978-7-5188-1279-0

定　　价：98.00 元

目　录

绪　论

一、选题缘起

之所以选取对"中国佛教社会工作"进行研究，主要有以下原因：

首先是研究者本人的研究基础和兴趣。我硕士读的是社会学，博士为宗教学，毕业后一直从事社会工作专业的教学、科研工作。"社会工作"在国际上是一个通用的概念，译自英文的 Social work。这既是一门学科，也是一种职业，并非我们日常使用的"社会工作"涵义。我们从事的每一份职业或者工作都可以称得上是"为社会而工作"，却并非专业意义上的"社会工作"。它在中国属于舶来品，我们目前所使用的相关概念术语及研究的理论范式均来自西方。西方社会工作传入中国后有一个适应本土的问题，西方社会工作的形成与基督教文化相关，至今仍然有"基督教社会工作"的称谓。在中国，佛教而非基督教是传统文化的重要组成部分，但在目前中国社会工作领域的研究中，很少有人注意到佛教独特的社会工作意义。在拿来主义的同时，我们更应该反思中国自己的历史传统，其实中国社会有着自己本土的社会工作，如果说西方的社会工作在民间最早起源于基督教的慈善事业，那么中国最早的社会工作则与佛教有着无法割裂的渊源关系。

中国佛教是以大乘思想为中心，大乘菩萨行以修"六度"为主，成佛先度众生是最高目标。"六度"包括布施、持戒、忍辱、精进、禅定与智慧六个方面。第一度就是布施，是由凡夫入圣位，到达涅槃彼岸的必行之路。布施有三层意义：一是法施，即佛法的传播；二是财施，即以财物济贫供需等福利事业；三是无畏施，即给人们精神上的一种安慰和鼓励。佛教的法施和无畏施就是社会工作中的心灵和信仰服务，而财施属于社会工作的物质救助性社会服务。佛教的慈悲精神表达的就是西方社会工作的"利他主义"的价值观念，"佛教经济及其所能够形成的善行义举，是一种发出己愿、利他情操而从事的一种追求公共利益的志愿服务工作，即是其中隐含着信仰者个体可从志愿服务工作中获致满足个人心理层次上的需求"[①]。守着佛教这样一座蕴藏丰富、开采价值极大的矿山，社会工作的从业人员实在没有必要为绞尽脑汁的模仿西方实践而东施效颦。目前中国大陆之外的其他华人地区，如我国香港、台湾的社会工作领域的学者已经在挖掘佛教传统中的理论精华，并应用于社会工作实践，以更好地实现社会工作的本土化进程。由于社会工作学界和佛教学界之间长期缺乏互动和交流，使得"佛教"与"社会工作"两个概念的结合远远比不上"基督教"与"社会工作"的结合历史悠久，因此系统的研究成果并不多，台湾有一些个案研究，香港社会工作学界的一些学者虽尝试在其实务中运用佛教"我执""无我"的心理学理论来改变案主的错误认知[②]，但仅限于某些个案的尝试，理论上并未进行系统的总结

---

① 李向平：《中国当代佛教经济的"社会性"刍议》，http://www.comment-cn.net/data/2006/0818/article_15974.html，2006 年 8 月 18 日。

② 陈丽云等：《身心灵互动健康模式：小组辅导理论与应用》，北京：民族出版社，2003 年 6 月。

和梳理。

因为国内对社会工作的研究历史并不长，在中国社会工作领域，有些学者把它当做一个舶来品，希望将西方现有的模式拿到中国来应用取得立竿见影的成功，而不去探索西方社会工作在早期发展阶段是从社会民间的慈善力量再到政府制度规范的"自下而上"的自然发展过程，忽略了社会工作原本就有的宗教慈善的本源。如哈耶克在《自由秩序原理》导论中批判的那样，发展中国家的先进知识分子在学习和借鉴西方文化时，倾向于不是学习西方早先建构文明的方式，而是那些由西方的成功所引发的各种替代性方案的构想①。这也构成了有关社会工作本土化的讨论一直在各种各样的场合持续存在的重要原因。社会工作本土化的意义是在吸收外国先进理论的基础上发展本国的自生理论，自生理论的来源之一是历史文化传统，本研究便是在充分挖掘中国传统文化组成部分之一的佛教对于社会工作伦理和具体实务技术的借鉴意义。我国与西方国家有着不同的文化背景，佛教是传统文化的重要组成部分之一，儒释道三教合一共同构成中国哲学基础，对中国社会产生了深远持久的影响，佛教在服务中国传统社会的过程中积累了丰富的本土经验，可以进行细致的总结和梳理。佛教作为起源于古代印度的外来文化，也在中国社会工作历史实践过程里一步步被融入到中华传统文化中，塑造和影响了中国人的公益慈善和社会心理。

其二，通过本研究尝试对佛教进行一种现代的诠释。佛经中从来没有出现过"社会"一词，更不要说"社会工作"，佛经中

① ［英］哈耶克:《自由秩序原理》，邓正来译，上海:三联书店，1997年，第1—2页。

的社会都是用"人类""世间""众生"等来代替，佛教中的"事业"一词，比较接近于今天的"社会工作""公益事业"等含义，今天世界上最大的佛教公益组织台湾慈济功德会用"志业"来代替佛教中"事业"的说法，多指有神圣价值的工作。大乘佛教的奠基者龙树在《大智度论》中说"一切资生事业，悉是佛道"，意思是一切能够有益大众的事业，都是佛道，可以说把世间具有正面价值的工作，都纳入了佛教的范围之中。中国近代之前很少用"社会"一词来指代人类生活中的组织或者制度，古代"社会"一词常常具有秘密结社的含义，近代思想家严复翻译的社会学著作最早将英文的 Sociology 译为"群学"，而不是"社会学"。具有现代意义的"社会"一词属于中国近代外来语，近代日本早于中国西学东渐，首先将英文中的"society"翻译成日语的"社会"①，后中国用其字形而弃其读音，延续下来一直使用。陈永革先生曾经撰写《佛行人间——佛教社会观》，收入《觉群丛书系列》，他在书中对自己的"社会观"作了界定，认为佛教的社会观主要是基于"三藏法海的教理教义教法教化，对社会现象进行佛法化的阐释和说明，从根本上阐明佛法思维及其信仰之于现代社会知识的合理性与规范性"，从而"进一步建构相对完善的佛教社会理论"，而"并非对佛教现象进行社会学的阐释或者说明"②。愚以为，对佛教的完整看法有两种角度，既可以站在佛教里面看，也可以站在佛教外面看，里看佛教是看佛教说了些什么，外看佛

---

① 黄遵宪：《日本国志》，1898 年上海图书集成印书局出版、浙江书局重刊，参见陈旭麓：《戊戌时期维新派的社会观：群学》，《近代史研究》，1984 年 3 月。

② 陈永革：《佛行人间：佛教社会观》，北京：宗教文化出版社，2008 年 1 月，第 5-6 页。

教是看它跟周围事物发生了怎样的关系。本书也可以看作是佛教的"社会工作"观，但是在内涵上却更为宽泛，既有对佛教社会工作哲学思想的阐释，也有对佛教现象的社会学解读。也就是说中国佛教与社会的关联不仅体现在上述大乘教义中对于社会的态度和观点，还体现在佛教作为一种社会现象，在社会系统中与社会其他诸要素之间的互动关系，佛教活动对于中国历史和社会的影响，这样的解释希望能对"佛教"与"社会工作"的关联问题做出较为全面的评价。

　　佛教之最大和最根本的分流为大乘和小乘，乘，即车船，谓运载渡到彼岸解脱的一种交通工具。佛所说法及佛弟子有声闻、缘觉、大乘三乘，其中声闻、缘觉二乘着重个人解脱，被大乘贬为"小乘"，大乘认为以普度众生皆悉成就佛果为宗旨，其发愿、修行、果位皆十分宏大，故称大乘，亦名菩萨乘、佛乘。大乘和小乘的根本区别在于对于栖身的世间、社会有着不同的看法和态度，隐居山林、独自刻苦修行的小乘比丘同积极向社会挑战的大乘菩萨的精神和生活态度是不一样的。

　　中国盛行大乘佛教，为大乘佛教的传播做出突出贡献的僧侣中，东晋十六国时期的鸠摩罗什是其中之一，这在《高僧传》中有记载。他早年在印度受沙车王子、参军王子影响专攻大乘，并感叹说："吾昔学小乘，如人不识金，以论石为妙"[①]，此后自公元401年来中国传播大乘佛教，成为他终生的使命，母亲对他说将佛教"传之东土，唯尔之力，但于自身无利，其可如何？"他回答说："大士之道，利彼忘驱。若必使大化流传，能洗悟蒙俗，

---

①　（南朝梁）释慧皎撰，汤用彤校注：《高僧传》，卷译经中，四七，北京：中华书局，2004年4月。

虽复身当炉镬，苦而无恨。"① 意思是：大乘菩萨之道，在于不惜身命，为了有利于民众而履行利他的实践，如果能以大乘教化众生，使佛教流传到中国，开启蒙昧，洗悟小乘的俗理，我身受炉镬之苦也不后悔。这位罗什三藏来华后翻译了大量佛教经典，成为之后中国佛教诸宗所依据的重要典籍，其中的《法华经》是经中之精华，也是大乘佛教的精髓，它的根本精神是在于启发、觉知民众（或自己）心中所具有的终极的实相，从而开发无限的英知，创造真正幸福的人生②。《法华经》将原来早期僧侣修行的如"八正道""戒定慧三学"、大乘的"六度"等精简归纳为"四安乐行"：身安乐行、口安乐行、意安乐行、誓愿安乐行四种安乐行③。《安乐行品中》④ 说："一者安住菩萨行处及亲近处"，"若菩萨……住忍辱地，柔和善顺而不卒暴，心亦不惊，又复于法无所行，而观诸法如实相，亦不行不分别：是名菩萨摩诃萨行处"。第二种安乐行"从禅定起，为诸国王、王子、臣民、婆罗门等开化演畅，说斯经典"，做到"不乐说人及经典过，也不轻慢诸余师。不说他人好恶长短"，即对一切无所毁誉。第三种安乐行"为一切众生起大悲想，于诸如来起慈父想，于诸菩萨起大师想"。把诸"想"化为全面的行动，就是第四安乐品行：深入众生中，行大慈大悲，平等说法，实现解脱一切众生这一菩萨行的最高目标。四安乐品

① 释慧皎撰，汤用彤校注：《高僧传》，卷译经中，四八，北京：中华书局，2004年4月。

② 任继愈：《中国佛教史（第二卷）》，北京：中国社会科学出版社，1997年12月，第292页。

③ 宋先伟：《法华经·安乐行品第十四》，北京：大众文艺出版社，2003年，第312—338页。

④ 《大正藏》第9册，《妙法莲华经》卷第五。

行中特别强调禅观双修的思想，坐禅的目的在于正观："入于静室，以正忆念，随义观法"，"观"的内容决定"禅"的性质①。这里的所谓禅观，并非像后来的禅宗那样排除依靠佛说的经典，仅以坐禅入定为事的"禅"的修行方法，而首先应该把它理解为一种自我变革的方法，目的是为了进入众生之中，实行菩萨道。②《摩诃止观》中说："能入一行三昧，面见诸佛，上菩萨位。"③这就是说，不论是法华三昧还是摩诃止观，它并不提倡把自己的心当作一切的唯我独尊，而始终是一方面求佛，另一方面同深入民众之中实行菩萨道的实践结合。鸠摩罗什不仅通过这些译经，也通过自己深入中国社会、不畏艰苦的实际行动，把大乘和小乘的区别清楚地告诉了中国的佛教徒。

中国佛教发展到近现代出现了"人间佛教"。"人间佛教"是20世纪初应对时代社会的发展的转型而出现的佛法应世的新方法和新模式，是对传统农耕社会形成的古代传统佛教的革新、突破与提升④，经过一个世纪的不断发展，人间佛教已经成为佛教在世界各地发展的一大主流。20世纪20年代，太虚最早提出人间佛教的理念，主要是为了对治当时的鬼神佛教，旨在回归正法，建立以人为本、以五戒十善为基础、由人行菩萨道而成佛的思想和实践体系。后印顺提出，彻底清除俗化污染，过去和尚生活除了

① 任继愈：《中国佛教史（第二卷）》，北京：中国社会科学出版社，1997年12月，第442-443页。
② [日]池田大作著，卞立强译：《续·我的佛教观》，成都：四川人民出版社，1998年4月第1版，成都，第5页。
③ 《大正藏》第46册，《诸宗部》摩诃止观卷第二。
④ 邓子美：《超越与顺应：现代宗教社会学关照下的佛教》，北京：中国社会科学出版社，2004年，第162页。

为死人做法事之外，"与俗人没有多大差别"，赵朴初也说提倡人间佛教，要克服历史所给予的污染和困难，印顺、赵朴初所谓"俗化"与"历史污染"，一是指原始巫术及与此相连的民俗信仰，这在中国及以外地区印度、东南亚普遍存在，二是中国古代宗法制的污染，包括至今影响仍然很大的祖先崇拜，这些都本不是佛教所有①。学者张新鹰说，如今台湾"佛光山上，不烧香、不求签、'不语怪力乱神'，在低俗迷信泛滥的台湾信仰世界里独树一帜"，②这就是人间佛教的旗帜。人间佛教与传统佛教有着比较明显的分别还在于：传统佛教片面强调治心，治心是佛教的特长，人间佛教不但重视治心，也重视治境。杨惠南教授所说，佛教不能脱离社会独善其教，依缘起论，人与人、人与大自然息息相关。彼此不可分割，片面的治心而达到的心净，效果有限。传统佛教以"出世"成佛为修行旨趣和不二法门，给社会的观感是过重出世，甚至走向偏于避世、厌世一边，不问社会，远离社会，人间佛教重入世，凡社会政治、经济、教育、科技等就必须以自己特有的方式参与，同时提升大众的信仰与道德。人间佛教也并非完全否定出世，只是出世精神更显超越与博大，同时也高悬为终极追求③。

正是基于上述佛教的发展现状，本书提出了"中国佛教社会工作"这一概念，对佛教参与社会、契入社会、服务社会的理念和实践进行一种全新的诠释。佛教除了成为考古学家、历史学家、宗教学家和文化学者从事宗教民俗学学术研究的资源之外，应该

---

① 邓子美：《超越与顺应：现代宗教社会学关照下的佛教》，北京：中国社会科学出版社，2004年，第167页。

② 张新鹰：《星云大师与佛光山》，载《香港佛教》1989年6月。

③ 王雷泉：《面向21世纪的中国佛教》，载《世界宗教研究》2000年第2期，第124页。

关怀社会现实，关怀在社会现实中生活的人，应该提倡新思维、吸纳新文化，投身到社会公益活动之中，创造性地整合各类资源，结合国家、市场与民间的力量，致力于解决全球、全人类面临的共同的问题①。全球化的背景，使人类生活与全球同步，只有充分掌握信息，应时代脉动，才不会变成一个"单向度"的人，佛教的发展也不应该是单向度的，让"原来单极的寺院佛教，呈现多元发展的趋势，由此促进中国佛教的平民化、制度化、公益化、国际化"②。中国大乘佛教教义中体现出来的是全面的公益慈善精神，布施、爱语、利行、同事是修行大乘菩萨道的四摄法。布施，就是用财富等直接帮助别人；爱语，就是用语言温暖别人；利行，就是成人之美；同事，就是与人同甘共苦。③ 当今社会中国佛教的发展有可能按现代社会需要的如正义、权利、非个人性与常规性建构一种模式。在佛教看来，想要成佛，须先帮助一切众生，公益慈善既是道德标准，也是理性追求的目标。以往诸多学者对于上述命题在各自方向上都有卓越贡献，本研究除了吸纳百家之言，综合以往学界前辈贡献之外，力求发挥自己的意见。即使是利用常见公开史料，也力求提出自己新的见解。

---

① 魏泽民：《全球治理：公民社会与宗教发展》，《世界宗教研究》，2005 年第 4 期。

② 王雷泉：《佛教在新时代的社会化和组织化》，佛学研究网，2010 年 2 月 4 日。

③ 焦自伟：《谈中国传统文化中的公益慈善精神》，宁夏信义公益社会工作发展中心网站，http：//www.nxxygy.org.cn 2018-04-24 15：09.

二、研究过程中的启示：对佛教"空"和"中道"观的体悟

　　大乘中观学派创始人龙树说，"众因缘生法，我说即是无（空），亦为是假名，亦是中道义[①]"，体悟非有非无、亦有亦无的"中道"，才能够了解把握佛教的真实意图。对现实社会的否定，是几乎所有宗教安身立命必须所做的，只有否定了现实社会的意义，才有了宗教存在的意义和必要。佛教把人生现实社会看作是苦的，人生的目的在于争取通过由佛教所提供的途径才能实现来世的永生和幸福，但是现实社会是实现来世幸福的前提和必经的过程。佛教是在人间创造，基本理论来自于对人间的看法，正是佛陀抓住了人间和社会的基本问题，所以他的理论才能够为人们所接受，流传和发展壮大。佛教标榜的是"出世间"，但它存在和发展的基础，实际是在"世间"。它的兴衰存亡，不仅决定于社会的承认和支持程度，而且与他是否拥有社会信徒，以及这些信徒的社会成分和数量多寡有直接的关系。因此向世间广泛布教，始终是佛教努力发展的方向[②]。不容置疑的是，佛教的创立者和追随者、皈依者，也都来自社会上不同的社会阶级、阶层或社会群体，群体具有不同的社会功能并希望获得不同的社会报酬，因而也表现出不同的宗教需要，佛教创始人佛陀除了在不同场合阐发他的宗教教义之外，还有一个重要的事实就是，他从来不把他的说教和社会情境隔离开来，总是把他的说教放在一个社会的情境中去说，同时，

---

① 　《中论》，《大正藏》第 30 卷，第 33 页中。
② 　杜继文：《佛教史》，南京：江苏人民出版社，2006 年 4 月，第 19 页。

佛教的发展总是与当时当地的社会情境相关联，释迦牟尼创造的佛教也改变了世界上一大批人的命运与生活。佛陀活了80岁，在他创教出家的49年生涯中，始终与社会的脉搏一起跳动。他游走于社会各个阶层之间，深知佛法在世间的重要性，同意弟子用地方语言进行传教，同时要求弟子长住人间，实施正法[①]。本书通过研究得到的启示是佛教至少有两大目标：一是人生幸福，二是社会和谐，而绝非像"皇帝的新衣"一样空无一物。

佛教认为，人生痛苦的根源在于人不能看破"空"而固执地认为是"实有"进而产生各种欲望，因而欲望是人生种种痛苦的根本原因，是欲望这匹没有缰绳的野马牵引着人在三界轮回，所以解脱的首要任务则是断灭欲求。如果主张人类不应该对任何事物产生欲望和希求，人这样活着岂不是等同于行尸走肉，这样消极的说教为什么会对人有吸引力？为什么一个宣传世界是苦、对人生持极端消极态度的佛教，反而在它所否定的世界中得到极大发展？一个精神正常的人生活在世界上，总会有种种希望。人的生存欲望、人的社会本能都决定人处在不断的追求与探索中，这种正常的追求既会给人带来快乐也会给人带来烦恼，得到了人就会快乐，没有得到人就会烦恼，由于主、客观种种条件的限制，不可能所有的追求都会得到满足，总会有缺憾。作为矛盾统一体的正常人在积极进取时，如果不能获得如期的结果，应该寻找一种途径来及时调整自己，放下攀缘执著的心[②]。世界上有繁华的闹

[①] 黄夏年：《西来东去——中外古代佛教史论集》，北京：中国社会科学出版社，2006年12月，第9页。

[②] 方广锠：《渊源与流变——印度初期佛教研究》，北京：中国社会科学出版社，2004年5月第1版，第242页。

市，也有安静的公园，佛教就像那宁静的公园，为忙碌、紧张、焦虑的心情找一片清凉栖息的地方。现代宗教社会学从宗教所发挥的社会功能角度论述了宗教的盛行，宗教之所以有深刻而广泛的社会需求，"即在于帮助人们去适应偶然性、无能为力和匮乏这三个残酷无情的事实"①。我们无法泯灭佛教对东方国家的巨大影响，很多世纪以来，佛教一直是东亚、南亚很多国家主要的精神传统，不仅影响了中国的传统文化和艺术生活，更重要的是影响了中国传统社会的知识分子的性格，特别是禅的思想。自从有了禅学，中国早先知识分子性格中比较拘谨、内向或者压抑的成分逐渐有了向外解脱的倾向。一般说来，西方的文化是"罪的文化"，有罪可以向牧师、外在的崇拜对象倾诉；而东方的文化则是内省，压抑在心中，慢慢消除而不会说出来。但东方文化自从有了禅学之后，中国人就有了外向的解脱方法来摆脱情绪困扰或者解决内心冲突的方式，以前知识分子常常遭遇到"学而优则仕"的挫折，现在可以用禅的精神来加以摆脱或者解释。例如有关"仕"的那些东西都是"业障"，外在的奋斗、荣誉、进取都是虚假现象，内心保持健康——"不生憎恨、亦无取舍、不念利益"具有更重要的人生价值，从而使人产生心理的宁静感，使知识分子得到自我解脱，建立豪放、爽朗、明亮的性格②。

人生的幸福除了个体的修行之外，佛教还把个体的幸福与外力联系在一起。最初的佛教本来是一种主张自力拯救的宗教。释迦牟尼认为，每个人因为自己所造业力的牵引，在三界中轮回不已，

---

① [美]托马斯·奥戴：《宗教社会学》，北京：中国社会科学出版社，1990年版，第11页。

② 徐光兴：《心理禅——东方人的心理疗法》，上海：华东师范大学出版社，上海：文汇出版社，2007年3月第1版，第17页。

因而也只有凭借自己的修习，才能断除业惑，得到解脱。在个人的解脱问题上，别人是无能为力的。所谓的"佛"，只是自己觉悟了佛法真理，又把它传授、教诲给他人而已。无论佛出世不出世，佛法真理总是永世长存的。因此，当时的佛只是一个宗教的导师，而不是万能的救世主。早期佛教典籍显示，当时的僧人孜孜努力于个人的修持，丝毫没有乞求外力救援的意思。早期佛教典籍中的关于念佛的记载，只是佛教徒对于引导自己走向解脱之路的导师表示崇敬，而与外力救援的思想没有关系。后来，随着部派佛教的产生，佛陀开始被神化，进而随着功德转让思想的产生，他力拯救的理论开始出现，念佛可以得到佛的功德的庇佑，念佛由一种自立救援的修持活动变成一种他力救援的修持活动，功德转让思想成为大乘思想的基础①。把视野从个人的解脱转向众生的解脱，使宗教思想得以普及，是一切大乘注疏都引以为自豪的事业。大乘佛教体现了"上求菩提，下化众生"这一开放的态度，"上求菩提"是一种希求获得佛悟的求道精神；"下化众生"就是要深入九界的众生大海之中，努力救济民众的实践。如果唯我独尊地把自己封闭起来，修坐禅或者三昧行，那就不能不说是误解了佛法的精神②。"诸当来劫，一一世界中，有一人未得度者，及一切人故无所遗忘，为斯等故，修菩萨行"③。"众生无尽，仁不可限，故曰菩萨大慈无尽"；"当以大慈加哀一切"，一切"菩萨"至行，即"以此为本，然后具足"④。大慈大悲，作为深入社会生

---

① 《那先比丘经》卷下，《大正藏》第32卷，第717页中。

② ［日］池田大作著，卞立强译：《续·我的佛教观》，成都：四川人民出版社，1998年4月第1版，第6页。

③ 《度世品经》卷三。

④ 《阿差末菩萨经》卷四。

活的宗教契机，是佛教从个人业报学说转向要求同时对社会也负有责任的一种表现。它规定了处理菩萨个人与无限众生关系问题的基本准则①，实现如马克思所讲的"每个人的自由发展是一切人的自由发展的条件"②。西方式个人主义、平等主义的社会观中，总是把人看成是一种不可分割的目的和个体，而在佛法如理关照下的社会，则把人首先看成是社会整体不可分割的一部分，个人目的和价值只有被整合到群体意识中，才能得以真正实现。根据缘起论，佛教认为，社会（世间）由因缘和合组成，个人、家庭、阶层及社会组织等因缘合在一起构成了社会。诸缘和合是佛教理想的社会观，《摩诃般若经》云："诸法因缘和合生，法中无自性"③。佛教诸缘和合社会观与中国本土"天人合一"的和谐协调的社会观本就契合④，"和"是其中的核心，社会的各组成部分都不能过分强调自我，而各因缘协调互助，社会稳定才能维持⑤。大乘佛教意味着佛教徒的由内在的心性情景转化为外显的慈悲行，社会秩序高于个人的自由，特别是社会的功德秩序⑥。学界也有日本学者姊崎正治等贬大乘实在非佛说的言论，其实就佛教南北传二界及学术界公认的原始经典《阿含经》来看，大乘小乘乃一脉

---

① 任继愈：《中国佛教史（第二卷）》，北京：中国社会科学出版社，1997 年 12 月，第 88 页。

② 《共产党宣言》，《马克思恩格斯选集》第 1 卷，第 273 页。

③ 《摩诃般若经·道树品》。

④ 邓子美：《社会、文化与历史观：佛教观点》，载《对话：儒、释、道与基督教》，北京：中国社会科学出版社，1998 年版，第 547 页。

⑤ 邓子美：《超越与适应——现代宗教社会学关照下的佛教》，北京：中国社会科学出版社，2004 年 5 月，第 49 页。

⑥ 陈永革：《佛行人间：佛教社会观》，北京：宗教文化出版社，2008 年 1 月，第 131 页。

相承，同出一源，这是不可否认的事实，大小乘之分，乃是佛陀身后几百年的事情，就《阿含经》等原始教典论佛陀的思想，应该说是非小乘非大乘、亦小乘亦大乘①。二者原本就是一体化的，它是佛陀面对当时的社会变迁所带来的痛苦提出的一个完整解决方案，同时呈现在世人面前。佛陀既提出以小乘修行为目的个体解脱，也要大乘教法带有强烈人文主义、利他主义色彩的慈悲关怀。这是双管齐下的方案，既有针对个体层面的"救心"也有针对社会层面的"救世"，特别是大乘佛教表现出来的社会福利、社会服务体现慈悲关怀，减少社会矛盾。城市化是不可抵挡的社会发展趋势，无论痛苦与否，作为个体只能冷静理智的适应和接受社会现实，在喧闹的尘嚣中运用小乘之法求得心灵的解脱和安宁，但与此同时也应该不忘践行大乘精神，走出狭隘的"自我"，关怀社会、服务人群，才能达到最彻底的永恒、幸福和圆满智慧。

佛教从印度诞生至今已有两千多年，表面上看，佛教宣传人生是苦、诸法皆空，但正是这样一个本来对世界持消极否定态度的宗教，反而在它所否定的现实社会中得到长足发展，因此佛教有着特定的社会观，可以理解为：在宗教哲学上是对现实社会部分否定基础上的有限承认，在社会实践上则表现为积极适应和融合，这是历史带给佛教生存所必需的经验②。佛教传入中国后多秉承大乘佛教的传统，近现代以来又涌现出了"人间佛教"的思想，以及台湾乃至世界范围内涌现出的佛教女性主义运动，这些都是佛教契应时空因缘，不断改进，与社会积极互动和适应相协调的

---

① 陈兵：《佛陀的智慧》，上海：上海古籍出版社，2006年1月，第11页。

② 厉永平：《正教、邪教和现代宗教的社会观比较研究》，《白城师范学院学报》，2005年19卷，第2期。

结果。开发传统佛教的现代意义，共同建设和谐社会和幸福人生是当前佛教界与学术界共同关心和探讨的问题，佛教在除了维持着一个宗教体制之外，如何阐发自己的社会意义，如何与人相处，如何与社会和谐相处，佛教传统如何与当代文化有机的结合，成为佛教安身立命所必须面对的课题。本书做了这样的尝试，即用社会学的理念和方法，对佛教思想的"表达社会"和佛教现象的"社会表达"进行了双重的诠释，无论是作为自身形象进行建构的"社会表达"，还是对佛教教义进行现代诠释的"表达社会"，都是佛教面对人类社会责任和社会价值感的表达，对于当今中国佛教现代化发展皆具有同等重要的意义，希望这种尝试性的诠释对于佛教现实有所启示。

三、对以往相关研究成果的回顾

本研究从学科领域的分属上为佛教哲学，具体来说是佛教社会学，属于宗教社会学的分支，宗教社会学是哲学下面的分支。宗教社会学是宗教学和社会学的一门交叉学科，是以社会学的视角、方法来研究宗教的学科。宗教社会学在中国的研究虽然还是一门刚刚起步的新学科，但是以往诸多学者已经为这门学科的建立和发展做出了不少奠基性的贡献，当然也有学者抱怨和批评该学科依旧处在初级阶段，理由是缺乏独特的有深度的社会学理论范式和专门就宗教问题展开的大规模的社会调查[1]。产生这种看法

---

[1] 孙尚扬：《宗教社会学》，北京：北京大学出版社，2002年7月，第1页。

的原因可能是用西方宗教社会学的研究标准来考察中国宗教社会学的现状所致。宗教社会学虽然用社会学的视角、方法来研究宗教，但是在进行研究中，有两点需要引起注意：一是传统的宗教社会学起源于西方，盛行于西方，研究重点偏重于西方文化中的犹太教和基督教，而中国特色的宗教社会学，应该注重作为佛道的中国宗教与西方的基督教的不同，特别是佛教社会学应该成为中国宗教社会学中比较重要的分支；二是与一般的社会学研究对象不同，宗教社会学的研究对象是宗教现象，宗教现象具有神圣的超验性，因此不可能完全按照一般的社会学实证原则去证实或者证伪，而需要结合多种方法的运用①。近些年来不断涌现的现象是在对以往佛教思想和历史的传统研究方法之上融入新鲜的血液，将历史学、文献学、诠释学、心理分析、现象学等等方法混合运用，体现了传统和现代的结合。如果这样看来，佛教社会学的奠基性成果却并不算少，其涉及的学科也不仅仅仅局限于字面意义上"佛教"与"社会学"两个，而是哲学、历史学、文献学、政治学、管理学、宗教学等等众多学科为佛教社会学的多重构建提供了丰富的养料。正像每一门交叉学科的形成和发展历史中不能忽略诸多学科的贡献一样，我们同样不能忽略佛教以往的研究成果中对中国佛教社会学的奠基性工作贡献的卓越智慧。

关于佛教社会学的研究，以往公开出版、发表的专著和论文很多。就印度佛教社会学来说，较为重要的著作有日本学者早岛镜正（1965）的《初期佛教と社会生活》，古正美（1993）的《贵霜佛教政治传统与大乘佛教》，格雷格·贝利（Greg Bailey）和伊

---

① 　姚南强：《宗教社会学》，上海：东华大学出版社，2005 年 8 月，第 43 页。

安·马贝特（Ian Mabbett）（2004)的《早期佛教的社会学》，方广锠教授的《渊源与流变——印度初期佛教研究》（2004）等。这些研究成果基本上根据佛经和印度古代历史提供的材料考察了早期佛教在印度诞生、发展、繁荣的社会背景，与经济、政治、文化等的互动关系。

关于中国佛教社会学的研究，大致可以分成三类：

第一类是佛教的社会思想研究，对佛教思想进行与时俱进的阐释，特别是挖掘佛教义理中能够对现代社会的可持续发展发挥重要功能的内容，基本属于佛教哲学领域，如王月清（2004）的《中国佛教伦理研究》，王雷泉（2007）的"佛教与生态环保"等方面的研究，道坚（2007）的论文集《中国佛教与社会探论》，佛源（2006）主编的论文集《大乘佛教与当代社会》，上海市玉佛寺觉醒法师自 2002 年开始主编的《觉群》系列丛书，至今已经出版了九辑，以简明新颖的形式对于佛教思想进行现代诠释，其中包括陈永革（2008）的《佛行人间——佛教社会观》，等等①；

第二类是佛教社会史研究，偏重于对佛教历史发展中与社会的关系，基本属于佛教史学领域，著作颇丰。通史方面如道端良秀的《中国佛教と社会福祉事业》，竺沙雅的《中国佛教社会史研究》，柯嘉豪（John Kieschnick）的《佛教对中国物质文化的影响》（*The Impact of Buddhism on Chinese Material Culture*），严耀中（2007）的《佛教戒律与中国社会》，王永会（2006）的《中国佛教僧团发展与管理研究》；关于中世纪佛教的著作有何兹全（1984）主编的《五十年来汉唐佛教寺院经济研究 (1934–1984)》，黄敏枝 (1986) 的《宋代佛教社会经济史论集》，[法] 谢和耐 (2005)

---

① 　佛源：《大乘佛教与当代社会》，上海：东方出版社，2003 年 12 月。

《中国5-10世纪的寺院经济》，谢重光（2006）的《中古佛教僧官制度与社会生活》，台湾学者刘淑芬（2007）的《中古的佛教与社会》，尚永琪的(2008)《3-6世纪佛教传播背景下的北方社会群体研究》等等；有关近代佛教与社会的关系，有麻天祥（1992）的《晚清佛学与近代社会思潮》，邓子美（1994）的《传统佛教与中国近代化》，李向平（1993）的《救世与救心：中国近代佛教复兴思潮研究》，何建明（1998）《佛法观念的近代调适》，陈兵、邓子美（2000）合著《二十世纪中国佛教》，肖平（2003）《近代中国佛教的复兴与日本佛教界的交往录》，（加）卜正民（2005）《为权力祈祷——佛教与晚明中国士绅社会的形成》，杨健（2008）的《清王朝佛教事务管理》等等。

　　第三种是运用西方宗教社会学理论，如韦伯的宗教与社会发展关系理论和杜尔凯姆关于宗教与社会整合关系的理论，对佛教历史现象和社会现象进行综合评析，邓子美（2004）的《超越与反思——现代宗教社会学观照下的佛教》，2006年李向平先后出版的两部专著：《信仰、革命与权力秩序——中国宗教社会学研究》以及《中国当代宗教的社会学诠释》，这两本著作恰好构成了他从古及今"对于中国宗教社会学研究的叙述框架"，将主流社会学的概念运用到对宗教问题的具体分析中，提出了宗教的社会性、公共宗教与私人信仰、宗教制度、功能分割与职能整合等关键性的概念，这两本著作虽然是对中国宗教的整体论述，但对中国主要宗教之一的佛教的论述占了不小的篇幅。

　　除此之外，以"宗教社会学""宗教管理学"命名编著的一系列教材、专著和期刊，如戴康生、彭耀（2001）的《宗教社会学》、孙尚扬（2002）的《宗教宗教学》、王永会（2003）《中国佛教僧团发展及其管理研究》，姚南强（2005）的《宗教社会学》、杨玉辉（2008）的《宗教管理学》，还有历年宗教学界围绕着某一社会热点问题召开学术会议后编辑的会议论文集，如张士江、魏德东主编的"中国宗教公益事业的回顾与展望"，等等，其中都有对佛教的涉及。如中国社会科学院世界宗教研究所李华伟研究员主编的《宗教社会学》，① 金泽、陈进国研究员主编的《宗教人类学》，② 从 2010 年开始每年一期，一直坚持至今，里面有些探讨佛教社会服务和慈善事业的案例研究。

随着上个世纪八十年代台湾地区佛教人间化的开展出现的对佛教非营利性组织的个案研究，如台湾东海大学王顺民（1991）的《宗教福利服务之初步考察——以"佛光山""法鼓山""慈济"为例》《"人间佛教"的远见与愿景——佛教与社会福利的对话》、东吴大学的何淑华（1993）《佛教慈济综合医院志工服务队之组织文化及其表达形式》，清华大学社会人类学研究所张维安（2005）的《佛教慈济与资源回收——生活世界观点的社会学分析》，南京大学仲鑫（2011）的博士论文《当代佛教慈善公益组织及其活动的研究——以慈济基金会南京会所为例》，等等。

进入新世纪以来，"人间佛教"思想在大陆地区寺庙也逐渐深入发展，大陆佛学出版物在这方面比较注重的有上海玉佛寺，近些年出版了《觉群丛书》和《觉群》杂志，《觉群丛书》公开发行，《觉群》期刊会定期的组织特稿讨论佛教与社会相适应的某些现实问题，如 2002 年开始第 2、3、4 期连续的围绕着都市佛

---

① 李华伟主编：《宗教社会学》（第一、二、三、四、五辑），北京：社会科学文献出版社，2010 年至 2017 年。

② 金泽、陈进国主编：《宗教人类学》（第一、二、三、四、五辑），北京：社会科学文献出版社，2011 年至 2017 年。

教、佛教与家庭生活、佛教与男女平等专题的几组特稿等，还有专门的经验总结，如《人间佛教的都市发展模式：以上海玉佛寺为例》①，《上海玉佛寺的公益慈善实践》②如肖尧中（2009）的《都市佛教的社会交换模式》③，也是以社会学的理念讨论都市佛教的发展，等等。同时近几年随着佛教社会服务和公益慈善事业的发展，也有大量的硕士、博士论文，开始专门探讨佛教和社会工作、慈善公益紧密结合的案例，苏世枝（2009）《唐宋时期江南地区佛教慈善公益事业研究》，卢萧涵（2011）《广州市宗教非营利组织参与社会公益事业研究》，李胜（2013）《佛教文化在推动社会工作本土化中的作用研究》④，李荣峰（2015）《基于社会服务视角的佛教慈善发展研究》，⑤付一丹（2013）《宗教社会服务组织的有效性研究：以济南市Z机构为例》⑥，胡晓龙、程明明（2015）《基于佛教信仰下临终关怀社会工作服务的个案干预》，⑦，

---

① 潘德荣、张晓林：《人间佛教的都市发展模式：以上海玉佛寺为例》，北京：宗教文化出版社，2009年9月。

② 觉醒：《上海玉佛寺的公益慈善实践》，《中国宗教》2012第3期。

③ 肖尧中：《都市佛寺的社会交换模式》，成都：巴蜀书社，2009年1月。

④ 李胜：《佛教文化在推动社会工作本土化中的作用研究》，西北大学2013年社会工作专业硕士论文。

⑤ 李荣峰：《基于社会服务视角的佛教慈善发展研究》，2015年6月吉林大学博士学位论文。

⑥ 付一丹：《宗教社会服务组织的有效性研究：以济南市Z机构为例》，2013年社会工作专业硕士学位论文。

⑦ 胡晓龙、程明明：《基于佛教信仰下临终关怀社会工作服务的个案干预》，《重庆城市管理职业学院学报》第15卷总第95期，2015年9月出版。

李晓梅（2016）《近代武汉宗教慈善事业研究》[①]，孙兆延（2012，2013）：《佛教对社会工作本土化的契合》、[②]《社会工作本土化与佛教慈善专业化：基于南京市区的调查研究》，[③]邓子美（2012）：《海峡两岸佛教慈善事业多视角比较》，[④]王佳（2011）《中国佛教团体与慈善公益事业研究评述》。[⑤]也有一些学者表达了对包括佛教在内的宗教慈善管理中的困境，如郑筱筠（2012）[⑥]等。

这里特别要提及的是历史学家在佛教社会学大厦的奠基性工作中的突出贡献，其中既有哲学史家，又有社会史家。历史学原则是宗教的社会学分析最重要的原则之一，任何社会体系中都存在着共存联系和连续性联系，都包含着代表过去的因素、说明现在的因素和成为将来萌芽的因素。宗教社会学中的历史主义原则不要求彻底研究宗教在细枝末节方面的发展，那样的工作由宗教史去开展实施。宗教社会学只是运用历史的逻辑作为认识工具，历史主义的研究包括比较法，提出假设、概括、演绎等等方法。历史比较法则是将同一宗教（或者其组成成分）在不同时期里不

---

① 李晓梅：《近代武汉宗教慈善事业研究》，华中师范大学专门史硕士学位论文，2016 年 4 月。

② 孙兆延：《佛教对社会工作本土化的契合》，《环球市场信息导报》，2012(43)。

③ 孙兆延：《社会工作本土化与佛教慈善专业化：基于南京市区的调查研究》，2013 年南京理工大学硕士学位论文。

④ 邓子美、王佳：《海峡两岸佛教慈善事业多视角比较》，《深圳大学学报（人文社会科学版）》第 29 卷第 1 期，2012 年 1 月出版。

⑤ 王佳：《中国佛教团体与慈善公益事业研究评述》，《世界宗教文化》，2011 年第 2 期。

⑥ 郑筱筠：《"另类的尴尬"与"玻璃口袋"——当代宗教慈善公益的"中国式困境"》，《世界宗教文化》，2012，(1)。

同发展阶段上加以对比，或者将同时共存又处于不同发展阶段的不同宗教（或者其组成成分）加以对比。在这种情形下，历史学所提供的资料是研究的事实基础，这明显地反映出宗教社会学和宗教历史学的有机联系，社会学不能脱离历史⑦。对中国佛教史的研究而言，哲学史家也曾经做出了艰巨的努力并构筑了精细而科学的体系。中国古代哲学的学者主要是致力于"思想史"的建设，但由于佛教出世清修解脱为导向的思维定势框限着对于佛教社会思想的思考，因此以往这方面的成果并不多见，直到近现代以来特别是"人间佛教"的出现。除此之外，哲学史家也很少关心佛教与世俗的社会、经济制度的关系等等问题，这需要社会历史学家来完成。相比哲学史家专注于历代高僧和文人权贵在形而上层面的"代神（佛）思考"，社会历史学家可能更关心那些在崇佛膜拜中求生存的"人"或者僧俗群体的世俗生活。佛教在中国既是一种思想模式或哲学体系，也是一种生活方式或行为方式。中国佛教之发展，不仅仅是哲学和思想的历史，也是参与其中的"人的历史"和"佛教社会服务史"。可喜的是，上述中国佛教社会服务史的研究正在渐渐走出以往中国佛教哲学思想史构建的大厦，而更加关注对世俗的社会、无名的百姓在与佛教接触互动时的考察⑧，从而为佛教的现代社会学分析源源不断的提供鲜活的现象事实和研究资料。

　　姚南强先生曾经对当代中国佛教社会学的具体研究取向做了

---

⑦　[苏]伊·尼·亚布洛柯夫：《宗教社会学》，王孝云、王学富译，成都：四川人民出版社，1989年6月，第22页和第23页。

⑧　尚永琪：《3—6世纪佛教传播背景下的北方社会群体研究》，2008年吉林大学博士论文，第2页。

总结，他认为大致可以从两个方面来说：一方面是对社会学理念的吸取和社会学方法的运用。社会学理念包括社会整体的观念、社会结构和功能统一的思想、社会互动理论、文化和个体的社会化理论等等，将之与佛教联系起来考察。研究方法既有历史的跟踪调查，也有现场的田野调查；另外一方面则是佛教社会学的专题研究，研究的内容包括对佛教义理进行适合现代世情的重新阐发，佛教积极社会功能的发挥，对佛教徒和社会各阶层的心理分析、现代佛教社团的组织和管理，拓展佛教社会救助的内容和方式，规范佛教产业的经营等等[1]。本书的研究取向是结合上述两者，在吸取社会学的理念基础上对佛教社会学的某些专题开展研究，由于经济原因和经费紧张，还没有采取田野调查的方式获得资料，而大多采用文献研究、就某一专题集中展开论述等方式，大规模的现场调查留待今后的研究工作去完成。

四、研究方法和主要特色

不同学科有着特定不同的研究对象、领域和研究方法，但是这并不意味着各个学科之间有着不可跨越的鸿沟。相反，随着现代科学体系门类和研究分支的精细化划分，跨学科研究被大力提倡，因为这样的跨越会在一定程度上打破学科局限所造成的研究视域的封闭，从而有利于对同一相关问题认识的多角度、多层次透视。因而，对于同一相关学术问题的研究，不同学科应该更多

---

① 姚南强：《宗教社会学》，上海：东华大学出版社，2005 年 8 月，第 44 页。

地从不同的视角提供不同的关注和理解，各个学科的通力合作成为研究的趋势。思想和现象的多样性需要多样化的认识，而不是非此即彼的简单选择。

1.对佛教哲学思想进行诠释学的方法。用现代语言解释佛教思想，台湾学者傅伟勋曾经主张"创造的诠释"，并创一个名词Creative hermeneutics，称为"创造的诠释学"。他的观点是"大体上说，哲学思想究其表面结构而言，准许各种不同的解释可能性。……创造的解释家，则要挖掘藏在表面结构底下的深层结构，以便显现连原来思想家都意料不到的他那原本思想的哲理蕴含"。至于这样做的理由，他借用了海格尔的话，"因为没有一个思想家真正了解他自己的思想"①。本研究尝试凸显傅先生"创造的诠释学"的重要意义，不仅对于佛教中蕴含但没有明确说明的社会思想进行解读，诠释的语言形式、架构也尽量符合现代人能够接受的方式。

2.对佛教社会工作现象的评述采用纵向比较和横向分析相结合。纵向比较时采用历史学的分析方法，当从历史的角度去看待对象时，不可避免的使用历史比较法和发生学研究方法，发生学研究方法强调从初始时期推论出各个循序渐进的发展阶段，运用历史比较法时，下述概念起着重要的作用："产生""变化""发展""进化""消亡""阶段""时期"等，不言而喻，这一切只有在掌握了大量的历史事实的基础上才能完成②，本研究较多利用常见公开史料，在综合前人研究成果的基础上提出新论点。横

---

① 傅伟勋：《从西方哲学到禅佛教》，上海：生活·读书·新知三联书店，1996年3月，第244页。

② ［苏］伊·尼·亚布洛柯夫：《宗教社会学》，王孝云、王学富译，成都：四川人民出版社，1989年6月，第22页-23页。

向上，对某一特定发展阶段的佛教形态进行分析时，通常运用结构-功能分析法，这是宗教社会学中的惯用手法。宗教社会学不只是将宗教作为社会体系之中占据着一定地位和执行着一定功能的一部分加以研究，而且还把它作为按照自己的方式分为若干成分，并具有完整性、结构、组织、相对独立性和稳定性的特殊亚体系加以研究，常常出现"结构""功能""管理""稳定""联系""组成"等概念①。

3. 借鉴多学科知识进行综合研究。在论述方法上，避免单一方法的论证，即使是对某一个问题的论述，也借鉴多种学科知识，顺应现代人文科学打破专业领域，相互渗透、借鉴这一大的趋势，应用哲学、历史学、宗教学、社会学、心理学、政治学等现代多学科方法透视同一主题②，进行思想内涵的开掘与解说。

本书的主要创新之处在于对"中国佛教社会工作"进行系统的诠释，即使是利用常见公开史料，也提出自己新的见解。从学科分属上讲，本研究属于综合、交叉学科，佛教社会学在社会学中属于边缘，社会学在中国的恢复和重建不过40余年，算是年轻的学科，作为交叉、边缘学科的佛教社会学更算年轻，一切尚在构建过程中，希望本研究能够为这一学科的发展尽一丝绵薄之力。

---

① [苏]伊·尼·亚布洛柯夫：《宗教社会学》，王孝云、王学富译，成都：四川人民出版社，1989年6月，第24页。

② 邓子美：《超越与顺应——现代宗教社会学关照下的佛教》，北京：中国社会科学出版社，2004年，第333页。

第一章　中国佛教社会工作概述

第一节　佛教社会工作

社会工作是产生于近代西方的一门职业和学科，近些年来在我国非常"热门"，全国将近两百所大学增开了这门新专业。在我国，社会工作是一个较为普通的概念，通常指人们在本职工作之外的不取报酬的工作，包括学生干部、做工会委员、各类形式的义工等等。但在社会工作专业中，它具有特定的国际上公认的涵义。该术语译自英文"social work"，诞生于 19 世纪末 20 世纪初的欧美国家，源自人类自古就有的帮助有困难同胞的传统①。伴随着世界范围的工业化、城镇化进程，这种助人传统经历了从个人的、自发的、分散的、零散的慈善行为向社会的、自觉的、专业化的、组织化的救助行为转化，诞生了职业化、专业化的社会工作。作为一门学科，它是一门研究助人的科学，作为一种职业，它是一种助人的活动。专门从事助人活动并以此为职业的人称为"社会工作者"。社会工作者的职责首先是帮助那些在社会生活中遇到各种困难和问题的人，从最初的施舍、慈善行动发展而来的社会工作一开始就带着鲜明的利他主义特征，成为一种充满爱心的崇高的事业。在一些国家，这类事业又称作社会服务（social service）或者社会福利服务（social welfare service）。"社会工作"一词虽是一个国际公认的专门性概念，但由于不同国家、不同时期的社会工作实践有很大差别，并且由于它的复杂性，要给出一

————————

①　罗肖泉：《践行社会正义：社会工作价值与伦理研究》，北京：社会科学文献出版社，2005 年 2 月第 1 版，第 2 页。

个周全的、被广泛接受的社会工作概念非常困难，对社会工作本质的基本一致看法可以简单概括为，它是一种助人活动，特征是提供各类助人服务①。

从宏观上，西方社会工作是一种社会福利制度的安排体系，政府通过花钱购买社会工作组织（也有称为非营利组织 NPO）的服务来提高社会弱势人群的福利水平，消除贫富差距带来的社会矛盾，从而达到稳定社会的目的；其中非营利组织作为现代社会福利的重要发送载体，成为人类社会安全制度设计当中不可或缺的支撑要素。从 20 世纪 30 年代开始，随着西方国家社会福利的发展，社会工作作为一种有效的社会制度被政府安排确立下来，政府制定了一系列促进非营利组织发育、发展的政策导向和法律规范，极大地促进了各类社会工作组织和机构的迅速发展，政府与社会工作组织和机构之间形成了购买社会服务与提供社会服务的合作机制②，所以有学者总结社会工作是"社会福利的发送体系"，社会工作的基本特征是"制度化利他主义"③。在西方提供社会服务的机构和团体中，有的不具有宗教背景，更多是具有宗教背景的服务机构，虽然以宗教或宗教团体为背景，但在实践时完全采取将宗教的信仰服务与宗教的社会服务相分离的原则，也

---

① 王思斌：《社会工作概论》，北京：高等教育出版社，2003 年 4 月，第 12、13 页。

② 徐永祥：《社会工作名著译丛·序言》，转引自 Neil Gilbert 著，黄晨熹译《社会福利政策导论》，上海：华东理工大学出版社，2003 年 8 月，第 1 页。

③ 郭景萍：《现代社会工作的基本特征：制度化利他主义》，中国社会科学院网站：http://www.cass.net.cn/file/2006030155671.html，2005-11-2。

就是说在提供社会服务时并不以让服务对象皈依宗教为条件。由于宗教慈善团体在筹集资金、动员人力、组织物力参与人道主义紧急援助方面有很大优势，从而能够有效减轻政府负担，使很多发达国家的政府都乐于支持宗教团体从事社会公益事业，最终形成了良性循环的现代文明社会服务机制。

如果把社会工作理解为"社会福利的传送体系"，这里需要对"社会福利"概念稍做解释。社会福利原本是英文 social welfare 的翻译，中国学者在研究使用时有着不同的概念界定①。社会福利一般可以从狭义和广义两个层面来理解：狭义的社会福利，称为"剩余福利论""残补式社会福利"，主要是针对社会弱势人群所提供的带有福利性质的服务与保障措施，如残疾人、老人、妇女、儿童等；广义的社会福利，又称"大福利论""积极社会福利"，它作为社会的一种常规制度，指针对全体成员的各种社会服务极其措施②。本书采取的是"大福利论"的观点，认为英文的"福利"（welfare）一词，本是幸福、美满的含义，尽管对于社会福利的概念，学术界有不同的表述方法，但对其这一基本意义的认识应该是一致的，就是它表达了在社会发展过程中对生命、尊严、幸福、美满等理想的追求。一般来说，福利是指人们在劳动收益之外所

① 例如，汪雁、慈勤英的《中国传统社会救济与城市贫困人口社会救助理念建设》（《人口学刊》2001 年第 5 期）、严雄飞的《中国古代社会救助慈善思想种类及作用》（《前沿》2002 年第 10 期）、薛瑞泽的《六朝时期疫病流行及社会救助》（《江苏社会科学》2002 年第 4 期）及胡柏翠、周良才的《论唐宋时期的社会救助及其历史影响》（《重庆职业技术学院学报》2004 年第 3 期，等等。

② 陆道生：《非营利组织企业化运作的理论和实践》，上海：上海人民出版社，2004 年版，第 34 页。

获得的照顾，目的在于帮助他们抵御特殊的困难和窘境。在任何历史时期，人们获得福利的来源不外乎四个方面中的一个：国家（社会）、宗教团体、私人捐助和家庭。只不过，随着社会情境以及福利需求认知的变迁，使得家庭、国家以及民间非营利组织这四者在"福利分工"的基本担负上彼此相互替换与补充。在传统的农业社会以及工业欠发达的国家和地区里，福利的主要来源是家庭（家族）、宗教团体，而在现代工业社会中，福利的主要来源是国家和社会，国家以及各种社会组织（包括宗教团体）举办各种公共福利设施、发放津贴补助、进行社会服务及兴办集体福利事业，它是社会保障的最高层次，是实现社会保障的最高纲领和目标①。

在微观社会工作中，从事社会服务工作的专门从业人员，即社会工作者，将社会福利发送到民众手中，社会工作者需要以利他主义的精神帮助服务对象克服各种各样的困难，提供各类服务，既有精神上的也有物质上的。社会工作中称遭受困难的个体为"案主"，专门为这类人群提供"一对一"的帮助称为"个案工作"或者"个案辅导"。根据案主问题产生的原因，一般从两处着手来实施帮助，一是改善他的内部心境，一般是进行心理咨询和治疗，消除案主的消极、紧张、抑郁、无助感等不良情绪；二是改善他的外部环境，如对贫困的人进行物质帮助，给他提供技能培训，为他寻找社会资源等②。在改善案主的心理状态时，西方社会工作

---

① 胡乐亭：《社会保障概论》，北京：中国财政经济出版社，2002年，第19页。

② 张雄编著：《个案社会工作》，2000年12月，上海：华东理工大学出版社，第4—5页。

的具体服务技术曾经深受心理分析传统的影响，特别是在个案临床服务中，社会工作者借用了大量心理学的知识和技术。在美国，因为个案社会工作者和心理咨询师、医生一样可以获取执照、独立开业，使社会工作者越来越像心理咨询师，这两个职业之间的界限越来越模糊，虽然西方的后现代主义者对此提出严厉批判，认为社会工作者应该坚守自己的道德实践和政治实践①，但是无论如何社会工作者也无法避开心理学对它的影响，或是阴影或是光环，这两个职业之间的互相借鉴、互相渗透也成为西方国家乃至当今中国的一个无可奈何的现状。而非常意味深长的是，中国社会工作微观服务中所采用的心理学概念都是借用西方，很少有人理会传统文化之一的佛教的影响，西方国家社会工作实务技术中却借鉴了大量东方文化中佛教心理学的精华，笔者在加拿大多伦多大学社会工作学院做访问学者时，曾经选修学院专门为学生开设的社会工作实务禅修课程。这也是本书专门辟一章探讨社会工作微观服务技术与佛教修行的会通的原因。

　　西方社会工作的兴起与宗教慈善有着深厚的渊源，一开始从事这种助人活动的大多是基督教徒或者各类带有宗教背景的慈善组织，文艺复兴以后，作为西方传统文化的一部分，宗教尤其是基督教思想对人们的社会生活和价值伦理依然产生着广泛的影响。基督教思想中对博爱、平等和至善的颂扬使人们社会交往中的互助行为变得更为自觉，同时也在一定程度上促使上层社会对平民百姓尤其是弱势群体产生道德上的同情。宗教的价值理念深深影响并塑造了社会工作的价值观念，如"平等、利他、助人、奉献、

---

① 许莉亚编著：《个案工作》，北京：高等教育出版社，2004年，第140页。

敬业"等①，特别是在后现代的社会工作思想流派中，社会工作成为工作者个人的道德实践，社会工作者和求助者的专业关系中的道德反省成为工作者个人的道德实践的一部分，社会工作者个人的道德立场会从中受到挑战或者强化②。事实上，不仅早期的社会工作活动含有明显的宗教价值，至今在西方许多国家和部分亚洲国家和地区，其社会工作的发展与宗教文化依然保持着密切的关系③。

鉴于宗教与社会工作的关系，也有现代学者直接将基督徒或者带有基督教背景的社会机构所从事的服务活动称为"基督教社会工作"，佛教的社会服务事业称为"佛教社会工作"。以我国台湾的慈济功德会为例，慈济在济贫的个案制度方面已经发展出一套相当精致和完整的作业流程，而慈济医院里也有社工部门的设置，慈济的发展已经和台湾社会工作的发展联系在一起，只不过社会工作这一概念在佛教界的提出晚于基督教界，佛教和社会工作放在一起的历史稍显年轻，接受的人还不多，这使得"佛教"和"社会工作"两个概念之间的彼此结合还存在一段时间的磨合和适应④。由于"社会工作""社会福利"概念的广泛性，本书的"佛教社会工作"概念也较为宽泛，采用"大福利论"的观点，指佛教信徒在佛教教义的理念影响下以组织为载体所从事的各类

---

① 李素菊：《论宗教的社会工作意义》，《中国宗教》，2009年第3期。
② 朱志强：《社会工作的本质：道德实践与政治实践》，载何国良、王思斌：《华人社会社会工作本质的初探》，香港：八方文化企业公司，2000年版。
③ 许莉亚编著：《个案工作》，北京：高等教育出版社，2004年，第30页。
④ 王顺民：《"人间佛教"的远见与愿景——佛教与社会福利的对话》，台北：《"中华"佛学学报》第十一期，1998年，第227-254页。

有益于社会的服务活动，既有物质的救助，也有精神的抚慰、道德的教化等，既有针对老弱病残等社会弱势人群的补救式活动，也有针对社会一般人群的心灵和信仰服务。

第二节　宗教在西方社会工作发展史上的意义

早期犹太教和基督教教义中把贫穷看作是一个人接近上帝的条件，因为富人很难进入天国，人类除了为自己负责之外，还应该对上帝和他人负责，他们把福利的赐予作为无私的爱兄弟姐妹的条件。在西方社会工作的道德根源上，人们通常认为，慈善的道德伦理源自于基督教关于神对人要行善的道德命令和道德要求[①]。神"叫有权柄的失位，叫卑贱的高升，叫饥饿的得饱美食，叫富足的空手回去"。"有两件衣裳的，就分给那没有的，有食物的，也当这样行"。"你们贫穷的人有福了，因为神的国是你们的；你们饥饿的人有福了，因为你们将要饱足；你们哀哭的人有福了，因为你们将要喜笑。当那时，你们欢喜跳跃，因为你们在天上的赏赐是大的，他们的祖宗待先知也是这样"[②]。这种以宗教道德为主导的早期社会福利实践，反映了早期社会福利的道德动机即宗教的慈善观念，在"救赎思想"或者"来世报应"观念的支配下，行善是神的道德命令，行善既是践行神的道德使命的利他主义追求，也是通过行善而使自己"赎罪""积善"的利己主义色彩。如美国哲学家乔治所说，它是一种理性的"仁慈"，仅仅为把某

---

① 周弘：《福利的解析——来自欧美的启示》，上海：上海远东出版社，1998 年，第 29-34 页。

② 《圣经·新约·路加福音 》。

些被感觉到了的利益与其他富于同情心的想象出来的实际利益合并起来，并使它们进一步结合成一体时，我们就有了公正与仁慈。基督教徒选择疾病、有罪以及其他不可爱的东西作为自己施舍仁慈的对象，因此基督教让世界充满了医院和孤儿院。而这种施舍是充满理性的，"牺牲必须以丰富的收获为目的，并带给某些人幸福，否则它就不能长久的保持着温柔或者美丽的特征"。①

在神学的语境下，"慈善"作为社会福利的实践形式，既表达了人们对友爱、互助和团结等人道主义的道德要求，也表达了通过"神道"改变穷人的不幸命运，追求社会平等和公正的道德要求。慈善作为一种救助行为，确定了社会福利的一个基本构件：救助穷人或者弱势群体，减轻或者免除他们的痛苦与不幸②。基督教伦理观分为内部和外部两种利他主义行为类型，基督教诞生之初，利他主义行为主要局限于基督徒成员内部，以教会成员的内部互助为特色，通过教徒的自愿捐赠和内部互助互爱来达到基督爱世人和追求幸福安宁、美好生活的教义；在基督宗教主宰一切的中世纪，教会服务对象由教徒扩大为所有需要帮助人，基督宗教伦理道德升华到更高层次的外部利他主义，扶助的对象扩大为所有社会成员，增进了社会福利状况。工业革命以后，欧美社会问题丛生，贫困、失业、疾病、流浪、乞讨，社会问题的产生需要更加专业的社会服务，基督教外部利他主义慈善服务为专业社会服务的体系形成奠定了基础③。直到 20 世纪中后期，国家福利

① ［美］乔治·桑塔亚纳著，犹家仲译：《宗教中的理性》，北京：北京大学出版社，2008 年 1 月，第 192-196 页。

② 钱宁：《社会正义、公民权利和集体主义——论社会福利的政治与道德基础》，北京：社会科学文献出版社，2007 年 7 月，第 42 页。

③ 刘继同：《会通与更新：基督教宗教伦理道德观与社会工作价值观的关系》，《宗教学研究》，第 1 期，2005 年 2 月，第 86-87 页。

制度和社会工作制度的普遍建立。

总之，自古以来宗教伦理的博爱与慈悲，一直就与社会福利精神有着亲和性的关系，乃至可以说是推动社会福利的主要动力[①]。时至今日，政府社会福利与宗教社会福利之协力，在世界发达国家和地区仍然是一个重要的事实。这种合作对于社会发展和人类文明的意义已经得到了证实并积累了丰富的经验。社会福利为人们提供了一份以最少的现金配额以帮助他们有自尊的维持生活，从而消除私人慈善或者济贫行为带来的不确定性或者污名，对促进社会融合、社会矛盾的调节有着不容估量的价值。政府部门往往并不直接从事社会服务活动，而是通过花钱购买大量非营利组织的服务来达到提升民众福祉和稳定社会的目的，政府制定各种政策给予保障和监督。现代社会，更多的宗教性服务机构虽然也以宗教或宗教团体为背景，但在实践时完全采取将宗教的信仰服务与宗教的社会服务相分离的原则，向民众发送福利提供社会服务时并不以民众必须皈依其信仰为条件。实际上，尽管在西方社会存在大量的社会服务机构和非营利组织，由于宗教深厚的历史传统，这些服务机构大都有宗教背景，而当民众生活上遇到困难时，往往更加信任并且首先求助有宗教背景的慈善团体。

当代西方国家，天主教、犹太教和新教的社会工作组织都有明确的社会福利目标，如天主教，既举办能提供各种专业服务的慈善机构，又提供有牧师辅导的跟信仰有关的各类服务。1996年，美国的福利改革颁布了"慈善方向"条款，允许政府同宗教慈善

---

① 王顺民：《有关社会福利资源开拓与整合的若干想法：以宗教类非营利组织为例》，收入于郭静晃主编：《社会问题与适应》，台北：扬智出版公司，2000年，第553—570页。

团体签订合约，共同提供反贫困服务，这极大地提升了宗教服务计划的潜力。这种以信仰为基础的服务，据说是利用了教会和教徒对贫困问题热心的道德资源。这些计划的数量迅速增长，1990年代早期，宗教团体为贫穷人士提供了40亿美元的援助，至今，有500家宗教团体加入了基督教社区发展协会发起的解决中心城市贫困问题的活动。许多其他宗教团体则对吸毒者、酗酒者以及性行为障碍者提供帮助，并进行职业培训，为人们提供物质和精神资源，帮助人们克服生活困难①。社会福利继续受到宗教教义的影响，宗教理想和社会民主思想一起构成公共社会福利，教会促使新世纪的政府为那些需要的公民承担起社会福利的责任，扩大了政府在儿童福利、失业保险、女性生育保险，老年养老金等领域的角色，而且这些努力将继续影响政府增大在社会福利项目方面的公共开支。"宗教帮助我们形成什么是正确的好的信念，比如照顾别人的责任。社群组织帮助我们实现服务社群的公益，而不是仅仅关注我们自己，使我们在这个世界上工作生活时让自己的生命目标更加崇高"②。

鉴于宗教非营利组织社会服务的意义在国家福利、社会安全等方面中的不可抹灭性，因此加强对宗教非营利组织的社会服务研究，从而提升服务的品质与效率，便成为重要的课题③。目前状

①　Neil Gilbert，Paul Terrell：《社会福利政策导论》，黄晨熹等译，上海：华东理工大学出版社，2003年8月，第8页。
②　Fawcett，S.B.(2003).Some Lessons Learned on Community Organization and Change. 资料来源：ctb.ku.edu/tools/en/sub_section_main_1386.htm[March 13，2004].1 .
③　王顺民：《宗教社会福利与政府社会福利之协力》，发表于《宗教与社会福利》学术研讨会。新竹：玄奘人文社会学院，1998年。

况是只有较少学者采用组织文化、组织管理的观点与模式来研究现代宗教团体，特别是研究宗教教义影响下的组织文化及其表达方式对组织管理模式的影响，以及这种神圣性会对当今功利主义、经济挂帅引导下的当代中国世俗社会变迁的积极影响。尽管佛教是中国的主要宗教，佛教在未来社会福利事业中发挥的潜在作用巨大，但由于佛教自身等方面的原因，目前对这一方面的关注更少，佛教非营利组织的社会现象应该是现代社会科学领域中的重要议题，也是现代佛教为求生存发展所关切的问题。

第三节 佛教在中国社会福利事业发展史中的贡献

如果把社会工作定义为社会福利服务，中国自古就有社会工作，家族的、政府的、民间的、宗教的，虽然中国古代汉语中没有"社会工作""社会福利"之类的特定词汇，但在 2000 多年前的春秋战国时期就有社会福利的思想。诸子百家对社会福利提出了各种各样的说法，其中儒家和墨家思想分别代表了中国社会福利思想中的"政府积极介入"和"民间互助互济"两种截然不同的思路。儒家的社会福利思想带有政府积极介入的色彩，儒家经典《周礼》说"以保息六养万民""大道之行也，天下为公。故人不独亲其亲，不独子其子。使老有所终，壮有所用，幼有所长，鳏寡孤独废疾者皆有所养。"相比之下，墨家的兼爱思想主张"兼相爱，交相利"，提倡"天下之人皆相爱，强不执弱，众不劫寡，富不侮贫，贵不敖贱，诈不欺愚"，"有力者疾以助人，有财者勉以分人，有道者劝以教人。若此，则饥者得食，寒者得衣，乱者得治。若饥则得食，寒则得衣，乱则得治，此安生生"[1]，墨家兼爱思想的重点则是民间的互助互济，强调社会力量的参与，颇具"社会性"的福利思想。在中国几千年的封建社会历史中，儒家思想对于中国社会福利制度产生了很深影响。中国古代社会在儒家思想的官方干预和民间互助思想的综合影响下形成了福利实践，在儒家思想中，所有的这些福利思想和实践的目的都强调"大一统"并重在社会控制[2]。自古以来在政府积极主导、社会力量参与的中国社会福利实践中，我们不能忽视一支重要社会力量的参与，那就是受慈悲、布施、福田等基本教义指导下的佛教慈善事业。

佛教诞生后的两千多年来，一直到近代，佛教的大慈大悲精神始终与慈善事业联系在一起，佛门弟子、佛教寺院一直承担着除家族互助、政府救助之外剩余的社会救助功能，扶危济困、施药治病，积极投入慈善事业，为人间增添了几分温暖。古代中国农村生产力低下，生活贫困，一遇天灾，饥民充斥，饿殍遍野，为政者亦想尽办法筹谋对策，佛教社会福利一直作为宗族福利和政府福利的重要补充形式，改善着社会大众的生活质量。以功德福田思想为指导的慈悲布施行为的兴起，成为自南北朝至明清佛教慈善事业的直接起因。对中国普通民众而言，佛教的慈悲喜舍与传统文化中"积善之家，必有余庆；积不善之家，必有余殃"的报应观念相结合，构成"善有善报，恶有恶报"的福祸观，这样印度佛教的慈悲观在中国也发生了一定的变化。中国的大乘佛教，即是所谓菩萨乘佛教，以修菩萨行为主，在四弘誓愿与大波

---

①　《墨子·兼爱上》。

②　王思斌：《社会工作概论》，北京：高等教育出版社，2003年，第280-281页。

罗蜜行之下，以弘布大乘菩萨的精神为根本理念，对于疾病治疗、灾害救济、贫民救助皆视为佛教徒的当然任务。佛教对于社会福祉事业的热忱参与，本是佛教徒在人世间修炼的必然过程，也是人格的完成中应该努力去做的事，内在修为的完成与外在社会幸福的达到，内外双修方为功德圆满。最早在印度大乘佛教的影响下发展起来的的慈悲观，最终演变成为中国佛教最主要的道德观念，包括慈悲心、布施心、福田思想、报恩观念、不杀生戒和普遍的放生理念①。佛教徒本着慈悲济世的精神，广泛的从事公益事业，僧人行医施药，造桥修路，与官方慈善事业合流，造福百姓②。中国大乘佛教所具有社会教化精神，和印象中的佛教出家隐遁思想似乎殊异，但是对于社会所体现的正面意义值得肯定和弘扬，故僧人积极参与社会福祉事业，这是事实也是值得效法的。

佛教于两汉时期初传中国之际，就已有济贫布施的现象，史书记载东汉时"笮融者，丹阳人。……乃大起浮图祠……每裕佛，多设酒饭，布席于路，经数十里。民人来观及就食且万人"③。中国佛教经过一个短暂的适应期之后，南北朝时期，社会分崩离析，战乱频仍，佛教以其独具之教义，迎合了社会各阶层人们的需要，逐渐形成了一个发展的高潮，佛教的慈善事业在这一时期取得了极大的成就。孙尚扬认为，佛教作为外来文化之所以于两汉之际传入中国并成为中国传统文化的重要组成部分之一的原因，是弥补了当时儒家社会救助理论的不足，因为在战争、灾荒等原因导

---

① 根通：《中国佛教慈悲济世的理念与实践》，转引自佛学研究网 http://www.ways.com，2006年9月7日。

② 道坚：《中国佛教与社会探论》，北京：宗教文化出版社，2007年6月，第33页。

③ 《三国志·吴志·刘繇传》。

致的社会动荡和社会流动的历史境遇中，个体无法寻找和施与血亲关系之外的帮助，而佛教的"仁慈好施、慈悲为怀"等类似于西方基督教思想中蕴含的博爱、利他主义的道德规范体系对儒教有补助作用，因而为中国人在道德行为中践履之[1]。佛教慈善事业的兴盛，对当时处于战乱的社会产生了不可忽略的积极作用。

中国佛教传入带来的慈悲、福田等社会福利思想不仅影响了中古时期民间的社会救济工作，而且影响了国家整体的社会救济事业[2]，使得国家的救济事业在唐宋时期内容较以往更加丰富，社会救助形式更加灵活多样，社会救助通过不同渠道、不同形式得以实施，表现出不同手段的有机结合。如置仓储以备荒之用，设居养院等以收养贫困人员，这主要是政府行为。有的救助机构则是政府主办，由其他力量来管理。据《唐会要》[3]卷记载，当时有"悲田养病坊"，这种慈善机构最初为佛教寺院举办，由僧尼主持，所以采用佛教名词"悲田"命名。后来采取在官方补助下由佛教寺院办理的形式，得到较大发展。最后逐渐完全转到官府手中，由官方委托地方名人管理，改称"福田院"或者"居养院"。宋徽宗崇宁年间，曾经置"安济坊"，安置贫困病人，"安济坊"是政府主办的免费医院，由僧人管理。而有的措施则存在互济性，如唐代义仓的谷物由人民以义租形式在正税之外纳于政府，由政

---

① 孙尚扬：《宗教社会学》，北京：北京大学出版社，2002年，第212-213页。

② 刘淑芬：《北齐标异乡义慧慈石柱——中国佛教社会救济的个案研究》，载梁庚尧、刘淑芬主编：《城市与乡村》，北京：中国大百科全书出版社，2005年版，第52到86页。

③ 《唐会要》卷四十九。

府储藏保管，用于赈济，这当中包含了民众互助互济的意义①。
宋朝年间，出现了完全由民间乃至个人举办的慈善事业，最著名
的有范仲淹的"义田"和刘宰的"粥局"，这类慈善事业没有宗
教背景，但和佛教慈善一样同属于民间公益事业的重要组成部分，
充分说明此一时期的社会福利事业中社会参与力量的多元化。同
时此一时期社会救助的组织形式和救济内容也多样化："义田"
是一个以庇护和造福宗族为宗旨的"家庭扩大化"模式的慈善事
业；"粥局"则是以社区居民为对象，以社区组织的方式进行慈
善活动，但这些组织主要为乡绅所掌握。在医疗方面，最早由北
宋时苏轼以私人捐款设立的义诊机构"安乐坊"，在元朝出现了
广为设置的由官方机构管理的提倡医疗救济的"惠民药局"。到
明朝年间出现了最早的以民间互助为主的慈善社团——同善会②，
明代的善会具有以佛家之善行儒家仁义的特色，佛教的行善观念
广泛存在于明代民间的各类宗教活动中③。唐代的"悲田养病坊"
和宋代的"安济坊"都属于半官方半民营方式，佛教的社会服务
成效为政府所认同，但是要在政府的管理之下进行。南宋之后，
及至元明清时期，由于政府对于佛教的官方捐赠下降，佛教失去
了以往的巨大财力，举办社会服务事业逐渐走下坡路，但在民间
和地方社会的公益事业中仍然发挥重要作用，只是官方慈善事业
与佛教慈善事业不再合流，而是呈现逐渐脱离的趋势，如晚明居
士团体围绕寺院捐赠形成的士绅社会，此时的佛教慈善具有相对

---

① 胡柏翠、周良才：《论唐宋时期的社会救助及其历史影响》，《重
庆职业学院学报》，2004年7月，第3期，第13卷。

② 王思斌：《社会工作概论》，北京：高等教育出版社，2003年，第
280-281页。

③ 陈宝良：《明代的社与会》，《历史研究》，1991年第5期。

的独立性（这在其它章节中将有论述）。唐宋时期乃至这以后的社会救助工作说明社会救助单靠政府是不够的，还得依靠社会多方力量的合作①。遗憾的是，尽管在中国古代社会，佛教与社会福利有密切关系，但是由于"家国同构"的历史传统和儒家思想在社会中始终处于正统地位，政府历来偏重于对政府政绩和家族救助伦理的弘扬，而不容易承认佛教对于中国社会慈善事业的贡献。按照传统政治观念，政府应是社会福利的主要甚至是唯一提供者，如孔子弟子子路在卫国出私财救贫，孔子制止说："汝之民饿也，何不白于君，发仓廪以赈之？而私以尔食馈之，是汝明君之无惠，而见己之德美矣。"②即是说以一己之财济贫有影射政府无德无能的嫌疑，对于一个标榜"仁政"的政府来说，是不愿意看到来自民间慈善行为的，因为其所造成的社会影响会对朝廷的政治权威和道德权威带来潜在的挑战。唐朝时佛教寺院所办的用于救济贫病人的悲田养病坊后来被废除，即与此治理社会的思想有关③。以往学者们在探讨古代的救济事业时也偏重官方的措施和政策，多少忽略佛教教团的贡献，有关救灾史研究大体上也详述政府的救荒政策，如邓云特《中国救灾史》、冯柳堂《中国食粮政策史》等。也有少量成果涉及佛教所参与的救济工作，比如早在 1935 年，全汉昇先生就曾撰写发表了短文《中古佛教寺院的慈善事业》④，日本学者道端良秀曾著有《中国佛教与社会福利事业》，其中部分

---

① 胡柏翠、周良才：《论唐宋时期的社会救助及其历史影响》，《重庆职业学院学报》，2004 年 7 月，第 3 期，第 13 卷。

② 《论语·颜渊》。

③ 蔡勤禹：《慈善意识论》，《天府新论》，2006 年第 2 期。

④ 《食货》半月刊，1935 年 1 月第 1 卷第 4 期。

章节有中文译出①，我国台湾学者黄敏枝等对于宋代佛教的社会慈善曾有论述②，等等，这些研究成果的出现使我们对佛教社会工作在中国古代社会的呈现形式有所了解。

近代中国受资产阶级民主革命和西方"剩余型福利"思想的影响，并与中国传统的儒家传统相结合，逐渐形成了一种独特的中国式的"剩余型"福利思想，即在常规的社会机制不能正常运转或者不能满足一部分社会成员的某些较为特殊的社会需求时而采取的应急措施，主要目标是为弱者服务。那时的中国在内忧外患的压力下，政府权力弱化，除了政府的福利机构服务之外，民间社会慈善力量也形成了一股强大的阵势。针对佛教末流的腐败和积极社会功能的丧失迫使佛教内部进行改革，太虚、印顺等人的"人间佛教""人生佛教"的开展，使佛教关怀社会，服务人群的精神在上世纪三四十年代已经初见成效。除佛教之外，国外教会和慈善机构如基督教青年会（YMCA）也在中国分支机构开展了大量的福利活动包括救灾、大众教育以及关注青年和劳工福利等等，与佛教慈善共同构成民间社会福利的重要组成部分。

新中国成立后，人民政府接收、改造了国民党政府和地方社区举办的救济院、带有宗教背景的以及接收国外津贴世俗的慈善堂等一切救济福利机构，同时也举办了一批以组织灾民、难民"生产自救"为目的的收养单位和贫民生产单位，统称为"救济福利单位"。在计划经济体制下，中国绝大多数人口被网罗到城市劳

---

① ［日］道端良秀著，姚长寿节译：《中国佛教和社会福利事业》，http://www.jcedu.org/rsfj/dl/09.htm.

② 黄敏枝：《宋代佛教社会经济史论集》，台北：台湾学生书局，1989年，第413-442页。

动保险和农村集体保障这两张安全网下面，网内被"职业福利"
所覆盖，只有漏在网外面的"三无人员"（无依无靠、无劳动能力、
无生活来源）和伤残军人才由"社会福利"给予保障，人民政府
去担负此类济贫的工作，主要由民政部门主管。[①] 改革开放以后，
各项社会公益慈善事业开始逐步恢复，各种非营利组织、民间力
量增长迅速，佛教慈善事业也不断展开，佛教从事社会福利事业
的传统在慢慢恢复，佛教的慈善理念在慢慢彰显。各地有条件的
佛协与寺院成立了专门的慈善功德会，为慈善公益事业的有序展
开和规范化奠定了基础。全国各地佛协与规模较大的寺院本着慈
悲喜舍的精神，积极从事慈善事业，在每一次的救灾济贫工作中
也能听到佛教徒慈悲的声音，见到佛教徒济世的身影。当代佛教
正在以"庄严国土、利乐有情"为号召，以"不为自己求安乐，
但愿众生得离苦"的大乘菩萨行来弘法利生，更以"人间佛教"
的宗旨来回报社会，服务人群。随着宗教政策的调整，学者纷纷
撰文讨论佛教社会服务的历史经验及现实意义，出了不少研究成
果，一些博士硕士论文的议题也专门涉及佛教慈善公益事业的参
与，使佛教社会服务和慈善公益的内容得以彰显，也使得中国佛
教和社会工作的关系有更清楚的脉络和环节。

---

① 　王思斌：《社会工作概论》，北京：高等教育出版社，2003 年，第
281-283 页。

第二章 中国佛教社会工作的哲学基础

中国佛教社会工作拥有深厚的哲学基础，如慈悲、福田、布施等观念，佛教在传入中国社会教化民众的过程中，逐渐与中国本土文化中原有的利他助人道德伦理思想相融合，实现了教义的"中国化"，也实现了从外来宗教到中国宗教的深刻转变，成为中国文化传统的组成部分。中国文化传统的精神就是"人文主义"，即"以人为本"，把"人的道德情操的自我提升"置于首位，特别注重"人的伦理精神的养成"，这一点也正是"中国人文精神之精华所在"。① 社会工作的宗教起源，决定了它是一种以价值为本的专业和职业，强调人文关怀和道德伦理在行动中的重要性。社会工作价值观是社会工作实践的灵魂，是社会工作者的精神动力。在社会工作中价值的概念属于哲学范畴，佛教社会工作价值是以人为本位的哲学理念，包含了人与社会相互关系的规定，是对社会中的是非、善恶、真伪、美丑的一种判断。在有关社会工作的讨论中，都离不开价值这个主体，有学者认为，人道主义、实证主义、乌托邦理想是社会工作的三个精神支柱，其中的实证主义则为社会工作的现代化、专业化、组织化提供了科学基础，而人道主义肯定了个人的自由、尊严、权利和社会的民主、平等理想，乌托邦的思想则是人类对理想社会美好生活的渴望，也是个人需求的正常表达 ②。中国佛教教义中包含的如慈悲、福田、布施、平等、建设美好的"净土人间"等人道主义观念和思想，构成了佛教社会工作的重要哲学基础。而佛教所提倡的"理想人间"

---

① 楼宇烈：《中国文化的根本精神》，北京：中华书局，2016 年 7 月 1 日，第 45 页。

② 许莉娅：《个案工作》，北京：高等教育出版社，2004 年 7 月，第 31 页。

在中国现代社会正一步一步变成现实。

第一节　中国佛教的慈悲观念

一、佛教慈悲的含义

佛教以"慈悲为怀"，在佛教的众多教义中，慈悲观具有特别重要的地位，佛教的慈悲观表达了佛教对慈悲内涵与意义的基本看法，特别对于在中土流行的大乘佛教来说，基于其普度众生的追求，慈悲观甚至是最核心的教义。慈悲在小乘佛教中，原为五停心观之一，主要是一种对治个人心性弱点的修行方法。慈悲观所消除的正是众生的恨心，所以慈悲观在小乘中是一种修行法门。到大乘佛教时，为了突出慈悲的深意，将慈悲喜舍由修行法门提升为佛性的地位，认为慈悲就是佛性，体现了大乘佛教对慈悲的重视[1]。

《观无量寿经》上称"佛心者大慈悲是"[2]，即是说佛教以慈悲为本。在原始佛教里，慈与悲本来是有分别的，佛典解释说"慈名与乐，悲名拔苦"。慈，音译为"弥勒"，以亲切、友善之心对待众生，给予众生快乐、幸福；悲，原意为"痛苦"，引申为能够深切同情体察别人之痛苦，并做出行动为人拔除痛苦[3]。慈心是希望他人得到快乐，慈行是帮助他人得到快乐；悲心是希望他

---

① 根通法师：《中国佛教慈悲济世的理念与实践》，转引自佛学研究网 http://www.ways.com，2006年9月17日。

② 《大正藏》第12册，《佛说观无量寿经》。

③ 陈兵：《佛陀的智慧》，上海：上海古籍出版社，2006年1月，第195页。

人解除痛苦，悲行是帮助他人解除痛苦，因此慈悲的定义就是"拔苦与乐"。在《阿含经》中 "慈悲"有两层含义：一是日常生活中的慈悲，另一则是与修定有关的慈悲，前者是后者的基础，后者是前者的深化。日常生活中的慈悲，反映出慈悲思想乃是一个完整人格知、情、意平衡发展的呈现；与修定有关的慈悲，称为"菩萨行"。

慈悲的基本含义是与乐、拔苦，而其最高表现叫"无缘慈悲"，指没有分别的绝对的慈悲，又称"大慈大悲"。《大智度论》卷17说："大慈与一切众生乐，大悲拔一切众生苦。大慈以喜乐因缘与众生，大悲以离苦因缘与众生。"[①] 通俗地说，慈，就是给予众生快乐；悲，则是拔除众生的痛苦，慈悲相连，包含了人生所需要的与乐与拔苦两个向度。所谓"无缘慈悲"或"大慈大悲"， 是说慈悲不只是对有缘人，对冤、亲平等，无分别心，把他们的痛苦看作自己的痛苦，如是推广到一切有情动物，都能生起怜悯与爱护。"慈"是无缘大慈，给世界所有的众生温暖、幸福与快乐；"悲"是同体大悲，拔除一切众生的烦恼与痛苦。

在佛经中，还有对"慈悲"的其他不同说法。慈，有时又被描述为佛、觉悟，也就是佛教的根本理想。《大般涅槃经》卷14说："慈即如来，慈即大乘，大乘即慈，慈即如来。善男子，慈即菩提道，菩提道即如来，如来即慈。"[②]《大智度论》卷27说： "佛以慈为首。" "悲"，有时又被看作是获得最终觉悟的途径，是智慧之母，是一切功德的基础。《华严经·普贤菩萨行愿品》说："若

---

① 《大正藏》第25册，《大智度论》卷17第27品《释初品·大慈大悲义》。
② 《大正藏》第12册。

诸菩萨以大悲水饶益众生，则能成就阿耨多罗三藐三菩提故。"①
也就是说，如果菩萨能拔除众生之苦，就可以成就最高的觉悟。
龙树在《大智度论》中说："大悲是一切诸佛菩萨功德之根本，
是般若波罗蜜之母，诸佛之祖母。菩萨以大悲心故，彼般若波罗蜜，
得般若波罗蜜故得作佛。"② 在这里，悲是智慧之母，也是成佛的
根本基础。《大智度论》第 27 卷又说："慈悲为佛道之根本。"《观
无量寿经》则说："慈悲为万善之基本。"③《增一阿含经》说：
"诸佛世尊，成大慈悲；以大悲为力，弘益众生。"④

　　"慈悲"信念后来进一步扩大至"慈、悲、喜、舍"四结构，
慈悲喜舍，是佛教《阿含经》及大乘诸经中反复倡导的精神。喜，
或作"随喜"，为众生的欢乐而欢乐，为众生的喜悦而喜悦。舍，
意为"施舍"，既将自己的财产、物体、身体、性命等至爱施与他人。
慈、悲、喜、舍的无限扩大，称为大慈、大悲、大喜、大舍，名为"四
无量心"，或称"四梵住"（四种清净无染的心）。《大般涅槃经》
卷十五佛解释说："为诸众生除无利益，是名大慈；欲与众生无
量利乐，是名大悲；于诸众生心生欢喜，是名大喜；自舍己乐，
施与他人，是名大舍。"⑤

二、佛教慈悲的道德缘起

　　慈悲思想在大乘佛教之前就已经出现，充分体现在讲述佛陀
自述去前世修行菩萨道的《本生经》等故事中。可以将慈悲分成

① 《大正藏》第 10 册。
② 《大正藏》第 25 册。
③ 《大正藏》第 21 册。
④ 《大正藏》第 02 册。
⑤ 《大正藏》第 01 册。

两部分来说明：一是佛陀本人的慈悲，在佛教早期经典中描述，释迦牟尼成佛以前是菩萨中的典范，他做菩萨经历过三界五道劫，其全部业行，就是理想的菩萨行。早期出现的所谓"本生""本业""本起"等类经典，讲述的就是这类故事；另一部分则是佛陀弟子的慈悲，即佛陀对弟子慈悲的教育。这两部分呈现了密切的关系，亦即佛陀不仅教导弟子慈悲，在现实生活中，他自己就是弟子所效法的活生生的榜样，他本人在成佛以前的全部业行就是理想的"菩萨行"。

大乘经典中把成佛目标定为无限长的过程，是因为它把深入世间，解脱众生当作自我完善、满足成佛条件的前提。所谓众生，不仅指人类，而且包括被世人理想化了的"天"，被视作"三恶道"的畜生、恶鬼、地狱等，凡此都是应该拯救的对象。众生无限，法门无限，修习的过程也必然无限。这种寓自我解脱与救苦救难、普度众生中的践行，即称为"菩萨行"；发誓从事"菩萨行"的佛徒，就称为"菩萨"。大乘给菩萨的定义是"具足自利利他大愿，求大菩萨提，利有情"。①

就佛教南北传二界及学术界公认的原始经典《阿含经》来看，大乘思想乃佛陀在世时所具有乃至宣说，可谓证据确凿。阿含经中多处提到"大乘"及大乘菩萨行"六度"。南传佛教奉《佛种姓经》《行藏》《本生经》，前者讲十波罗蜜等菩萨道，后者是佛陀在自述其前世修行菩萨道的种种故事中，提供了实践大乘道六度的榜样②。

---

① 赵淑华：《阿含经的慈悲思想》，台北：台湾大学哲学系2004年度硕士学位论文。

② 陈兵：《佛陀的智慧》，上海：上海古籍出版社，2006年，第10页。

公元 3、4 世纪时，圣勇造《菩萨本生论》①，由佛陀前生故事十六篇组成，由佛陀投身饲虎缘起。汉译佛典中专辑本生故事的有：《六度集经》《菩萨本缘经》《生经》《佛说菩萨本行经》《大方便佛恩经》《金色王经》《长寿王经》《佛说妙色王因缘经》等等均收入《大正藏》的《本缘部》中，在这些佛典中，《六度集经》按六波罗密分类，内容十分充实，无论就内容方面或传译年代上，都较其它同类经典更为重要，在前三卷的布施波罗密中，叙述了最初佛陀与五百应仪、一千菩萨共在王舍城鹫山时为阿泥菩萨说六度无极法，其次略述布施波罗密的意义，并列举了二十余种本生故事，即菩萨；卷四之戒波罗密中列举了 15 种本生故事；卷五之忍辱波罗密中列举了十三种本生故事；卷六之精进波罗密中列举了十九种本生故事；卷七之禅定度无极章中收 5 种。此外《菩萨本缘经》，收故事 8 种，《菩萨本行经》三卷不分品，收故事 24 种，《生经》是汉译佛典中明确以"生经"为书名的只此一种，上述三经也占有重要地位。本来本生故事仅限于记载释迦前生故事，但在大乘佛教兴起以后，也随之产生了大乘佛教特殊的本生故事。这些故事在释迦之外，又补充了弥勒《贤愚经》②《一切智光明仙人慈心因缘不食肉经》③ 等，阿弥陀佛《无量寿经》④《悲华经》⑤ 等等诸佛及观音等的本生故事，也与释迦的本生故事有很

---

① 　《大正藏·本缘部》，《大正藏》第 3 册。
② 　《大正藏》第 4 册。
③ 　《大正藏》第 3 册。
④ 　《大正藏》第 12 册。
⑤ 　《大正藏》第 3 册。

多相同之处 ①。

这些本生故事是在佛教形成初期利用印度民间寓言故事编造佛教神话和传说而成，利用民间的寓言故事编制的大量本生故事，用以说明佛陀之所以成道，乃由于他生前的德行的积累。在佛教形成时期，从佛陀死后到阿育王统治时期，前后共约200余年，在此期间佛陀弟子及其信徒曾进行过三次结集，也就是对佛教教义进行了三次整理，形成了原始佛教的基本教条和基本学说。

佛教原始经典的编纂和整理的过程实际上也是对佛教神话和传说的编造与加工的过程。由于对佛陀的神化和美化，早期的佛教僧侣利用民间流传的故事编纂了《本生经》，也就是说，佛陀之所以能成正觉，乃是前生所积德业的结果。所谓本生，就是叙述佛陀前生的德行，这些德行即佛陀前生为菩萨时所行的六度菩萨业的功德。这些本生故事说，佛陀前生曾为国王、神、大臣、长者、庶民以至狮子、孔雀、大象、鱼等，多次以慈悲之心舍身救人，最后成佛。印度文学以丰富的寓言故事为突出特色，这些流行于民间的寓言故事被佛教徒在佛法讲演中加以利用，并把他们附会到佛陀前生的德业上面，以便加深信仰的神秘主义色彩。一切宗教都需要荒诞的神话，而且从荒诞的神话中还会产生更荒诞的神话，佛教也不例外。为了适应宗教的特殊需要，宗教家们往往通过其虔诚的教徒制造出更荒诞的神话。因为愈荒诞才愈神圣，也才愈会使那些受苦受难的人们的恐惧和敬畏的心理得到一种慰藉，并可使宗教的神学对信徒产生一种强大的威慑力量。

这些本生故事还有另外一种作用，即力图使佛教徒经常追忆

---

① ［日］池田大作著，卞立强译：《续·我的佛教观》，成都：四川人民出版社，1998年4月第1版，第5页。

前生功德，加重对他的崇拜和感恩之情。这和耶稣被钉在十字架上的故事如出一辙，意义和作用也相同①。宗教学家谢扶雅曾经指出宗教为道德之根源，以人事为出发点，而"非以自然为出发点"，在其《宗教哲学》中相当系统的阐释了宗教的人学意义和道德伦理功能。在牟宗三看来，宗教都起源于对人生的理解，起源于一种对宇宙的"悲情"。耶稣称之为"爱"，佛教称之为"慈悲"，儒家称之为"悲悯"。由此，耶稣突出"恐怖意识"，佛教突出"苦业意识"，儒教突出"忧患意识"。儒释道三大宗教的起源都是由于直接观察到人世间的罪恶与黑暗，人生的痛苦与社会的束缚，而积为困心衡虑焦思苦索之结果。基督教中耶稣言：我来，为病者，为罪人；释迦由于目击四城门外老死病亡等等苦状而顿悟，用佛法智慧解脱人生苦难；儒家以博施济众为极则，动机起于"天下饥由己饥，天下溺由己溺"。②

慈悲观奠定了佛教道德的基础，佛陀也因此成为道德的楷模。佛教慈悲在实践中表现为一种利他的行为和社会公益慈善事业。关于慈善与公益，在佛教经典中，佛陀慈悲助人、护生救苦的事例，比比皆是，《本生经》故事中舍身饲虎、割肉喂鹰，为彻底解决众生的生老病死苦，出家证道，弘化十方。佛陀可以称为世界上伟大的慈善公益家，佛陀为佛弟子做出了最好的榜样，十方诸佛与菩萨亦如是：阿弥陀佛四十八愿度众生；药师佛为众生除病消灾；观音菩萨救苦救难；地藏菩萨在地狱教化等。诸佛菩萨的慈悲愿力，深深影响了佛教的慈善公益事业。

---

① 　[日]池田大作著，卞立强译：《续·我的佛教观》，成都：四川人民出版社，1998年4月第1版，第8页。

② 　谢扶雅：《宗教哲学》，济南：山东人民出版社，1998年，第86页。

第二节　中国佛教的布施观念

一、布施如福田

布施福田是佛教慈悲理念的具体实践。作为实施慈悲精神主要途径的"布施"，被列为大乘"六度"之一。"六度"指由此岸世界过渡到彼岸世界的六类途径，即"布施""持戒""忍辱""精进""禅定""智慧"。早期佛教中解脱之路只有"戒、定、慧"三学，发展到大乘时则扩展为"六度"，其中的"持戒""禅定""智慧"是对早期佛教的继续而有新的发挥，而"布施""忍辱""精进"则是随着大乘思潮出现的创作。《大乘义章》卷 12 中说："言布施者，以己财事分布于他，名之为布；辍己惠人，目之为施。"[①]在大乘佛教"四摄""六度"中，布施皆列为第一。《大智度论》卷 14 中对布施进行细化，认为"布施有三：一为财施，二为法施，三为无畏施"。[②] 财施就是财物的施舍，就是救助贫困；法施就是将佛法说与人知，以佛法度人；无畏施就是救人厄难，令人无所畏惧。无论是法施、财施，或是无畏施，对布施者自己的要求，要做到"三轮体空"，即作为布施者，不求功德，不期回报，将布施作为我们生活的一部分，是成就佛道之基础。佛教谈到布施时，常用"福田"来进行比喻，进行布施好比撒种子在田里，"田"暗含着生长和收获的意思，"福田"即可生福德之田。佛教称应给予慈悲救济的对象为能生长福报的"福田"。佛教中的福田说

---

① 　《大正藏》第 44 册。
② 　《大正藏》第 21 册。

法不一，有二福田（悲田、敬田）、"三福田"（悲田、敬田、恩田）、"七福田""看病福田"等多种。

第一种分类，在《大智度论》中把福田分为两种，即悲田和敬田："悲田"以受怜悯之贫、病者为对象，"敬田"以受恭敬之佛法僧为对象。在悲敬二田中，佛教更关注以贫病、孤老为对象的悲田。大乘经中，佛多处说以慈心布施贫病老弱孤独者及畜生的功德，在《佛说阿难四事经》中，佛说："当以慈心养育幼弱，见禽兽虫蛾、下贱仰人活者，常当愍念，随其所食，令得稣息。"①佛陀谆谆告诫人们：应常怀慈悲心，关怀周济老弱贫病。救人活命，尤为佛陀所倡导，《佛说骂意经》，佛说"作百佛寺，不如活一人"，②就是说建寺塑佛，功德远不如救人性命大③。据《像法决疑经》所述："我于经中处处说布施，欲令出家在家人修慈悲心，布施贫穷、孤老乃至饿狗，我诸弟子不解我意，专施敬田不施悲田，敬田者即是佛法僧宝，悲田者贫穷孤老乃至蚁子。此二种田，悲田最胜"④，这种强调救助悲苦众生的悲田思想，是启发社会福利观念的理论来源之一。

第二种分类，佛教的"三福田"，由原来的悲田（悲悯福田）、敬田（恭敬福田），再加上恩田（报恩福田）三部分构成，完整表达了对贫弱群体的悲悯之念，对佛法僧三宝的恭敬之心，以及对父母师长的养育、教导的感恩之意。中国佛教弘化向来注重福德以悲敬为始：一、悲田：把财富分一分去抚恤孤寡，施舍医药，

①　《大正藏》第 14 册。

②　《大正藏》第 17 册。

③　陈兵：《佛陀的智慧》，上海：上海古籍出版社，2006 年 1 月，第198 页。

④　《大正藏》第 85 册，《疑似部》。

救济灾难等。这些社会福利、救济事业，便是种福于悲田中，因为这是值得同情怜悯的对象；二、敬田：为儿女的孝养父母，做佛弟子的敬奉三宝等，这都是种福在敬田中，因为这是值得尊敬的对象。凡是种福于悲敬二田，现生或将来，一定会得良好的福报。布施时引起"施福业"，随逐行人，从今生到来生，成为水不能淹，火不能烧，盗匪恶王所不能夺得自己的财富，所以说："施诸悲敬乃真属于自己"；三、恩田：知恩报恩。佛教一般有"四恩"说，依《大乘本生心地观经》说，即"世出世恩有其四种。一父母恩。二众生恩。三国王恩。四三宝恩。如是四恩。一切众生平等荷负"。[①]这里的众生恩，是指一切众生之恩。近代佛教弘化则注重恩田的发挥，且更加凸显了佛法报恩观念中的社会性内容，如太虚大师曾明确主张佛教僧人应回报"社会恩"，特别把《心地观经》中的"报众生恩"解说成是"社会恩"，这是"人生佛教""人间佛教"思想的主要来源之一。[②]佛教中的佛恩思想，以及众生恩思想，成为社会救济的指导原理，报众生恩之意志和行动应该说就是一种社会福利。

　　第三种说法，在中国佛教史上，西晋翻译的《佛说诸德福田经》也曾提出"七福田"的说法，佛祖释迦牟尼号召人"广施七法"，所谓七法就是："一者兴立佛图，僧房堂阁；二者果园浴池，树木清凉；三者常施医药，疗救众病；四者作坚牢船，济渡人民；五者安设桥梁，过渡羸弱；六者近道作井，渴乏得饮；七者造作圊厕，

---

① 《大正藏》第3册，《大乘本生心地观经》卷二《报恩品》。
② 陈永革：《佛行人间：佛教的社会观》，北京：宗教文化出版社，2008年1月，第120页。

施便利处"①，认为应该为这七类福田布施，最接近今天的公益事业的思想。

在七福田中，除第一类"兴立佛图、僧房、堂阁"，号召做一些佛教建筑，是布施供养佛法之外，后面的六种福田都是社会公益事业：二者"园果浴池，树木清凉"，指植树造林，修建水库之类的活动；三者"常施医药，疗救众病"，指医疗卫生事业；四者"作牢坚船，济度人民"，指发展公共交通事业；五者"安设桥梁，过渡羸弱"，指属于公共交通事业；六者"近道作井，渴乏得饮"，指在道路的近处挖井，以方便干渴的行路人喝水；七者"造作圊厕，施便利处"，这是指建造公共场所，讲究文明卫生。所有这些都跟民众基本生活相关，依旧在今天社会公益事业中反复实践着。

第四种说法，佛教中还有"看病福田"，即祛病医疾。疾病是人生的苦难之一，而替病人解除病痛是佛教徒们践行救苦救难福田的重要内容。《梵网经》②中又有八福田的说法，开创天台宗的天台智顗大师将其列为佛、圣人、和尚、阇梨、僧、父、母、病人。华严宗的创立者贤首法藏大师在《梵网戒本疏》卷五中则列为："一造旷路美井，二水路架桥，三平治险路，四孝事父母，五供养沙门，六供养病人，七救济危厄，八设无遮大会。"此外还有二种异说，但皆不离供养病人为看病福田，《梵网经》中也有"八福田中看病福田为第一福田"的说法。③

---

① 《佛说诸德福田经》，《大正藏》第 16 册，转载于张国刚：《〈佛说诸德福田经〉与中古佛教的慈善事业》，《史学集刊》，2003 年 4 月，第 2 期。

② 《大正藏》第 24 册。

③ ［日］道端良秀著，姚长寿节译《中国佛教和社会福利事业》，http://www.jcedu.org/rsfj/dl/09.htm.

在佛教所倡导的事业中，医学、科学从一开始就是重要的部分。佛教有所谓五明的说法，五明是菩萨必修课目之一，大乘佛教认为，菩萨若不学习"五明"，就不能证得最高的智慧。五明中包括工巧明、医方明。工巧明属于科学技术的畴范，佛教在后来的修桥补路等方面多有贡献，应该与此有关。医方明属于医学和治疗，佛教僧人对施药治病这种功德非常重视，佛典中也有丰富的关于医疗疾病的思想和方案。《大正藏》中有不少与医药有关的经典，如吴竺律炎译《佛说佛医经》①，东晋昙无兰译《佛说咒目经》②《佛说咒小儿经》③ 等；佛教经典如《金光明最胜王经》的《除病品》即完全是医书：将医科分为八科，并详细讨论病因与疗法。而《华严经》《涅槃经》《法华经》《维摩经》也都有治病的说法。佛典要求僧侣具有医疗疾病的知识。《梵网经》卷下记四十八轻戒中的第九"不看病戒"云："见一切病人，常应供养，如佛无异"，"乃至僧房中、城邑、旷野、山林、道路中，见病不救者，犯轻垢罪"④，要求僧人应该像对待佛那样对待一切有病的人，如果见病不救还属于犯戒。

佛教初传中国时，起源于印度的佛教医学也随之传入，僧人往往将行医与传教相结合。在僧传中，最早记载的行医僧人是后汉来华的安世高，他"外国典籍及七耀五行医方异术，乃至鸟兽之声，无不综达"，东晋孝武帝时，于法开在江左弘教并行医，"或问：'法师高明刚简，何以医术经怀？'答曰：'明六度以

---

① 《大正藏》，第 17 册。
② 《大正藏》，第 21 册。
③ 《大正藏》，第 21 册。
④ 《梵网经》卷下，转引自张国刚：《〈佛说诸德福田经〉与中古佛教的慈善事业》，《史学集刊》，2003 年，第 2 期。

除四魔之体病，调九候以疗风寒之疾，自利利人，不亦可乎"①，揭示了僧侣行医的真实动机是将治病救人与弘扬佛法相结合，以求得到"自利利人"的目的。

佛教发展到隋唐朝之后的医疗救治并非如早期传教时那样功利，但是医事活动却逐渐成熟丰富，医学水平逐渐提高，全汉昇先生曾经说佛教徒绝不限于某一种疾病，差不多民间每一种常见病症的应付都很妥当，包括眼疾、脚疾、头风、难产、伤寒等等②。道宣在《四分律删繁补阙行事钞》中，曾专门就佛教寺院和僧人对外施药、施食、照顾病人等方面的行事准则做出了明确的规定，"若彼病者，慈心施食，随病所宜。……婴儿、狱囚、怀妊等，慈心施之，勿望后报"，"若和尚父母在寺疾病，弟子亦得为合药。又，父母贫贱在寺内供养，净人兄弟、姐妹、叔伯及叔伯母、姨舅，并得为合药。无者，自有，亦得借用。不还者，勿责"③。除了寺院开办的药局，僧人懂得医疗的也当医僧，隋唐时期出现了许多精通医术和从事医疗活动的高僧，并著有自己的医学著作，据《隋书·经籍志》中的记载，释道洪撰有《寒食散对疗》一卷；《旧唐书·经籍志》与《新唐书·艺文志》中，也记录了一些医僧及其著作，主要有：僧行智，撰有《诸药异名》10卷；僧莺，撰有《调气方》一卷；僧深，撰有《僧深集方》30卷等④。

---

① （梁）慧蛟《高僧传》：卷一，《安清传》，北京：中华书局，1992版，第4页。

② 全汉昇：《中古佛教寺院的慈善事业》，载于何兹全主编：《五十年来汉唐佛教寺院经济研究（1934-1984）》，北京：北京师范大学出版社，1986年12月，第55页。

③ 《大正藏》，40册。

④ 陈海平：《隋唐佛教公益史研究》，福建师范大学硕士学位论文宗教学专业，2007年4月，第14页。

　　佛教法师不仅精通包括针灸、奇术、药术、咒术等多方面的医术，而且在佛教慈悲的感召下还表现出良好的医德素养和救死扶伤的人道主义精神。在以下记载中，僧医与传染性很强、世人畏之如虎的病疾者(如麻风病人)共住，并对之进行了精心的护理。在释道宣的《续高僧传》中说：释道舜"或依诸病村受于病供，见有脓溃外流者，皆口就㖒之，情无余念。或洗其衣服，或净其心业，用为己任，情向欣然初无频整"①，而释道积在"诸有厉疾洞烂者，其气弥复郁勃，众咸掩鼻"的情况下，"与之供给，身心无贰，或同器食，或为补浣"②。根据《太平广记》的记载，陕州的洪昉禅师曾经在他自己创建的龙光寺中建了一所病坊，"常养病者数百人"，此举亦惠及痢疾、瘟疫、癫患、麻风病者，"远近道俗，归者如云"，洪昉"常行乞以给之"③。唐代的僧人智严"往石头城病人坊住，为其说法，吮脓洗灌，无所不为"④。病者所发出之恶臭污秽，常人掩鼻而过，僧人不仅收容他们，并且亲自为之洗涤、吸脓，不怕辛苦，不避污秽，心无畏惧，慈悲精神令人赞叹。⑤

　　上述几种福田的说法，以《大智度论》提出的悲、敬二大福

---

　　①　《大正藏》第50册，《续高僧传》，《习禅三》之《隋泽州羊头山释道舜传八》。

　　②　《大正藏》第50册，《续高僧传》，《习禅三》之《唐益州福成寺释道积传七》。

　　③　(宋)李昉等编：《太平广记》，卷九五，《洪昉禅师》，北京：中华书局，1961年版。

　　④　《大正藏》第50册，《续高僧传》，卷二五，《智严传》。

　　⑤　魏德东：《刍论中国佛教的公益事业》，资料来源：世界佛教论坛论文集，2009年4月1日 http://www.longquanzs.org/articledetail.php?id=4765 龙泉之声网站《大正藏》，第21册。

田更具有囊括性和代表性，在中国的影响似乎更为广泛深远，佛教的福田思想实际上是发展公益事业的启蒙。"事业"一词，来自佛教，今天慈济功德会所说的"志业"类似于佛教中"事业"的基本含义，多指有神圣价值的工作，与我们现在说的公益事业，非常接近。大乘佛教的奠基者龙树在《大智度论》中说："一切资生事业，悉是佛道"，意思是一切能够有益大众的事业，都是佛道，可以说把世间具有正面价值的工作，都纳入了佛教的范围之中。《瑜伽集要焰口施食仪》①中的"三归依赞"，更提出"利生为事业，弘法是家务"，利生，也就是利益众生，和弘传佛法并举，成为佛教的根本工作，而这样的具有佛教意义的"事业"，也就具有了神圣价值。

二、布施体现出来的财富伦理

由上述，布施体现出了佛教的财富观，这其中体现了大乘、小乘的分别。

小乘表现为对财富的鄙视和远离，小乘认为财富非福而是祸，因此要远离金钱。就佛教的宗教性格而论，佛教徒的出家修行，托钵乞讨，远离村舍，避世修行，明确指向对财富的不占有和拒绝态度，保持与财富的严格距离，且在持作律行上有着严格而具体的行为规范，如佛教戒律中规定，出家修行者不蓄金银财宝，手不捉钱币，严格规定了对财富的所有权与支配权的舍弃态度。金钱是万恶的，它使人堕落、作恶，人有可能为金钱而丧失生命，世上罪恶，苦难，皆从金钱而来，这是近于小乘的见解。

---

① 《大正藏》，第1460部，《瑜伽集要焰口施食仪》一卷，中国佛教网 http://www.ebaifo.com/fojiao-645184.html.

而大乘佛法财富观中的超脱性，是修行中对财富的一种本质立场。大乘佛法对于财富，决非一味地厌恶它，财富既可以是毒蛇，也可以是资粮，问题在于处理的方式，如把财富应用得当，将大有利益。在大乘佛教中，如把财富来布施行善，便是成佛的福德资粮。如旅行时，非预备旅行资具、粮食、舟车等不可，如发心学佛，也非有资粮不可，否则便不会成就的。大乘出世佛法系统的修行解脱，始于以圆修"六度"（布施、持戒、忍辱、精进、禅定、般若）、广行"四摄"（布施、爱语、利行、同事）为本位的菩萨行，布施居"六度""四摄"之首，无论是法施、财施，或是无畏施，对布施者自己的要求，要做到"三轮体空"，即作为布施者，不求功德，不期回报，将布施作为生活的一部分，这才是成就佛道之基础。在布施的三种形式中，财施最为基础而直接，"布己所有，施与众生"，大乘菩萨行的落实，其中也隐含着对财物最基本的两大属性所有权与支配权的承认[①]。佛法要众生修福修慧，如以财富布施作福，便是修集福德，为成佛的资粮。

因果报应论是佛教用以解释世界万有关系的基本理论。佛教果报论在中国原有"天道无亲，常与善人"[②]"积善之家必有余庆，积不善之家必有余殃"[③]的报应论基础上，提出了"经说业有三报，一曰现报，二曰生报，三曰后报。现报者，善恶生于此身，即此身受；生报者，来身便受；后报者，或经二生三生，百生千生，然后乃受"，"世或有积善而殃集，或有凶邪而致庆，此皆现业未就，

----

① 陈永革：《佛行人间：佛教的社会观》，北京：宗教文化出版社，2008年1月，第180页。
② 《老子》第七十九章。
③ 《坤·文言》，见《易传》。

而前行始应"。① 这样把因果报应与生死轮回相结合，在生与死之间架起一座桥梁，把个体的前世、现世、来世连接起来，使现世人生处于善恶报应的因果链条之中，通过宗教机制解决和克服了中土固有的报应论在现实中表现出来的"善人无好报""恶人交好运"的矛盾报应现象。佛教用因果报应论去解释财富的来龙去脉，认为财富皆从布施福德而来，从布施业因的感果得来，而非神赐。神教的信仰者，把他们的一切财物享受，都看作神造而赐予享受的。他们对日常的饮食，都当作神赐而在感谢他的恩典，佛教推翻这类"靠天吃饭"的想法，认为如果一切是神所赐予的，世间很多人对神的信仰是虔诚的，但一直过着穷困的生活。这不能说是他们对神的信仰有所不同，神如果这样厚此薄彼，也太任性而不公平了。佛教不信任神的恩赐，认为一切要依自己，自己的业力才决定自己的福报如何。财富是依个体自己所积的福德得来的。在过去世中，如造作了很多福业，那么现在就有富有的享受。反之，便只有小小的福报，甚至穷困到无以为生。所以过去世的福业，决定了个体现在的财富与享受。

　　尽管如此，财富从布施福业得来，虽是绝对的定律，但其中还有一些问题：第一，有宿因或更待现缘：如说过去积有福业，现在享有福报，那么现在是否可以不劳而获、坐享福乐呢？不可以，因为佛教中虽有布施业因，而福报现前，大抵还是要有现缘的，若偏信前生福业是不成的。前生的福业，有的能自然感报，不须要功力，但更多是要靠自己现生的功力——现缘、现生的功力，如专依宿业，成为定命论，佛法不是定命论。第二，得福果或造成恶因：财富从布施福业得来，现在辛苦地做生意，或从政，

---

① 慧远：《三报论》，《弘明集》卷五，《大正藏》第 52 册。

或劳动而得的财富，皆由福业而来；盗匪劫掠所得的，或贪污欺诈所得的财物，也都是福报。后者依佛法说，这些非法得来的财富，从往因说是从福业而来；但从现缘——得财的方法说，却是种下恶因，用不合法的手段得财，甚至这份福报不能受用，反而会受到罪恶的苦报。虽然善有善果，布施必得福报，但要依因果的正常法则去实现，所以佛说："如法求财，不以非法。"①

财富由布施福业而来，此时的资业（财富）作为身命依报的构成部分，在三世因果体系中，具有先在承载的正当性。按照大乘佛法的解释，此生为人，人生在世的正报，是有情身命，是正当享受苦乐的载体，也是人生在世的生命尊严的根本体现，而人生在世所继承或者创造的一切资生产业（财富），则属身命的依报，同样是生存价值中的一个不可剥夺的依持部分，在佛法中受到合理性的肯定。佛教在承认财富的现世正当性基础上，并进一步提出世间福报的解释，从果报论原理上对财富来源的正当性给予了一种重要说明，不仅较为圆满的解释了财富来源的现世合理性，而且还论证了人类创造财富的正当性或者合道德性。但是尽管如此，佛法的出世性格决定了资业财富并不具有终极而无限的价值，只有将其安置于佛教修行解脱的宗教理想中才能得到明确的定位②。佛教中财富的最终归属是大众和社会，应将财富施与众人回报社会。佛教中将财富的使用理解为共用，如农夫的庄稼，麻雀们要来分享他的果实，如栽植花木，不准人摘取，也得让人观赏。即使围起来谢绝参观，花香阵阵，还是要随风而送到

---

① 印顺法师：《妙云集》之《佛教的财富观》，见"佛教在线"，http://www.fjnet.com/wywz/wywznr/200805/t20080507_69850。

② 陈永革：《佛行人间：佛教的社会观》，北京：宗教文化出版社，2008年1月，第180页。

别人的鼻中。打开收音机，倾听优美的歌曲，其实你的邻人，也正在受用。房屋是属于个人的，如偶然遇到暴雨，路人也可以来檐前避雨。在战争时期，国家可以征用空着的房屋，难民也可以临时住用。如果大家到了无衣无食，那么个体所有的衣食，也难于保持私有。众生是展转互助相成的；"宿因则共，现缘或别"的东西，虽不妨摄取而成私有，但受用却可能是共同的。①

　　如果把佛教的财富观进行总结，那就是："保藏不定属于自己；受用不再属于自己；施诸悲敬才真属于自己"，积蓄的财富终会散失，现在享受了财富就此没有，最好的方式就是把现有的财富，分一分财富去布施，让大家受用，以此来作福修德。谷子下种时，把它播下好田地，不能撒在沙石上，因为希望来日得丰收，所以佛教中的财富要为文化、教育、医疗等慈善事业而使用，便是努力于福报的再生产②。佛寺中常见的"广种福田"，成为佛教财富伦理的通俗表达。佛教的报恩福田，是佛教教化的报恩伦理，如报父母恩、报社会恩、报国家恩、报圣教恩，近代太虚有意把佛经《大乘本生心地观经》中所说的"报众生恩"③解说成是"报社会恩"。佛教圆融而超脱的财富观，应该具体落实于对社会的回报，这成为佛教财富伦理建设中的主导蕴意④。

---

①　星云大师：《佛教与社会》，"佛教的财富观"一节，上海：上海辞书出版社，2008年12月，1-17页。

②　印顺法师：《妙云集》之《佛教的财富观》，见"佛教在线"，http://www.fjnet.com/wywz/wywznr/200805/t20080507_69850。

③　《大正藏·本缘部》。

④　陈永革：《佛行人间：佛教的社会观》，北京：宗教文化出版社，2008年1月，第120页。

第三节　中国佛教的平等观念和净土人间思想

一、佛教平等思想的内涵

平等（梵，巴语 sama），即均平齐等，没有差别之义，其反义词为"差别"。卢梭在《论人类不平等的起源和基础》中说，人类存在着两种不平等，一种是自然的或者生理上的不平等，包括年龄、健康状况、体力以及心理或者精神素质的差别。另外一种可以称之为伦理或者政治上的不平等，因为其取决于这种契约，这种契约是由人们同意或者许可的，而这种契约是由某些人专门享受且往往有损于他人的各种特权组成，如比他人更富有、更高贵、更有权。这种契约可以理解为制度，由于制度产生的不平等是可以选择的，也是可以进行道德评价的，所以人们主要关心的是社会平等，而不是自然平等①。自有阶级分化以来，人世间便没有平等可言，等级森严，地位悬殊，人压迫人，人剥削人，成为普天下无处不有的现象，统治阶级将不平等说成是天理公道并给予各种各样的神学论证。通过佛教创始时期社会历史的分析，可以明确的揭示佛陀创立佛教时期所具有的平等意识和创教本身所体现的平等思想，包括种姓平等、男女平等和戒律面前人人平等。

首先，佛教的诞生就包含着对平等境界的追求。佛教诞生之时正是公元前 6 世纪的印度，当时全社会的人被从高到低分成婆罗门、刹帝利、吠舍、首陀罗四个种姓，婆罗门是执掌宗教事务

---

① 卢梭：《论人类不平等的起源和基础》，南宁：广西师范大学出版社，2009 年 3 月，第 82 页。

大权的僧侣贵族，刹帝利是执掌行政和军事大权的世俗贵族，吠舍是从事各种生产劳动的平民，首陀罗是被雅利安人征服的当地土著人——达罗毗荼人的后裔，是"贱民"，从事最低贱的工作。四种姓源于雅利安人入侵印度后形成的征服者与原居民之间的尊卑之分，后来演变成职业、阶级之分，定为世袭，等级森严，界限分明，不容混乱。作为佛教领袖的佛陀就是在当时兴起的反对婆罗门教至上的新兴沙门思想的社会背景下，提出反对种姓等级制度，宣扬种姓平等、人人平等，以至于一切有生命之物皆平等思想，来抗衡婆罗门至上的沙门思潮①。

佛教的平等首先从反对种姓等级制度和维护种姓制度的宗教力量开始，后来吸纳女性信徒参加僧团组织，则在印度历史上首次允许女性出家甚至可能修成菩萨，则不仅是平等意识的体现，也是平等思想的拓展；佛教信徒加入僧团，必须先申请，经僧团批准后方可受戒。佛教僧团内部，不论民族、种族、性别，在宗教义理和戒律面前人人平等。无论出家前属于什么种姓，加入僧团后严格遵守戒律。旱季云游期，人人托钵化缘修行；雨季安居期，按入僧团先后排定座次，研习教义，切磋教理。

其二，佛教的平等思想起源于作为其基本教义的缘起观。"若此有则彼有，若此生则彼生；此无则彼无，若此灭则彼灭"。一切事物或者一切现象的生起都是相对的互存关系和条件，离开了关系和条件，就不能生起任何一个事物和现象。没有一个现象是绝对的存在，没有一个固定的单一的独立体，而是种种要素的聚合体。既然一切世间法都是没有"自性"，都因因缘和合而生，

---

① 王利耀、余秉颐：《宗教平等思想及其社会功能研究》，合肥：安徽大学出版社，2006年，第3页。

那么一切人我分别都是妄念，那么人我的种种差别就被破除，人与我自然能平等，涅槃的境界就是无差别的境界。

佛教的平等观在大乘般若学中得到了进一步的发展，大乘在小乘"人无我"基础上提出了"法无我"，人所面对的一切事物也不是可以独立存在的实体。大乘把"法无我""人无我"统称"无自性"，大乘般若常用"无相"这一范畴，叫人们不要执著于"有相"，而要做性相平等观，如果不用平等观，而执著于人、我、众生、寿者这些观念，就不能称为一位真正的菩萨①。平等即彼此的同一，大乘所说的平等慈，同体悲，即是这一深义的发挥。印顺法师认为，与大乘相关之处，最重要的是"平等义"，因为平等是表现大乘"无缘慈"与"同体悲"的根本精神，而要获得这平等的体会，必须要透过大乘四无量心的修习，方能成满。《增一阿含经》三实品中称"四无量"为"平等福业"。慈悲喜舍与定心相应而扩充他，即称为四无量。这本是"戒"的根源，由于戒业清净，同情众生的苦迫，即引发慈悲喜舍的"无上人上"法。大乘的"平等思想"，也可以从四无量心中的"舍心"来了解，如《大智度论》卷20所说：

> 问曰：若如是深爱众生，复何以行舍心？
>
> 答曰：行者如是观，常不舍众生。但念舍是三种心。
> 何以故？ 亦以是慈心欲令众生乐，而不能令得乐；悲心
> 欲令众生离苦，亦不能令得离苦；行喜心时，亦不能令
> 众生的大喜。此但臆想，未有实事，欲令众生的实事，
> 当发心作佛，行六波罗蜜俱足佛法，令众生得是实乐。

---

① 唐忠毛：《月印万川——佛教平等观》，北京：宗教文化出版社，2004年4月，第8页。

以是故舍是三心，入是舍心。①

因此，"舍是三心，但观众生无有憎爱"成了菩萨行大乘道的平等心行。印顺多本著作中，说明过菩萨的利他行根源于世尊，而解脱心与利他行是从不相碍的。之所以强调初期大乘的思想，无非是为"人菩萨行"或者"人间佛教"作注脚、找依据，深信大乘济世悲怀的胸襟，起源于世尊的化世原则。他用《增一阿含经》"诸佛皆出人间，终不在天上成佛也"的经句为人间佛教思想的根本依据，为佛法适应现代而学②。

佛教不仅提出了人类的平等，"诸佛子等，虽复方以类聚物以群分，然我所施一切无碍。无高无下平等普遍不择冤亲，今日勿得以贵轻贱以强凌弱，拥遏孤幼令不得食，使不均平越佛慈济。必须互相爱念，犹如父母一子之想"③，还将其延伸到人类与其他生物的平等。西方人文主义者认为人是自己的主人，也是世界的主人，可以根据人类所需随意改造世界，使其提供更多的服务，而佛教认为人类虽然是自己的主人，但世界却不仅仅是人类的，也是其他生物的。一切生物享有平等、独立的生存权，这是佛教的人本主义与西方人本主义不同之处④。

在佛教发展的过程中，平等观一直是佛教的基本教义之一，并且具有吸引和凝聚信众，影响和作用社会等社会功能⑤。随着佛

---

① 《大智度论》卷20，《大正藏》第25册，210b。
② 释开仁编著：《印顺导师对初期大乘菩萨观之抉择探源》，第75页。
③ 《瑜伽集要焰口施食仪》，《大正藏》第21册。
④ 济群：《人生佛教的思考》，《人生佛教小丛书·第三辑》，上海：上海古籍出版社，2006年。
⑤ 王利耀、余秉颐：《宗教平等思想及其社会功能研究》，合肥：安徽大学出版社，2006年8月，第14页。

教传入中国，作为基本教义的"众生平等"与中国封建社会宗法等级制度所形成的"亲亲尊尊""差序格局"的激烈冲突，客观上要求佛教徒必须进行思想理论创新，以适应中国国情。中国佛教在原有印度佛教平等思想基础上进行拓展和深化，提出了"一切众生皆有佛性"的佛性平等、"一阐提人皆能成佛"的善恶平等，和"众生心即是佛心，佛心即是众生心"的"心佛平等"等平等思想。①

二、佛教的人类缘起与近代"人间佛教"思想的萌芽

佛教在很多经典中阐述了最初的世界是怎样形成的，私有制是怎样产生的，人是按照什么原则组织在一起的，以及作为组织的领袖（所谓国王）是怎样诞生的，它的进步之处在于这种平等思想更接近由近代思想家提出的"平等"精神。中国佛教的平等思想甚至比西方基督教的平等思想更加彻底，基督教强调由于人的原罪导致人不是至善至美的，必须依靠上帝才能得救，每个人在上帝面前是平等的，但人和上帝之间是不平等的②。而佛教中"佛即众生、众生即佛"，佛与众生是平等的，是更彻底的平等观。基督教蕴含的平等精神成为近代资产阶级进行革命的口号，如"自由、平等、博爱""人生而平等""真理面前人人平等"等，这些精神和思想随着18世纪末法国大革命的焰火传遍欧洲、波及世界而深入人心，成为现代社会政治文明的基本诉求之一。而近代中国，佛教平等的观念和主张也逐渐成了社会先进人物启发民智、

---

① 王利耀、余秉颐：《宗教平等思想及其社会功能研究》，合肥：安徽大学出版社，2006年8月，第24页。

② 肖安平：《互爱不仅仅是友谊——马丁路德论宗教与人生》，武汉：湖北人民出版社，2001年4月，第31页。

激发民气、改变等级社会传统造成的国民奴性人格的武器①，也在一定程度上促成了"人间佛教"思想的萌芽产生。

在佛教中，最初的人间也被描绘成是完全自由平等的，人和人之间没有差异，甚至不分男女，没有尊卑，没有怨憎，和谐相处，过着安乐自在的生活，人不吃物质的食物，而以快乐欢喜作为精神食粮，但人的寿命却无限长，人也有很多奇异的功能，以有限的身体达到无限的作用，如人自己的身体会发出光明驱散世界的混沌黑暗，没有交通工具，人却可以飞檐走壁，轻巧如云，随意到达每一个地方。但是后来世界起了变化，在《长阿含》经中，多处记载了人的贪欲造成人和人之间的差异和不平等产生的过程。

> 劫初天地欲成，大水弥满，风吹结构，以成世界。此世欲成，光音天上福行命尽来生为人，皆悉化生欢喜为食，身光自在神足飞行，无有男女尊卑，众共生世故名曰众生。有自然地味。犹如醍醐。色如生酥味甜如蜜。②

也有说：

> 甘泉涌出……彼初来天性轻躁者见此泉已……即内指泉中而试尝之。……自念："食之如是乐著。"遂无厌足。其余众生复效食之。如是再三，复觉其美，食之不已③。

如基督教圣经中亚当和夏娃偷吃了上帝不允许吃的树上的"禁

---

① 唐忠毛：《月印万川——佛教平等观》，北京：宗教文化出版社，2004 年 4 月，11 页。

② 《释迦谱》卷一，《释迦始祖劫初刹利相承姓谱第一》，《长阿含经·史传部》，《大正藏》50 册。

③ 《长阿含·小缘经》，见《大正藏》，第 1 册。

果"一样，"甘泉"诱使人走向堕落，人在欲望的驱使下吃多了甘泉，身体渐渐变得肥重，不能飞檐走壁，原有的奇异功能逐渐丧失，人类的身心能力变得极为有限，原有靠身体就能照明的整个世界回到混沌黑暗的状态，"不复神足非空，身光转灭，天地大冥"。

人的贪欲促使"昼夜""黑白""美丑"，"善恶""男女""对错""是非"等相对概念的产生，大冥之后出现了日月星辰和昼夜更替，由于靠地味甘泉获得食品的多少不同，人类的相貌出现了差异，出现了美丑的区别：

> 天地常法，大冥之后必有日月星相现于虚空，然后方有昼夜晦明岁数，尔时众生但食地味，久住世间，其食多者颜色粗丑，其食少者色犹悦泽，好丑端正于是始有①。

人的贪欲促使美丑差别产生，人和人之间出现了差别，其他人就可以进行比较，哪一个最漂亮，相应的就会得到更多偏爱，"这就向不平等迈出了第一步，这些最初的偏爱情绪一方面产生了虚荣心和鄙视，另一方面也产生了羞耻心和仰慕之情。由这些新的酵母引起的发酵，最终产生了危及幸福的天真和致命毒素"②。人的很多恶性和恶行被诱发显现出来，嫉妒心、攻击性、报复心等等导致了人与人之间野蛮和残酷的争斗。西方近代思想家卢梭对此做出的解释是在自然状态下，人仅仅依靠本能就能获得生活所需，在社会中，人必须拥有发达的理性，才拥有生活所必需的一

---

① 《长阿含·小缘经》，见《大正藏》，第1册。
② 卢梭：《论人类不平等的起源和基础》，南宁：广西师范大学出版社，2009年3月，第132页。

切。由此推断，如果大自然注定要人健康，那么人的思考状态是一种反自然状态，能思考的动物是一种堕落的动物。因为"一旦人们相互评价，并在头脑中形成了尊重的概念，每个人就声称有权得到尊重，任何人不尊重他人也难逃惩罚，因此产生了最早的礼貌待人的义务，任何故意伤害都变成对人的侮辱行为，因为受害人除了由于伤害受到损害之外，还从中觉察出对他个人的蔑视，这点常常比伤害本身更令人难以接受。因此每个人都根据自己自尊心的强烈程度，对蔑视他的人进行惩处，这种报复非常可怕，人于是变得嗜血成性、残酷无情"①。

佛教中认为正是因为人与人的争斗，导致了毋需劳动便能获得的"地味"也没有了，后来地上开始生地肥，长粳米来满足人的食欲，但这需要人去劳作，无论怎样，人又可以吃到食物了，但是新的堕落又开始了。

众生复以食之，久住于世。便有男女互共相视，渐有情欲，转相亲近②。

男女之别，最终产生了婚姻、家庭和宗族③，使堕落和苦难随着人类的繁衍代代相传。更糟糕的是，人的私欲继续膨胀，能吃到粳米之后，马上又有人又想到了私自存储，粳米放在公共的场所，自己想吃时不能随意获取，不如一次多拿些储藏起来自己享用时更加方便：

---

① ［法］让—雅克·卢梭：《论人类不平等的起源和基础》，南宁：广西师范大学出版社，2009年3月，第133页。
② 《长阿含·小缘经》，见《大正藏》，第1卷，第37页。
③ 王永会：《佛教政治哲学简论》，《社会科学研究》，2000年第3期。

> 时彼众生有懈惰者，默然自念言："朝食朝取，暮
> 时暮取，于我劳勤。今欲并取以终一日。"即寻并取。"时
> 彼众生竞储积已，粳米荒秽，刈已不生"。

其他人见这种储存的方式使人在不劳作时也能照常吃到粳米，都纷纷效仿，私自存储，大家都怀着"只想获取，不想耕种"的念头，最终的结果是没有人劳动，土地荒芜，粳米也长不出来了。为了恢复生产，也为了充分调动个体的积极性，大家商量把土地分开，并设立标识，只允许各自在自家地里劳动，吃自家地里产出的粮食，这就是私有制的出现，但是这种方法马上又遇到新的问题即偷盗现象和由此带来的民事纠纷。

> 共相谓言："当共分土，别立标帜。"即寻分地，
> 别立标帜。

> 彼时众生别封田地，各立疆畔，渐生盗心，窃他禾稼。
> 其余众生见已，语言："汝所为非，汝所为非，自有田地，
> 而取他物，自此以后，勿复尔也。"其彼众生犹道不已，
> 其余众生诃责而犯不已，便以手加之告诸人言："此人
> 自有田稼而盗他物。"其人复告："此人打我。"

为了解决此类纠纷，便经众人商议，推举有能力、有德望的人来保护民众，并赋予其司法权，解决争讼，人们以私有财产的一部分作为报酬，这就是税收的开始。①

> 以有田地致此争讼，今者宁可立一人为主以治理之，
> 可护者护，可责者责，众共减米以供给之，使理争讼。

---

① 王永会：《佛教政治哲学简论》，《社会科学研究》，2000 年第 3 期。

时彼众生中自选一人……为平等主，可护者护，可责者责，可遣者遣，断理争讼。①

　　这些人在事务管理上的分工与合作，便形成了一整套的行政组织机构。这样君主与国家就始具雏形了。而此后，长期从事民众事务管理工作的人，世袭不断，最终成为统治层，在印度就是刹利阶层，"于是世间便有王名，以正法治民，故名刹利"②。所以是"君权民授"，由民意推举产生，而非"君权神授"。其它各大宗教都有自己的世界观，如基督教圣经中的《创世记》也讲了世界的诞生，人类不平等的起源，人类的祖先犯下了错误使人类走向堕落，人与人之间由和谐安乐走向彼此纷争，罪的根除就是归顺上帝，信仰基督。佛教中的描述也具有充满想象力的浪漫主义色彩，但是对于人类社会争端和矛盾的解决却最终回归于思维方式的理性特征，世界和人类并非"上帝"创造，人际冲突的最终解决方式便是人与人之间依据平等精神建立的"契约"，这非常近似于近代思想家卢梭提出的"社会契约论"。卢梭在《论人类不平等的起源和基础》一书中论述和人和世界的起源、想象了人类社会早期阶段的场景，并提出了人自身品德的堕落促使个体本身退化而并不是进步的观念。"人类就散布于其他动物之中，观察和模仿它们的技能，直到获得兽类的本能。人类有这样一种优势，即虽然每种动物都有一些人类所没有的特殊本能，但这些本能人类都能够学会并为己所用。人的这种自我完善化能力，使人渐渐脱离了原本可以安宁淳朴度日的原始状态，正是这种能力，

----

① 《长阿含·小缘经》，见《大正藏》，第1卷，第39页。
② 《长阿含·小缘经》，见《大正藏》，第1卷，第39页。

千百年来启迪了人的智慧，也引发了人的谬误，萌生了人的善恶，最终使人成为他自己和大自然的暴君"①。卢梭认为原始自然的状况既然不能继续存在，就必须改变其生存的方式，否则便要灭亡，这种组织的方式便是社会契约，"问题在于找出一种结合的形式，能以社会的全力保护每个分子的生命财产，同时每个分子一方面与全体相结合，另一方面仍然只可以服从他自己并仍然和从前一样自由"。这是社会契约所要解决的根本问题。这种订约的行为，立即把订约的个体结合成一种精神的集体。这集体是由所有到会的有发言权的分子组成的，并由是获得统一性共同性，这种集体古代称之为"城市国家"，现在称之为"共和国"或者政治社会。这种共和国或者政治社会，被它的组成分子称之为"国家""主权""统治"，至于结合的分子，集合起来称为"人民"，作为国家法律的服从者，称为"国民"或者"臣民"②。这些先进的政治文明和思想只有人类发展到近现代社会才产生，却能在古老的佛教典籍中发现影子，体现了中国佛教知识分子翻译佛经时的"入世精神"和佛教思维方式的理性特征。

近代思想家和知识分子从理论到实践基本全盘接受了佛家平等观念，成为推动中国近代社会政治变革重要的精神力量。随着佛教中国化，在唐朝以后的佛教译经经卷中已经出现了"平等大王"一词，引发了民众的平等意识，这种意识的表现之一，便是唐宋之间一系列农民起义所打出来的"均平"旗号，如王仙芝、黄巢

---

① ［法］卢梭：《论人类不平等的起源和基础》，南宁：广西师范大学出版社，2009年3月，第87-96页。

② ［法］卢梭：《卢梭民主哲学》，陈惟和等译，北京：九州出版社（北京），2004年8月，第13和15页。

起义，王小波、李顺起义，以及稍晚的方腊起义，钟相、杨幺起义等。①近代中国知识分子对佛教的平等思想进行改造，把宗教性的解脱伦理与世俗的政治解放融为一体，这些把救心与救世融为一体的知识分子发现，信仰比知识更具有革命性的精神价值，知识只能够带来思想，而有思想却未必有勇气，宗教不仅可以统一思想，而且具有禁小人之忌惮的勇气，将成为中国政治变革不可缺少的精神资源。他们普遍认为平等之说，起自浮屠，杨仁山的"破我执""复平等之礼"，"转七识为平等性智"，使"天下人无不同仁"②，谭嗣同"以天纲人，世法平等"，正是由于佛说平等和近代民主意识的认同，形成了康有为人相我相众生相皆为幻相，故人我一体、众生一体的平等观，以及章太炎在肯定众生平等基础上，进一步强调一切"情界"，"器界"万物平等的齐物观，大大丰富了近代民主意识的思想内涵。康有为、谭嗣同、梁启超、章太炎等纷纷采用佛家的思辨方式，对平等的逻辑阐释，把佛教伦理做了现代意义的延伸，如把佛教的"无我"读解成度人即度己的济世哲学，佛教的众生平等乃是现代政治文明中的政治概念和人权意识，用现代性的民主、自由、平等观念对佛教伦理做出解释。近代思想家利用佛门平等之教，使之成为同当时宰制天下的纲常名教、封建统治者的罗网，乃至"志存兼并""怀着兽心的强国"进行抗争的思想武器。③

---

①　严耀中：《敦煌文书中的"平等大王"和唐宋间的均平思潮》，《唐研究》第六卷，2000年，第19—26页。

②　杨仁山：《论语发隐》，转引自麻天祥：《晚清佛学与近代社会思潮》，郑州：河南大学出版社，2005年8月，第13页。

③　麻天祥：《晚清佛学与近代社会思潮》，郑州：河南大学出版社，2005年8月，第13页。

后来提出"人间佛教"思想的改革家太虚大师显然受到了前期谭嗣同和康有为等佛教知识分子的影响，主张佛教的入世性应该包括对于政治的关怀，尽管它的内涵不是革命性的而是建设性的，太虚希望依赖佛教伦理原则来为现实的政治秩序寻找更深入的基础，试图在社会政治与佛教的共同进化中，为现代性的社会政治寻找某些佛教的资源，同时也以此来扶翼佛教在现代性社会空间中的合法性。虽然太虚大师对于社会政治学的知识积累和学理深度并没有充分准备，但他的确提出了一些有意义的问题，如试图以菩萨的大乘观念去为社会治理建立"新道德"，把菩萨看作"改良社会的道德家"，将"佛教实现到人间去"，提出"人间净土"的具体蓝图 ①，进行了"人间佛教"思想的改革。

三、佛教人间"净土"思想和近现代佛教的理想"人间"

有史以来，人类对未来理想社会的设想从来没有停止过。人类几千年文明，始终都是在探讨如何建设一个理想的社会，如何过上幸福的生活。历史上形成无数的乌托邦社会理想，如柏拉图的"理想国"，基督教的"天堂"，托马斯·莫尔的"乌托邦" ②，佛教在印度兴起之时中有"转轮圣王"的思想，传入中国后佛教有"西方弥勒净土"（极乐世界），还有药师如来的现实净土。佛教的这些思想有时让人难以捉摸，也有人称之为空想社会主义性质的乌托邦，所谓乌托邦理想一般有两种理解：一种是贬义的，

---

① 龚隽：《从现代性看"人间佛教"——以问题为中心的论纲》，方立天、学愚主编：《佛教传统与当代文化》，北京：中华书局，2006 年 12 月，第 40-45 页。

② 翟进、张曙：《个案社会工作》，北京：社会科学文献出版社，2001 年 1 月，第 29 页。

即空想的社会；二是褒义的，即理想的社会。其实理想在没有实现之前总带有一定的空想成分，人类在对未来的向往中生活。佛教的这些理想也最鲜明地表达了佛教的真正意图，那就是，佛教不仅仅是着眼于每个众生个人的终极关怀，不光教导人们如何获得自我解脱，过好人世生活，而且更重视全社会、全人类的和平安乐，佛陀在很多场合宣讲了建设合理社会、理想人间之道①，使得佛教的乌托邦理想带有极强的现实主义色彩。佛教进入中国社会后，净土信仰人数众多，净土宗成为中国佛教信众的主流信仰之一。

从佛教当时在印度兴起的历史背景看，正是古印度奴隶制经济急剧发展，大批城镇国家兴起的时期，这个时期，民族矛盾激化、阶级斗争激烈，充满了社会苦难。"宗教的苦难既是现实苦难的表现，又是对这种苦难的抗议。宗教是被压迫生灵的叹息，是无情世界的感情，正像它是没有精神的状态的精神一样"②。佛陀理想的国家以及全部政道思想的说明，就是以所谓的转轮圣王为代表。转轮圣王的思想，起源于佛陀时代的前后，印度虽有种种的小国对立，但渐渐也有统一的愿望，适应这个理想的王者，就是转轮圣王。阿育王时期（约前269-前236）的孔雀王朝，是印度史上空前统一、幅员辽阔的大帝国，阿育王大力支持佛教的发展，使佛教在印度境内得到广泛传播，并走出本土向世界宗教迈进，佛教典籍中记载了阿育王的很多传说，给予阿育王"转轮圣王"

①　陈兵：《佛陀的智慧》，上海：上海古籍出版社，2006年第1版，第227页。

②　恩格斯：《家庭、私有制和国家的起源》，见《马克思恩格斯选集》第四卷，第94页。

的崇高称谓①。佛陀在家时，有预言说它将来成为转轮圣王的。

> 太子初生，父王盘头召集相师及诸道术。令观太子，知其吉凶。时，诸相师受命而观。即前披衣。见有具相。占曰："有此相者，当趣二处，必然无疑。若在家者，当为转轮圣王。王四天下，四兵具足。以正法治，无有偏枉，恩及天下，七宝自至，千子勇健，能伏外敌。兵杖不用，天下太平。若出家学道，当成正觉，十号具足。"②

佛陀在当时的印度社会，在心目中创设出的理想社会是人人平等自由社会和谐的。他出家后不久，成为法界的转轮圣王，所以在政治上，他没有实现自己的机会，但在政道的理想上，仍然以转轮王支配的国家为最高。佛陀曾经多次向人讲说他理想中的人间社会，他说理想社会出现的标志是"转轮圣王"出世，最佳的"转轮圣王"是具有自然所现金轮宝的金轮圣王。所谓转轮圣王的政治，就《长阿含·转轮圣王修行经》等经中，佛告诸比丘，过去久远世时，金轮圣王出世，"依法治化"，"法"是"佛法"，不用武力，自然太平，四方归服。圣王乘其金轮宝巡视四方，见四方诸国，皆和平安乐，人民仁和慈孝，人民拥有很高的道德水平，寿命长达八万岁。后来私有财产、贫困、战争依次出现，社会逐渐退化，十恶逐渐充满世间，人寿亦随之逐渐减短。人寿渐到最短的极限十岁时，有毁灭性的"刀兵劫"发生，经过这番血腥的洗礼，人们开始改恶从善，随世风之好转，人寿亦渐增，增至八万岁时，有转轮圣王穰却及弥勒佛出世，到那时，转轮圣王"以正治国"，修十善行，世人也修正见，行十善。这个世界人口众

---

① 杜继文:《佛教史》，南京:江苏人民出版社，2006年4月，第22页。
② 《长阿含经》卷一，见《大正藏》第1册。

多，财宝富饶，五谷丰贱，自然风光也变得十分美好：土地平整，没有坑坎荆棘，没有蚊蝎蝇蚤等毒虫，气候温和，雨量充沛，天空晴朗，凉风习习，到处泉水清澈，绿草冬夏常青，地生自然粳米，众味俱足，树木繁茂，花果丰盛，树上能结出各种生活用品。人没有疾病，寿命再次变得长久①。轮王的政治是不以刀杖，而是以"法"教令的，也就是行五戒十善的德化政治。法，就是自由、尊重的意义，所以佛经中到处都鼓励吾人要"依法不依人"，依人有好恶，依法才平等。佛教所说的这种道德，因为是以法治化，所以没有怨敌，布施持戒，泛爱人物，善摄眷属，人民殷盛，富乐丰实，聚落村邑，鸡犬相闻，举国人民更相敬爱，种种众伎，共相娱乐，呈现一个太平盛世的气象②。

印度佛教传入中国后，深入民间社会的却是"净土"思想，为未来理想社会勾画出一幅蓝图，西方极乐世界的那片净土，使民众特别是金字塔底端的社会下层信仰者在现实的社会苦难中寻求到安慰，看到未来的曙光。中国佛教自隋唐以降，从追求哲学思辨的义理佛教走向民间信仰，从而走入中国社会普通民众之中，其中禅宗和净土宗人数最多。净土有很好多分支派别，中国影响最大、流传最广的当推西方弥陀净土（即极乐世界），依印度文化的解释，西方是落日所在，"太阳落山了，不是没有了，而是一切的光明，归藏于此。明天的太阳东升，即是以此为本而显现的"③。按照中国佛教的解释，其方位为西具有多种含义，其中之

---

① 陈兵：《佛陀的智慧》，上海：上海古籍出版社，2006年第1版，第232页。

② 大义取自《摩诃僧祇律》卷一。

③ 释印顺：《净土新论》，载《妙云集》，台北：正闻出版社，1992年修订版。转引自陈兵、邓子美：《二十世纪中国佛教》，北京：民族出版社，2001年3月，第316页。

一为"东方与木相似，遇春则抽芽发干，逢秋则叶落枝凋。此荣枯盛衰，犹如众生于婆娑苦海中受生死成败得失之累。若西方则与金似，金则历万劫而不坏，处垢秽而不变，如水火而不移。以是，故生西方者，称为极乐，超生死脱三界也"。① "往生"为净土信仰的特质所在，其外在表现与基督教的"升天"极为相似。虽然清末以来，随着近代自然观、无神论思想的发展，净土信仰遭到社会尤其知识界普遍的反对和责难，但在佛教徒和社会下层中却并未呈现衰落之势。

净土信仰之所以在20世纪以来相对盛行，缘由一是修持简易，花时少而收效明，弘一法师指出："若修禅定或止观或密咒，须谢绝世缘，入山专修。净土法门则异于是，无人不可学，无处不可学，士农工商各安其业，皆可随分修其净土。"② 二是以"往生"的确给转型社会中辗转无出路的迷茫民众悬了一丝希望，更以"他力"强化了信仰者的心理支撑。特别是在近代社会急速转变的转型期，社会苦难太多，而且非个体人力所能抗衡，因而他力的支撑实在需要，无神论对于大多数缺少文化的下层民众来说没有影响。与禅的怀疑论不同的是，净土宗的入门侧重"信"，修净者之心所借的"境"近似为"人格神"，由"信"生仰，由"仰"坚"信"，从而易于"心定"，"心定"则生"慧"，因此而解脱。其三，因为信仰的内在要求而强调伦理，净土信仰本身要求"于人事善利群众公益一切功德，悉应尽力积集，以为生西资粮"，造成19

---

① 释济能：《角虎集》，金陵刻经处民国八年（1919）刊本，第35，36页。转引自陈兵、邓子美：《二十世纪中国佛教》，北京：民族出版社，2001年3月，第316页。

② 释弘一：《净宗问辨》，载《台州佛教》，1996年第4期。转引自陈兵、邓子美：《二十世纪中国佛教》，北京：民族出版社，2001年3月，第319页。

世纪末 20 世纪初净土宗人创办佛教文化教育事业、社会慈善公益事业的风气之先①。即使在极为困难的条件下，净土宗信徒也依旧不畏讥嫌、扶危济困。20 世纪 80 年代随着佛教事业的恢复，各地净土道场开始崛起，念佛团体遍及全国，至今无论港台还是大陆地区，以净土为归的信仰成为佛教的主流，这不仅与其修行方式简易，也与净土宗人的社会贡献、社会感召是相呼应的。

提起净土，虽然普通信众了解和关心较多的是弥陀净土，但弥陀净土更重视死后的关怀，与现实人生的关系不大，而和西方净土相对的东方净土，却是着重对人生现实的关怀，尤其是药师如来的本愿，体现了药师如来对构建理想社会的根本方针②。《佛说药师如来本愿经》③ 中佛告曼殊室利："彼世尊药师琉璃光如来本行菩萨行时，发十二大愿。何者十二？"下文将逐一进行诠释。

第一大愿和第二大愿主要是政治上的民主、平等和自由。药师如来希望自己在成佛时，自身光明照耀无量无边的世界，破除人间的愚痴和黑暗，并具足三十二丈夫大相及八十小好，而自己投生到琉璃净土中的所有人都和自己一样。在他所建设的净土中，民众能够享有高度的自由，不必为生存而工作，可以自由的发展自己的兴趣和爱好，随意所趣，作诸事业。

第一大愿，愿我来世于佛菩提得正觉时，自身光明
炽然照耀无量无数无边世界，三十二丈夫大相及八十小

---

① 陈兵、邓子美：《二十世纪中国佛教》，北京：民族出版社，2001年 3 月，第 319 页。

② 释济群：《从药师如来的本愿探讨理想社会的建设》，佛源主编《大乘佛教与当代社会》，上海：东方出版社，2003 年 12 月，第 185 页。

③ （隋）达摩笈多译：《佛说药师如来本愿经》，《大正藏》第 14 册。

好以为庄严；我身既尔，令一切众生如我无异。

第二大愿，愿我来世得菩提时，身如琉璃内外清净，无复瑕垢光明矿大，威德炽然身善安住，焰往庄严过于日月，若有众生生世界之间或复人中昏暗及夜，莫知方所，以我光故，随意所趣作诸事业。

第三大愿和第十一、十二大愿主要是社会物质财富的高度发达。药师如来希望自己所成就的净土中生产力高度发达、物质条件丰厚，衣食无忧，色香味食饱足其身，随用衣服种种杂色如其所好，而且有着丰富的娱乐休闲生活，涂香、鼓乐皆令满足。

第三大愿，愿我来世得菩提时，以无边无限智慧方便，令无量众生界受用无尽，莫令一人有所少乏。

第十一大愿，愿我来世得菩提时，若有众生饥火烧身，为求食故作诸恶业，我于彼所，先以最妙色香味食饱足其身，后以法味毕竟安乐而建立之。

第十二大愿，愿我来世得菩提时，若有众生贫无衣服，寒热、蚊虻日夜逼恼，我当施彼随用衣服，种种杂色如其所好，亦以一切宝庄严具，华鬘、涂香、鼓乐、众伎，随诸众生所须之具，皆令满足。

第四、第五和第九大愿主要是从人类的精神文明、人文素养、道德教育的角度取构想药师净土的理想世界。第四愿种种的"邪道"、第五愿中的"恶道"，第九愿中的"恶见"都代表不健康的思想及人性中的不良品质，就需要修行大乘菩萨道，第四愿中的"皆以大乘而安立之"，第九大愿中的"渐令修行菩萨行"，以大乘菩萨的菩提心、菩萨行、性空见，具足一切智慧，断除一切烦恼慈悲无限，普度无量无边众生，这才是教育培养的主要目标即具有智慧和爱心的心灵健康的高素质的公民，而不是只知道考试、竞争、赚钱的机器。

　　第四大愿，愿我来世得菩提时，诸有众生行异道者，一切安立菩提道中；行声闻道、行辟支佛道者，皆以大乘而安立之。

　　第五大愿，愿我来世得菩提时，若有众生于我法中修行梵行，此诸众生无量无边，一切皆得不缺减戒，无有破戒趣恶道者。

　　第九大愿，愿我来世得菩提时，令一切众生解脱魔网；若堕种种异见稠林，悉当安立置于正见，次第示以菩萨行门。

第六、第七、第十大愿则从社会福利保障的角度，对于老弱病残的保障，贫病的家庭、无家可归的孤儿、街上的流浪汉、甚至监狱中的罪犯等等都给予基本的医疗和最低生活保障，只要虔诚持诵药师琉璃光如来的名号，现有一切困境皆能得到改善。特别是在第十大愿中即使是因为违反种种王法而受到法律惩罚的，也应该得福力，解脱烦恼，这是佛教慈悲为怀理念的具体体现，佛教这一看法颇有现代人权的理念。犯罪这一反社会行为动机复杂，除了当事人内在的人格因素之外，还有社会压迫等方面的外在原因，在经济发达的福利国家和社会往往犯罪率极低，这不能仅仅归结于这些国家的国民素质高，最主要的还是在公平、正义的理念下实施的健全的社会福利保障制度让每个公民能够安居乐业，互不侵犯，从而维持了良好的社会秩序。这些外在的环境因素，即佛教中所称的"共业"存在问题，不能让某个个体承担完全的责任，这是对个体基本人权的尊重。在当代司法矫正工作中，对于监狱中服刑的罪犯，不光对其进行劳动改造，还需提供不低于社会平均水平的生活条件，进行感化教育、心理矫正。现代社会的文明和进步不仅体现在对老弱贫病等弱势人群的扶助，也体现在对失足者、堕落者和罪犯的帮助教化，这也是现代佛教的社会功能中所提倡的一个方面。①

> 第六大愿，愿我来世得菩提时，若有众生其身下劣、诸根不具、丑陋顽愚、聋盲跛躄，身挛背伛，白癞癫狂，若复有余种种身病，闻我名已，一切皆得诸根具足，身份成满。

> 第七大愿，愿我来世得菩提时，若有众生诸患逼切，无护、无依、无有住处，远离一切资生医药，又无亲属，贫穷可悯，此人若得闻我名号，众患悉除，无诸痛恼，乃至究竟无上菩提。

> 第十大愿，愿我来世得菩提时，若有众生种种王法系缚鞭挞，牢狱应死，无量灾难悲忧煎迫，身心受苦，此等众生以我福力，皆得解脱一切苦恼。

创造人间净土不仅成为各派净土信仰者的共同目标，而且"净土为大小乘人所共仰共趋的理想界，如天台、贤首、唯识、三论及禅宗，都可以修净土行，弘扬净土。这是佛教的共同倾向，绝非一派人的事情"，②"净"表达了人类理想中真善美的统一。在"佛

---

① 江灿腾：《新视野下的台湾近现代佛教史》，北京：中国社会科学出版社，2006年，第386页。

② 印顺：《净土新论》，转引自陈兵、邓子美：《二十世纪中国佛教》，北京：民族出版社，2000年11月，第342页。

法中,离错误的认识即真; 离罪恶的行为即善; 离污染的清净即美",净土意味着人类对无限与永恒、光明与庄严（神圣）的理想永无止境的追求。在有些净土宗派中,他方净土也可以理解为彼岸世界, 存在与否尚且不能完全用科学理性的方法进行证实,但构筑彼岸世界对人类的贡献意义在于: 对彼岸世界的信仰成为人的精神支柱, 理想赋予人们强大的精神力量去克服人间的困难与局限,从而能对社会有较大的贡献, 因此, 那些深信彼岸世界存在的人们并没有因此放弃个体在人间的努力, 相反, 那些不相信彼岸世界存在、丧失理想信念的人容易深陷物欲、极度享乐, 最终堕落为社会的寄生虫。尽管人生短暂, 人类自身能力有限, 但人类不能丧失理想, 崇高远大的理想也许不会充分实现, 但理想是人类前进的动力, 激励着人类克服自身的局限不断的进步向前。[①] 按照星云法师的理解, 佛教理想中的社会应该具备以下四点: 第一,民主道德的政治; 第二, 取舍合理的经济; 第三, 祥和互敬的社会;第四,乐观勤奋的生活。总之,佛教追求的是从政治文明、物质文明、精神文明、社会环境几个方面协调发展的理想社会, 那是一个社会生产力发达, 物质生活极大丰富、自然条件及其美好, 人民道德水平普遍提高、寿命绵永, 政治清明, 世界和平的理想社会和"净土人间"。[②] 而佛教所提倡的"净土人间"在中国现代社会正一步一步变成现实。

① 陈兵、邓子美:《二十世纪中国佛教》, 北京: 民族出版社, 2000年11月, 第344页。

② 星云:《佛教与社会》, 上海: 上海辞书出版社, 2006年, 第79页。

第三章　中国佛教社会工作实施的组织载体

　　社会工作并非是个人的、零散的慈善行为，而是借助于组织化的形式进行，这也是现代社会工作专业化、职业化的意义所在。社会服务的提供者，即社会工作者，必须是以专业社会工作组织中的成员身份提供的社会服务，才能称得上是社会工作，服务通常以社会组织为载体才能发送到民众手中。如果偶然间做了一些善事并不能称为社会工作，这样的人即使提供了社会服务也不能称为社会工作者。佛教组织也成为佛教社会工作实施的载体，古代佛教组织无论是僧团还是居士团体都呈现初级群体的特征，佛教的社会服务往往以寺院为中心，不仅是为内部僧众提供福利服务，也为社会成员提供包括各类形式的如心灵信仰和社会救济型的福利服务。近现代社会佛教组织出现由"初级群体"向"次级群体"的转型，出现管理上的"科层制"倾向和形式上的"非营利组织"特征。

　　佛教从诞生和发展的原始意义上讲则具有伦理和精神要素的非正式社会组织性质，佛教僧团的组建一方面是成员共同的修行事业，因此他们的聚集是具有初级群体性质的地缘共同体，佛教从印度传入中国"不仅意味着某种宗教观念的传播，而且是一种新的社会组织形式——修行团体即僧伽的传入"[1]，佛教以不同于以往的超越于血缘关系的新型社会组织形式出现在中国社会，并且除了具有宗教性之外还具有政治性、经济性和社会性，但是佛教组织在中国古代的发展毫无疑问的属于初级群体，无论是佛教初传中国的传法师徒型，还是后来的敕封寺院型，僧侣居住以寺

---

　　① ［荷］许理和著，李四龙、裴勇等译：《佛教征服中国——佛教在中国中古早期的传播与适应》，南京：江苏人民出版社，2003年8月，第2页。

院为中心，并不意味着师徒传承关系的消失，佛教的各个宗派便是由法师及其弟子们形成的类似世俗家庭的单位，[①] 特别是隋唐以后的寺院僧团，佛教在中国化的过程中呈现了非常明显的"类家族"性质。除了寺院僧团组织之外，佛教居士群体也呈现出明显的初级群体的地缘共同体性质。随着社会生产力的发展，至近代民国时期和现代社会，社会组织发展呈现出科层制发展倾向，佛教组织呈现出类型的多样性和结构的复杂性。在现代社会学组织理论的分析中，视佛教为组织，除了为佛教研究提供一个研究单位之外，还因为僧团的形成不仅是为了共同的修行事业和目标，同时僧人也是"职业的传道人"，僧团则是由这些"职业的传道人"组成的职业团体，从这意义上讲，按照上述社会群体的分类标准，僧团的确属于业缘群体和正式的社会组织，其科层制倾向不可避免。

　　"组织"概念的引用也使对佛教社会工作的研究有了分析单位。在当代中国宗教社会学的研究当中，"宗教"一词，很难直接成为研究单位或概念工具[②]。现代社会学中的"社会组织""社会团体"或者"社会群体"，这些词的含义有重合之处，有时会混用。人类社会的产生和发展都与各种社会组织相联系，但究其"社会组织"本身，则是一个宽泛的概念，有广义和狭义之分。广义的社会组织泛指一切人类共同生活的群体，既包括家庭、家族、村社等初级群体，也包括职业群体等次级群体，初级群体称为非正式组织，次级群体称为正式社会组织；狭义的社会组织的含义

---

　　① ［法］谢和耐著，耿昇译：《中国 5-10 世纪的寺院经济》，上海：上海古籍出版社，2005 年 5 月，第 45 页。

　　② 李向平：《中国当代宗教的社会学诠释》，上海：上海人民出版社，2006 年 10 月，第 15 页。

则仅仅是指正式社会组织。人类社会生活的最初群体形式则是以血缘群体而存在，最早的血缘群体也是地缘群体，后来人口流动和职业细化才出现了没有血缘关系的地缘群体和业缘群体，血缘群体内部之间人际交往的准则往往是以家庭伦理或者家族伦理，地缘群体则主要以带有地域色彩的风俗礼仪、道德习惯等来维系，业缘群体则往往以正式的规章制度和法则来维持①。

  在社会学中也用"共同体"的概念来概括初级群体的基本特征。"共同体"这个词从英文 community 而来，也被我国社会学家费孝通翻译成"社区"，与"社区"的译法相比，"共同体"的概念更加强调成员之间的精神要素。古代社会的血缘群体和地缘群体，可以称为"血缘共同体"和"地缘共同体"，血缘共同体以父母和子女以及兄弟姐妹的关系为基础而组成的社会形式，更进一步还包括养子关系以及信奉共同祖先的血缘意识而建立的共同体；地缘共同体是指居住于某一地域人们所具有的关系，根据地缘关系而组织的生活共同体就成为地缘共同体，经过村落、乡、部族等几个阶段的发展，进一步，部族与政治结合，形成国家。随着现代化的发展，生产活动和追求利益的各种活动不再以家族共同体为基础，经济活动的主体已经从家庭手工业变为广阔的国际型的巨型企业。相互之间经常联系的人们未必是亲密的同伴关系，甚至即使居住在相同的地域彼此之间也并不熟识，许多人不过是作为职业化的角色履行者而相互结识的，地缘共同体日益分化成各种各样的职业组织。制度的建立已经不依赖于个人的善意和友爱，而只能依赖那些训练有素的各岗位的负责人。身份被契约所

---

  ① 郑杭生：《社会学概论新修》，北京：中国人民大学出版社，1998年4月，第243页。

取代，习俗和惯例被官僚性的规则所制约，个人之间的信义和忠诚被非人格性的结合，全面的人格被角色履行者，传统习惯被计划方案，共同体被组织、地域保护被国际主义等现代模式所取代，地域生活的自立性由于地区之间、国家之间的相互依存关系的扩大，正在逐步减弱①。由于现代世界是建立在与古代社会共同体状况完全不同的基础之上的，随着现代化的发展，人类的一切活动呈现专门的趋势，为了适应这种趋势，各种独立的组织形态、规章制度、专职的训练等都成为必要，导致组织的科层化的发展。

由于"社会组织"定义的广义和狭义之分，血缘群体和地缘群体两种则往往被称为非正式的社会组织，业缘群体才被称为正式的社会组织。社会生产力和社会分工不断发展的结果，便是社会群体从同质性因素构成的简单的初级群体、非正式社会组织向异质性因素构成的复杂的高级群体、正式社会组织的演进。三大世界性宗教佛教、基督教和伊斯兰教的形成发展就是最突出的例子，他们都经历了由同质性因素构成的初级群体，即以简单的师徒关系为纽带的先知及其门徒构成的小群体，向异质性因素构成的各种复杂组织演变的过程②。将"组织"的概念引入到佛教，则使佛教具有了非正式社会组织和正式社会组织的双重属性，佛教组织从诞生和发展是从初级群体走向次级群体，从"共同体"走向"科层制"组织的过程，③佛教社会工作实践也从"类家族主义"走向"社会福利"。

---

① [日]池田大作、[英]B.威尔逊：《社会与宗教》，成都：四川人民出版社，1991年版，第127页。

② 戴康生、彭耀：《宗教社会学》，北京：社会科学文献出版社，2000年6月，第130页。

③ 关于"科层制"概念的解释参见本章第一节的后半部分。

第一节　中国古代佛教组织：初级群体和类家族组织

　　早期佛教在印度诞生之时，僧人专心于自己的修持与解脱，除了定期的布萨、安居需要集体进行而集中外，平时一般个人独处，精勤苦修。他们的生活比较简单，不续私财，三衣一钵，日中一食，游化度日。后期随着寺院经济的发展，僧人们才开始集中居住在寺院中。寺院虽然产生，但并不开伙，僧人依旧依靠乞食度日[①]。传说佛陀成道后，有五名信徒随其出家，五比丘成为当时最早的僧团组织。后来僧团逐渐扩大。佛陀晚年才开始接纳妇女入教，组成比丘尼教团。比丘和比丘尼，就成了佛徒的古典称谓。诸多比丘和比丘尼构成一个集体组织，叫做"僧伽"，或者简称"僧"。"僧伽"是集合词，意译"众和会"，其意义通俗讲为"和合的大众"，指共同迈向断除烦恼四位以上的比丘众。无论僧人的集体生活的实际情形怎样，或是独立或是集合，但在世俗组织之外，毕竟出现了依共同的信仰组织起来的信念共同体——僧伽团体。后来的僧团组织更加复杂，小乘在结构上有"七众"之称，二众是在家人，即优婆塞和优婆夷，俗称"居士"。其他五众为出家人，沙弥、沙弥尼、式叉摩尼、比丘及比丘尼；其中前三者为"小众"，式叉摩尼是沙弥尼向比丘尼的过度身份，后两者为"二众"（亦称为二部僧），即俗称的"和尚"和"尼姑"，作为"二众"的比丘和比丘尼是佛教组织的主力、基本结构[②]。由于两性社会权

---

　　① 方广锠：《渊源与流变——印度初期佛教研究》，北京：中国社会科学出版社，2004年5月第1版，第222页。

　　② 劳政武：《佛教戒律学》，北京：宗教文化出版社，1999年9月第1版，第210页。

力的不同，往往表现为比丘在教团内享有更大的领导权威，从而起着决定性的作用。

佛教传入中国后，佛教的组织表现形式相应表现为两个层次：

一是寺院僧团组织，由职业的出家僧侣组成，拥有寺院经济和对佛教经典的解释权，人数不多，却起着核心领导作用。但中国的佛教没有形成大规模的教团组织，政府设置了僧官系统来管理众多寺庙。在中国古代专制集权的力量下，佛教组织的运转基本上受到官府的监视和控制，而不能成为一种有组织的政治力量，其存在的一般状况是佛教发展势头愈旺，随之控制的措施也就愈严。佛教教团的组织性一般只局限在一个寺院之内，寺院之间基本互不相统率。佛教诸宗各有一个传授系统，如禅宗所谓西天有二十八祖，东土自初祖菩提达摩起，在僧史中便有一个庞大的传授体系。不管这个系统是否确实如此。这种师徒关系，教内称之为"血脉"，师父对徒弟的传授称之为"法乳"。这是中国社会中强大的宗族关系在佛教中的折射①，使中国的寺院佛教僧团沾染上明显的"类家族性"。

二是佛教居士群体，代表了佛教的普及的程度，具有弥散性而组织形式更为松散。从广泛的意义上讲，居士应当指全部世俗信徒，一般分为两个层次，一是缺乏知识文化的普通民众，二是以饱学之士为核心的知识阶层，他们不必出家，可以结婚生育，过着世俗人的生活。但是以饱学之士为核心的知识阶层往往被视为中国居士佛教的中坚力量，即指在家信徒中较为富裕，享有一定社会地位的那部分人，如早期的贵族名士以及部分王室成员，

---

① 严耀中：《佛教形态的演变与中国社会》，《上海师范大学学报》（哲学社会科学版），2001 年 3 月。

隋唐以后的官僚士大夫、各级学府有功名和自学成就的士子，他们或拥有资产，生活富裕，或有较高的文化素养，信仰佛教，通晓教义。他们之所以被称为"佛教居士的主体部分"，主要原因是因为他们的经济地位和政治地位能够给佛教足够的经济支持和政治外护，同时因为具有较高的文化素养和与社会阶层的广泛联系，能够使佛教教义得以阐释和弘扬。居士佛教源于原始佛教时期，其最大贡献是通过各种方式的布施，保证了早期僧团在困难的条件下进行传教活动，后来在大乘佛教时期真正成为一种潮流。佛教传入中国，既有小乘也有大乘，小乘没有发展起来，大乘受到普遍重视，大乘和小乘的区别之一在于大乘特别重视居士佛教，"小乘认为要实现自己的理想，非出家过禁欲生活不可；而大乘，特别是在初期，则以在家的信徒为主，并且有些事情只有在家才有条件去做，例如布施中的财施，出家人不许集财，就不能实行。因此大乘一开始，很重视在家，不提倡出家"[1]。对于佛教自身来说，为了维持佛教徒的宗教生活所必须支付的物质成本，僧侣不得不向富裕的施主化缘，劝请他们慷慨的捐赠。历史的发展中士绅精英与佛教曾经共享财富和权威，在捐赠者名单上面士绅一直占有绝大多数[2]。捐赠寺院的人群和规模会随着社会的变迁而有所变化，但是社会精英人士的捐赠是中国佛教的一个持续不断的事实，直到今天，在中国的佛教寺院绵延的生命中仍然扮演了举足轻重的角色。在大乘佛教占有绝对优势的中国佛教，佛教居士始终有

---

① 吕澂：《印度佛学源流略讲》，上海：上海人民出版社，2006 年版，第 79 页。

② [加]卜正民：《为权力祈祷——佛教与晚明中国士绅社会的形成》，张华译，南京：江苏人民出版社，2005 年 11 月第 1 版，第 2、3 页。

着不可轻视的显著地位①，居士佛教也成为中国佛教极为有效的接受和传播形式。本书中所指的居士佛教群体是泛指一切在家从事佛教信仰、佛教思想和佛教活动的信徒，既包括贵族、官僚和士人，也包括从事佛教生活的普通民众，因为无论是普通的平民百姓还是贵族、官僚、知识分子，他们都是佛教传播赖以存在的支柱，对于佛教的广泛传播在功能上不可或缺。

现将寺院僧团组织和佛教居士群体这两种主要组织形态分别述之。

一、寺院佛教的僧伽团体："类家族"组织

魏晋时期是佛教传入中国的早期阶段，已经初步形成了中国化佛教僧团，但是在组织形态上仍然一如原始佛教，依靠的是领导者的修行成就与道德权威②。例如，佛图澄、道安、慧远的僧团即是传法师徒形成的宗教组织，其核心在于身为师长的宗教精英声名远扬，翕然从之者众，弟子门人往往数以万计。在管理制度上主要依靠佛制教律，拥有高度僧团依律自治的能力。不容否认，传入中国的最初的佛教寺院只是一个宗教共同体，僧众靠乞食和世俗的供养生活，没有独立的经济基础，僧众之间没有阶级或者等级的差别，寺主依靠推举产生而无特殊的政治权力，并不具备僧官的特征。

东晋以后，随着寺院经济的普遍建立，南北朝获得迅速发展，

① 潘桂明：《中国居士佛教史（上）》，北京：中国社会科学出版社，2000年9月，第6，第33页。
② 王永会：《中国佛教僧团发展及其管理研究》，成都：巴蜀书社，2003年10月，第29页。

随之寺院内部的阶级分野和等级鸿沟逐渐明显，一部分僧尼高踞于寺院上层，成为寺院财富的实际支配者和占有者，另外一部分僧众成了寺院的劳动力，受到上层僧尼的压迫和剥削，因此也导致了寺主的产生办法的变化，寺主不再由僧众推举或者施主指定，有的改由官府委派，甚至由皇帝敕任，这样寺主就最终由宗教共同体的一般管事人员变成了代表官府监督寺院的基层僧官[①]。僧官的选拔在南朝时受当时门阀政治和讲究出身门第等社会风气的影响，除了注重学问高深和雅善言谈之外，往往关注其是否出身高门、家世显耀，僧官的任用也跟俗界一样的任人唯亲，有些僧官在任职前曾经做过帝王或者地方牧守的家僧、门师或者宾友。南朝的僧官具有同一法系世袭的倾向，法系指佛教界通过师资相承结成的法缘系统。由于僧侣不能娶妻生子，不能像世俗人靠血缘为纽带结成紧密的亲族关系，靠法缘为纽带结成的法系是佛教界最亲密的关系。法系世袭是指某一僧官由同一法系的僧侣所把持，师生或者同学代代相传[②]。

师徒传承、游走四方的佛教僧团最终在中土形成以特定寺院为中心的组织方式，即登记在册的僧侣以寺院为基本的居住、修行的单元，国家要负责僧侣的资格甄别，并给予一定的经济资助和优惠政策。当然，以寺院为中心，并不意味着师徒传承关系的消失。在实践中，前述两种组织方式实际上是相互有交叉的，佛图澄、道安等僧团领袖都曾率弟子传道四方，也定居于某地，营

---

① 谢重光：《中古佛教的僧官制度和社会生活》，北京：商务印书馆，2009 年 6 月，第 23 页。

② 谢重光：《中古佛教僧官制度和社会生活》，北京：商务印书馆，2009 年 6 月，第 39 页。

建寺塔；高僧大德获得国家敕封寺院，此寺便从此成为僧徒弟子居住与修行的基地，乃至其宗派的祖庭，例如，长安的大慈恩寺之于玄奘及唯识宗便是这样。有些寺院本身管理也较为松散，特别是寺院规模较为宏大时，形成各自独立的小集团，中国佛教后来发展出的宗派的形成本身就是这样一种秘密集团，各自具有自己的僧侣领袖，根据他们的影响或者教理本身分别吸引人数多寡不同的僧侣或者世俗人，形成了各自擅长于某一种特殊科目的许多宗派，不仅具有一种秘密集团的特点，而且还是由法师及其弟子们形成的类似世俗家庭的单位①。从根本的组织原则上来看，传法师徒的结合方式体现了宗教的自治和自觉，即僧团组织自身的组织机制②。

　　佛教寺院的制度设计，唐朝以前以"三纲"为主，称"上座"（全寺之长）、寺主（主管一切事务）和维那（管僧众庶务）。至唐朝时，佛教传入中国已经四五百年，它与中国文化相融合，"受到中国社会民情风俗的影响"，"融合了传统文化的精神，包括儒家以礼乐为主的制度"③，形成丛林组织。唐朝以后，江西百丈禅师怀海初创禅林清规，促使寺院制度渐次发展成为完善的丛林制度，"佛教的寺院制度便成为在道家之孤立与儒家之社会责任

　　①　[法]谢和耐著，耿昇译：《中国5-10世纪的寺院经济》，上海：上海古籍出版社，2005年5月，第45页。

　　②　何蓉：《国家规制与宗教组织的发展——中国佛教的政教关系史的制度分析》，《社会》，2008年第3期。

　　③　南怀瑾：《禅宗丛林制度与中国社会》，载张曼涛主编：《佛教与中国思想及社会》（《现代佛教学术丛刊》之90），台北：大乘文化出版社1978年，第368页。

感中间的妥协"①。主管一寺的称为住持或者方丈，是整个丛林制度的核心。产生由寺僧共同推举的十方丛林和财产私有、师徒单承的子孙丛林。住持之下又分设四大班首和八大执事，作为辅佐。再次是西序、东序两大执事僧，称列职和序职。"丛林"，又称"十方"，原指中国禅宗的寺院，唐代马祖道一禅师将寺院称为"丛林"，意为僧众志同道合，同住一处，共同办道，仿佛树木集结而成丛林。后因唐之后唯有禅宗兴盛，便成为中国汉地佛教僧众聚居的寺院通称。"丛林清规"或者"禅林清规"本是禅宗寺院的简称，后因禅宗影响增强，其他佛教寺院也仿其制度而成为丛林，丛林制度便成为中国汉地的佛教寺院制度的通称。

唐朝中期，由百丈禅师创制佛教丛林重要的管理制度——《百丈清规》，直接或者间接地吸收了儒家的很多思想，如儒家对师道尊严甚为强调，并且将之升至法律的高度。《唐律》云："若于其师，与伯叔父母同。"《百丈清规》及随之而建立的丛林制度，将住持或者方丈作为整个僧团的中心，称为"长老""教化主"，要求"长老"须"有道眼"，"有可尊之德"，"长老上堂升座，主事徒众雁立侧聆"。其中对僧团中"师"的定位及其与弟子之间的关系的规定，对寺院领导者品德至上的要求，与儒家思想有很大关系。对于个人组织成群体的理论，儒释两家学说的出发点原本截然不同，儒家的核心是由家而产生的"孝"，推展到整个社会，变成政治动力，所谓"圣王以孝治天下"。因此儒家造成了"家族主义"的世俗社会。佛教强调个人舍弃世俗最殊胜的欲望，

① 李瑞爽：《禅院生活与中国社会》，载张曼涛主编：《佛教与中国思想及社会》，（《现代佛教学术丛刊》之90），台北：大乘文化出版社，1978年，第284页。

一方面形成了彻底的个人主义（小乘），另一方面团结成为强而韧的僧伽团体，达成佛陀"佛法久住"的愿望。两种截然不同的学说之所以能够并存，或者是为什么佛教能够在以儒家文化为主导的中土社会生存，原因除了两者能够补充说明，特别佛教能够补充儒家没有讲到的"出世"观之外，最重要是佛教适应儒家而加以变通，或者说中土文化再塑了佛教，中土传统观念对佛教演变的显著影响集中表现在僧团形态和僧团内部成员关系上。一方面，丛林制度创制之初，就是既保持了佛教传统的制度，又融汇了儒家礼乐为主的生活制度，丛林制度在形式上属于佛教僧众的团体，精神上却实现了《礼运·大同篇》"天下为公"的社会制度。[①] 另一方面，明清时期，经过长期宗法制度的浸习影响，佛教丛林制度已经严重变质，丛林之内层级鲜明，住持执事品德下降，失于严正公平。中国化的禅宗丛林制度，发展到后来便彻底"家族化"了，其主持大和尚一如大家长，并"作之亲、作之君、作之师"，拥有无上的权威，徒众只有唯命是从。主持圆寂后且可立遗嘱，把丛林的住持位子及财产交给指定的徒弟，类似于俗世的家族宗法继承制度。这么一来，佛教原来的僧团优良制度，如"羯摩"（民主的议事程序）、"自恣"（鼓励举发犯戒之事的制度）等便不能存在了。

僧团内关系在受到家族观念侵蚀后几乎起了质的变化，"中国是家庭本位的宗法社会，而政治又缺少民主代议制，所以寺院逐渐子孙化，丛林也产生传法制，倾向于各自为政"，而一盘散沙。僧尼和寺院原本与世俗家族脱离了干系，自东晋高僧道安起，信

---

① 释东初：《中国近代佛教史》（上），台北：东初出版社，1974年，第110页。

徒出家加入僧团组织后，以"释"为姓，作为与世俗家庭隔断关系的重要标记。但在后来的事实证明，在家族社会的多方努力之下，僧团的形态发生了改变①：一是表现为出家僧尼表面上与世俗家庭割断了关系，实际上与本家族有着千丝万缕的关联，如出家比丘仍然孝养在家父母，世俗家庭为出家僧人代偿债务，也可以继承僧人的遗产②等。二是在寺院僧团内部普遍形成了一种类家族关系，佛教的师徒等同于父子，以禅宗传灯谱系为代表的传授系统成为这一趋势的代表。禅门清规以"寺院为单位制定了以方丈为中心的家族组织形式，僧徒按身份处于子孙地位。禅院的上下关系，类似封建家族成员的关系"③。"中国佛教不容易前进的最大障碍，是寺院家庭化。中国为宗法社会的国家，家庭意识，使佛教变质。一方面，佛寺不传贤而传[法]子，结果如通货一样，劣质的通货打倒了优良通货；主持的资格，也不再是德学而是应酬与攀缘了。一方面，丰富的寺院经济，成为内部的侵轧因素"④。由于丛林制度在进程中有些走形变样，沾染上了严重的宗法主义色彩，发展到后期民主精神丧失殆尽，僧制管理混乱，再加上近代国家内忧外患，佛教濒临灭亡的边缘，这成为近代佛教僧制进行改革的重要原因。

---

① 严耀中：《佛教戒律与中国社会》，上海：上海古籍出版社，2007年11月，第226-229页。

② 郝春文：《唐后期五代宋初敦煌僧尼的社会生活》，第七章。北京：中国社会科学出版社，1998年版，第372、384页。

③ 王月清：《中国佛教伦理研究》，南京：南京大学出版社，1999年版，第120页。

④ 印顺：《泛论中国佛教制度》，《教制教典与教学》，台北：正闻出版社，1982年，第12-13页。

二、居士佛教的社会组织：地缘共同体

与寺院僧团内部的组织化程度相比，古代佛教居士群体相对来说比较松散，特别是民众信仰层次，但是也持续的存在一种围绕着寺院和僧侣为核心而开展的比较明显的"结社"现象。中国古代社会的"国家"一直有"家国同构"的传统，有"国"有"家"而无社会，佛教结社组织的出现一定程度上构建了能够满足个人在"国"与"家"之间活动需要的公共空间。佛教结社的典型是自南北朝时期的民间"邑义"组织和官僚贵族、士大夫或者文人以寺院为社交的场合，发展到晚明时期形成比较典型的"士绅社会"，这些结社和寺院佛教组织一样是具有初级群体性质的地缘共同体，它们分别代表了居士佛教群体中士大夫和民众两种层次中具有典型的社会和公共意义的组织行为。

中国自东晋南北朝时期开始在北方及南方地区，广泛流行一种佛教结社现象。居士佛教结社的兴起与当时民间佛教造像以及民间流传的观世音、弥勒信仰相关，由于这种宗教团体与我国民间久已流行的私社一样具有民间群众团体的性质，隋唐时期也常以"社"为名，所以把这类佛教团体统统称为"佛教结社"，简称"佛社"①。从功能的类型上说，佛社可以分成三种：一是以修行活动为主的社团，二是以做功德为主的社团，三是受佛教影响建立起来的互助团体②。佛社的组成通常是由僧尼与在家佛教信徒混合组成或者仅有在家佛教徒，也称为"邑""邑义""法义"，还有的称为"邑会""义会""会""菩萨因缘"等等。"邑"

① 郝春文：《东晋南北朝时期的佛教结社》，《历史研究》，1992年第1期。
② 严耀中：《佛教戒律与中国社会》，上海：上海古籍出版社，2007年11月，第345页。

的一般意义是指地域性的城镇，这里的"邑""邑义"则是指某一地域内（自然村、坊巷、城镇）的佛教信仰者自愿组合而成的宗教团体。"法义"中的"法"含义是佛法，指以信奉"佛法"为基础确立的宗教团体，"义"的含义有两层：一是结义，意为两人以上为了同一目的而相聚；二是义举，指行为者不谋取物质报酬。此时的"邑义"和"法义"虽同称"义"，但是前者突出地域，后者突出佛法①。

虽然这里的"邑"并非仅仅是指地域概念，而是由信仰佛教的人组成的带有某种结义性质的宗教团体，但是佛社的结合常常以地域为基础，其中多数由某一自然村、某一坊巷的人自愿组成，而这种以地域为基础形成的地域组织却又不同于以往的紧紧依靠风俗习惯来维持秩序的地缘共同体，因为它的组织秩序的维持并非依靠传统的道德习惯和风俗伦理，而是佛教信仰。这类佛教结社超越了以往传统的血缘关系和等级制度，提供了组织内较为一种民主和平等的新型人际关系。信仰群体的存在，构成了对宗族或家族组织的体制消解，邑义的组成成员有出家的僧尼、沙弥也有世俗官僚，更多的是平民百姓，结合方式以各阶级、各阶层和僧俗混合结社较为常见。邑义是对宗族制度的主要基础"血缘认同"观念的一个打击和破坏，同村的不同种族和不同宗族之间、村与村之间的关系在"众生平等"的理念下变得融洽了起来。佛教传入中国社会，带来了一种突破原有社会等级制度的较为民主和平等型的社会关系。在中国古代社会，尤其在科举制度产生并成熟的 7 世纪之前，在以"礼"这种严密的等级制度为社会运转原则

---

① 潘桂明：《中国居士佛教史（上）》，北京：中国社会科学出版社，2000 年 9 月，第 272 页。

的专制体制下，中国社会的"家邦"组织将个体按照与生俱来的等级地位牢牢地固定在既定的"各安其分""尊卑有序"的位置上，社会地位的流动和变动及其困难，除了改朝换代这样的血腥变动，普通百姓尤其是边缘化人群在正常社会环境下很难有流动的可能性，而佛教却打破了中国中古社会在专制体制下生存的单一生活状态，为被"帝王政治中心"当作生产工具使用的下层百姓及社会边缘群体，包括妇女提供了一个可以向上和水平流动的渠道，各种不同出身的人可以在寺院僧团组织或佛教外围团体中通过各种功德或勤学而获得赞誉、尊崇和地位上升[1]。在邑义中，在"佛法"的最高原则和信仰下，模糊的不仅是参与者的宗族关系，也模糊了参与者的经济、政治和社会地位，一些佛寺、乡村组织、佛教社邑组织所发起的造像活动中，几乎不论身份贵贱都是参与者，造像、写经、诵经、参与佛教法事等活动，在一定程度上打破了社会的平行层级接触状态，上下层级之间的纵向交流和合作成为可能，佛教信仰消解了由于种族差异、宗族差异和势力集团差异而造成的"思想混乱"和"认同隔阂"[2]，从而建立起一种新型人际关系和组织秩序。

佛教结社是在对中国传统"社"的改造过程中壮大起来的。先秦时代，各级贵族领地的基层组织是理或邑，每年春秋和岁末，每个里邑都要举行隆重的祭社活动。虽然佛教结社在组织形式上借鉴了汉代以来的传统私社组织形式，但南北朝时期的佛教团体

---

① 尚永琪：《3-6世纪佛教传播背景下的北方社会群体》，吉林大学博士学位论文，2006年，第9页。

② 尚永琪：《3-6世纪佛教传播背景下的北方社会群体》，吉林大学博士学位论文，2006年，第34页。

只能称为"邑",还不能称为"社"。所谓"社",原指土地之神,一般以木和石作为神体用以祭祀,后人封土为坛,坛上或植树作为社主。后来"社"逐渐演化为以祭祀活动为中心的民间社会组织。此一时期的佛教组织尚无能力对中国传统的社会团体如春秋二社进行有效的利用和改造。中国传统的春秋二社之祭"血祠之祈"源远流长,民间影响甚大,早在西周时期就有"以血祭社稷"的稷社活动,这与以杀生为第一大戒的佛教形成尖锐的对立。从西晋时起,很多寺院和僧人都试图对传统里邑的春秋二社之祭加以改造,也曾经做出了种种不懈努力使之与佛教教义相适应,至唐朝时期随着佛教中国化的完成,这一改造过程也基本就绪。唐朝时期相当一部分传统私社被佛教控制,这类社邑既保持传统的风俗,也从事佛教活动。南北朝时期佛教结社的活动主要是进行佛教造像、举行斋会、诵经等。至唐朝时期,一些佛社受当时民间广为流行的以经济和生活互助为主要活动的传统私社的影响,在从事佛教活动的同时也从事互助活动。而民间传统的私社所从事的佛教活动范围广泛,数量又大,对寺院所起的作用,超过专门从事佛教活动的佛社,反倒使在南北朝时期的"邑义""法邑"等专门从事佛教活动的佛社组织在隋唐时期渐趋衰落。因此,传统私社与佛社的主体在唐代已经合流,导致了唐五代时期的"社"与"邑"的合流。①

开始时的佛教结社仅仅是从事佛教活动,至隋唐时期增添了社会生活的诸多内容。与这种趋势相对应的是士大夫居士佛教的变迁:隋唐以前的士大夫精英阶层参加佛教结社,他们或是吟诗

---

① 郝春文:《东晋南北朝时期的佛教结社》,《历史研究》,1992年第1期。

属文、下棋作画、品茶饮酒，或是谈玄说空、发明义理，以阐扬佛教教理为主要特征，而且蕴含着的浓浓文化寓意远远胜于对信仰的体认和追求①。及至宋明，由于佛教净土念佛的流行，更加促进了民间佛教信徒的结社活动，于是净土念佛与民间结社相得益彰、相互支持。在净土信仰迅速发展的同时，宋代佛教结社呈现繁荣局面，虽然名目繁多，但都以称名念佛为基本活动内容，以法社为主要组织形式。在结社的活动范围上，宋代结社更加摆脱纯粹的佛教修持活动，积极加入到世间的社会公益活动之中，如赈济平民、修桥铺路、开通水利，乃至操办婚嫁丧事等②。明朝从万历年间一直到17世纪末，居士会社都是由积极活动的住持发起倡导而在寺院中形成的，其前身是村庄或者街坊邻里为维持当地庙宇募集资金并且举办每年的宗教节日而组织起来的庙宇会社，会社也往往取一个与核心活动内容相关的名称如念佛会、放生会、同善会等③。

　　佛教结社活动是佛教在世俗社会展开的重要方式，也是佛教走向社会民间的重要途径。佛教在民间社会的迅速扩张和壮大，虽然为普通民众提供了一种截然不同的生活方式，拓宽了社会流动的渠道，但在这类民间佛教信仰的表达形式中，信仰群体还并不具备作为现代意义上所定义的"社会组织"或者"次级群体"的基本特征或者内涵，而是更多表现为"地域共同体"或者"初

---

　　①　郭绍林：《唐代士大夫与佛教》，郑州：河南人民出版社，1987年版，第113页。

　　②　潘桂明：《中国居士佛教史（下）》，北京：中国社会科学出版社，2000年9月，第599页。

　　③　[加]卜正民：《为权力祈祷——佛教与晚明中国士绅社会的形成》，张华译，南京：江苏人民出版社，2005年11月第1版，第104页。

级群体"的形态。"邑""社"一般是人际关系比较亲密的团体，通常以面对面的交往与合作来达到其运动的目的，同时，它还以信仰等非强制性因素来维系群体的规模，而并不存在社会控制的手段①。

尚需指出的是，中国古代各种形式的结社，都是寺院佛教的外围性组织，佛教寺院往往通过士庶欢迎的高僧或者名僧来控制和管理，佛教居士群体与寺院佛教有着不可分割的密切联系。从佛教发展历史的总体来说，中国古代的居士佛教组织化程度较低，虽然也有邑义等有代表性的佛教结社的现象出现，也有士大夫、贵族、官僚等在一定时期起到了卓有成效的护法功能，包括经济支持和政治保护，但是更多时候居士往往依赖寺院僧人，并不能独立存在，寺院高僧不仅是寺院僧众的领袖，而且成为多数居士归依的对象。晚明围绕着佛教捐赠所形成的士绅社会，财富向寺院的流动和转移虽然一定程度上反映了随着社会和经济的发展带来的政治权力和经济权力之间的紧张关系，但是士绅社会的共同身份却又把仅仅依靠财富的商人排除在外，他们认为单靠财富买不来教养，中国古代商人在士之下的社会等级观念排斥商人参与到这个阶层中来，士绅社会树立起文化的标牌试图抵制底层的士绅和商人进入他们的世界。这与近代佛教的居士慈善的主体构成有很大的不同。

---

① 李向平：《信仰、革命与权力秩序——中国宗教社会学研究》，上海：上海人民出版社，2006 年，第 594 页。

第二节　中国近现代佛教组织的转型：
次级群体和非营利组织

中国自近代开始进入一个激烈的嬗变转型期，随着封建专制政治的解体，民主政治兴起，同时工商业发展，外强入侵，各种新思潮纷起，对中国传统文化造成一定冲击，佛教也随之进行了大的调整和变革。"清末民初的庙产兴学风潮，宣告了匍匐于封建王朝和儒教之下的苟安局面结束，推动佛教在宗教思想和组织体制上进入自强、自立、自主的近代形态"[1]。中国佛教自唐宋以来随着政治强势力量的退出，又重新回到相对独立的社会地位，自清末民国时期又开始逐渐被归纳于社会化"行政管理"的范围，并且越来越多的受制于社会性的"行政规范"。这对于曾经在传统的小农社会中一贯放任自为的传统佛教来说，无疑构成了严峻的现实挑战，使之不得不着眼于社会政治制度结构的变化而调整其弘法倾向。另外，民国初期以"革除旧俗、改良社会"为号召，以期建构顺应时代变局的现代社会文明，以人政之道取代神正之术，以科学知识取代神权迷信。许多传统佛事活动被当做"迷信陋俗"，属于革除的旧俗对象。这种现实情形，促使中国佛教重新审视智慧解脱的弘法教化传统，重新调整自己的弘法范式以适应现实社会的需要，构成了现代佛教弘化转型的直接外缘[2]。

---

① 王雷泉：《将中继托付给历史——兼评蓝吉富〈二十世纪的中日佛教〉与〈中国的泛佛教论〉》，载《闻思：金陵刻经处 130 周年纪念专辑》，南京金陵刻经处编，北京：华文出版社，1997 年，第 48 页。

② 陈永革：《佛教弘化的现代转型：民国浙江佛教研究》，北京：宗教文化出版社，2003 年 10 月，第 3 页。

一、组织类型的多元化和居士佛教的组织化

从近代起，佛教界已经开始了组建新型教团组织促进僧团组织转型的历程。与古代佛教组织类型较为单一相比，近代佛教出现了多样化的组织类型，建立了全国性的佛教组织，还有各类讲经会和佛学研究团体，数量最多的是以居士为主组成的弘法团体和各类救济、慈善团体，对于佛教的复兴和发展起到了寺院佛教难以替代的作用。

近代以来的佛教组织改革的一大创新是建立全国性的佛教组织。全国性的佛教组织成立是为了建立一个对中国各地佛教组织进行统一领导与管理的核心，改变各地佛教组织处于一盘散沙的状态。近代第一个全国性组织是中华佛教总会，它是将原来各省的僧教育会联合起来，再加上中华佛教协进会、中央佛教公会等加入进来组织而成。早在1907年，释觉先以办僧教育须联络各寺院与社会界为由，在北京创设"僧教育会"。随之其它各地，如释敬安在宁波、杭州，谛闲在江苏等也各自建立省或者地方僧教育会。1912年，著名爱国诗僧释敬安，赴上海将僧教育联合会合并改组为中华佛教总会，以期建立佛教统一组织，整理教团，维护佛教教界利益，成立近代中国佛教徒第一个联合组织，也是中国第一个全国性的佛教统一组织，但是由于当时复杂动荡的社会环境和内部的组织不善，最终夭折，未能完成统一领导佛教改革的任务。继之是1930年的中国佛教会，它是以中华佛教总会为前身，由太虚、圆瑛等人在上海建立。建立后对于加强各地方性社团的联系、教义的弘传，督导各地教规整理、组织捐献赈灾、反对当时政府寺庙管理条例、庙产保护等方面做出积极贡献，但是由于经济来源不足以及内部存在保守派（圆瑛）和进步派（太虚）对

于佛教教义的现代化争论和分歧，使得它没有完成原先设想的担负起组织全国佛教僧团的使命。新中国成立，1953 年成了中国佛教协会，这是中国佛教的一个全国性组织，是"全国各民族佛教徒联合的爱国团体和教务组织"，它的成立及其工作，成为中国佛教僧制改革得以广泛深入并进行制度化、规范化管理的一个重要因素①。除了寺院佛教组织之外，近代佛教还建立了各类讲经会与佛学研究团体。如杨度等设的大乘讲经会，庄蕴宽、夏寿康为会长的己未讲经会，济南佛学会、北京法相研究会、上海菩提学会，有些是寺院主办的研究机构，有些是在家居士自发组成的修学团体，还有各类慈善和救济团体。

近代佛教组织转型的另外一个重要表现就是居士佛教的组织化，也有学者干脆将近代佛教称之为"居士佛教"。原因包括：第一，近代居士佛教建立了独立于寺院的组织形式。在中国古代，居士佛教起到卓有成效的护法功能，包括以官僚、士大夫为居士主体的政治保护、经济支持，民间以结社、法会、译经等佛教活动和弘法事业，宣传了佛教信仰，保护和发展了佛教文化。但是古代居士佛教组织不能脱离寺院佛教而完全独立存在。寺院的高僧不仅是寺院僧众的领袖，也是多数居士归依的对象②，居士护法却并不能如高僧那样讲法，居士群体组织化程度低、结构较为松散。近代居士佛教在当时特定的历史时代背景下，建立了属于自己的独立的组织形式，虽然也与僧人保持往来，但已经不依靠寺院、

---

① 王永会：《中国佛教僧团发展及其管理研究》，成都：巴蜀书社，2003 年 10 月，第 237 页。

② 潘桂明：《中国居士佛教史（上）》，北京：中国社会科学出版社，2000 年 9 月，第 5、16、18 页。

不受僧侣控制，社团也不以为寺院提供辅助性物质支持为己任。第二，居士佛教的活跃程度超越了同时期的寺院佛教。虽然在历史上，居士佛教的活动一直持续，甚至也有一些时期规模较大，但是与同时代的寺院佛教相比，并没有明显的功能表现。因此如果说近代居士佛教是整个中国居士佛教史上比较活跃的时期，是相比近代僧侣佛教的调零和衰败而言，居士佛教得到充分的展示，因此成为近代佛教生存的标志①。近代居士佛教的核心主体除了包括以杨文会、欧阳渐等居士知识分子之外，还包括具有佛教信仰的工商业者与军政退位名流。居士知识分子活动以南京内学院为中心，兴趣偏于佛学义理特别是唯识学的研究，主要以研究佛学、振兴佛教为目的；而居士工商业者则以上海为中心，这里的居士团体已经显示出和这个城市一样的巨大经济实力，他们的兴趣偏于净土信仰，以佛法修持以及广泛地参与各类社会慈善事业为己任，并以自己的经济实力开展广泛的社会慈善公益事业②。

对于近代居士佛教的研究大多从晚清民国着手，但是近代意义上的居士佛教运动则应该追溯到晚明。大多数佛教史的研究者认为，佛教在中国经过一千多年的发展，至隋唐时期达到巅峰，无论在思想的创造性和包容性上，还是在实践的进取性上。宋朝之后，至于明清之世，中国佛教进入了衰退期，理由是：没有重要的经典译出，没有树立什么新的教义，僧团丛林制度衰败导致的内部管理混乱，僧人的整体素质低下等等。造成这种现象的原

---

① 潘桂明：《中国居士佛教史（下）》，北京：中国社会科学出版社，2000 年 9 月，第 836 页。

② 唐忠毛：《作为民间慈善组织的近代居士佛教———以民国上海佛教居士林为例》，上海师范大学学报（哲学社会科学版），2008 年 11 月第 6 期，37 卷。

因如：失去政府的支持，没有坚实的经济基础；思想上门户渐紧，失去开宗立派那样的原创力和融贯性；宋明理学的兴起，如印度婆罗门教（印度教）在印度本土复兴导致佛教衰落一样，代表传统文化主流的儒学在宋以后的兴起和发展使佛教江河日下；其他宗教的竞争等等。但也有一些学者如日本学者和西方汉学家认为，在唐宋后世中，晚明是一个佛教复兴的时代[①]，除了上面所述的晚明佛教的复兴促进士绅社会的形成有关之外，晚明的四大高僧，其中之一的云栖袾宏是倡导佛教寺院改革的思想家，也为把佛教融入社会做出了切实的努力，提出了建设性"居士佛教"的思想和实践方案[②]。居士佛教的最明显特征是，不要求信众与社会孑然断裂，强调社会实践中的道德行为，而相对忽视理论玄想，更加入世而不是出世，这标志着一种巨大的转型。"四大高僧"门下的居士大多按照禅、净融合和净土念佛的路子展开实修，与社会民间的各类传统信仰逐渐融合，造成向近代居士佛教基本形态的过渡[③]。自此以后，居士佛教一直维持着表面的繁荣和发展，康熙、乾隆年间周安士（1655–1739）、彭际清（1739–1796）为代表的居士的积极倡导，到近代杨文会（1837–1911）率先弘扬，推动了整个近代佛教的勃兴。某种意义上讲，近代佛教的复兴是晚明佛

---

① 张华：《杨文会与中国近代佛教思想转型》，北京：宗教文化出版社，第 19–21 页。

② 于君芳：《中国佛教的复兴：袾宏与晚明融合思想》，纽约：哥伦比亚大学出版社，1981 年。转引自张华：《杨文会与中国近代佛教思想转型》，北京：宗教文化出版社，第 19 页。

③ 潘桂明：《中国居士佛教史（下）》，北京：中国社会科学出版社，2000 年 9 月，第 836 页。

教复兴在新的历史条件下的延续和超越 ①。

杨文会是近代居士佛教的奠基人，"杨文会作为一个传统的佛教知识分子，最先接受西方刚创立不久的近代宗教学研究方法，创办学校，校刻佛典，被誉为中国近代佛教复兴之父" ②。杨文会本人以其近代中国知识居士的导师与先行者的姿态，开拓了居士佛学的新时代。其金陵刻经处、祇洹精舍或者佛学研究会，是中国佛教史上前所未有的居士道场，成为近代佛教史上培养知识居士、复兴佛教人才的摇篮。在他看来，在家居士不像寺内僧侣那样沉溺于出世主义，容易在世出世法、新佛教与新思想之间获取一个富有时代感的结合方式 ③。杨文会门下两位弟子太虚法师和欧阳竟无居士分别代表了民国时代僧俗两界最杰出的两位，他们都继承和发扬了杨文会振兴佛教的理念和事业，欧阳竟无居士侧重学理研究，是近代唯识学的泰斗，在学术圈影响很大，而太虚法师因其改革和复兴整个佛教的思想和实践，而在今天佛教界留下深刻影响。"太虚是在杨文会创办的祇洹精舍就读的学生之一。杨文会的事业展现了中国近代佛教复兴的早期阶段，太虚的事业则展示了它的中晚期阶段" ④。

---

① 张华：《杨文会与中国近代佛教思想转型》，北京：宗教文化出版社，第 22 页。

② 王雷泉编选：《悲愤而后有学——欧阳渐文选》之《编选者序》，上海：上海远东出版社，1996 年 5 月，第 2 页。

③ 李向平：《救世与救心——中国近代佛教复兴思潮研究》，上海：上海人民出版社，1993 年 12 月，第 28 页。

④ 尉迟酣（Holmes Welch）：《中国佛教的复兴》（*The Buddhist Revival China*），Harvard University press，Cambridge，Massachusetts，1968，第 15 页。转引自张华：《杨文会与中国近代佛教思想转型》，北京：宗教文化出版社，第 360 页。

欧阳渐（1871-1943），字竟无。杨文会去世之后，由欧阳竟无居士秉承其师遗愿，继续经营金陵刻经处，主持校勘佛典。欧阳竟无居士除了对佛学的贡献之外，对于居士佛教运动提出了自己的看法。原始教团，分为僧伽佛教及居士佛教，以僧伽佛教为主，僧伽领导居士，居士不能开堂说法，不能在寺院之外单独成立组织，不可接受弟子①，这种规矩在近代被打破了，导致教团内僧俗两众的矛盾逐渐突现，寺院僧众认为居士讲经说法、自主传法属于宾主倒置，有损佛法。欧阳渐指出对居士佛教的这种责难缺乏经典，佛法只有一种，最高真理只有一种，他不应该是某些人的专利；谁应当主持佛法，要以是否掌握或者更接近真理为标准，而不应该以是否出家为标准，僧侣和居士、僧侣佛教与居士佛教之间也无主从关系。近代，由于寺院的自我封闭和门户之见，一般僧侣既不学无术又孤高傲慢，单单依靠僧侣改变佛教衰败的现状难以实现，欧阳竟无对于居士佛教的充分肯定，表达了深切的护法情怀，可以看作是对新时代的回应，对于近现代居士佛教运动的展开具有深远影响②。

除了欧阳渐的居士佛教思想之外，在太虚的僧制改革中也有组建居士组织的思想："我国古来的佛教制度，全以出家人为代表，在家佛徒没有独立的组织，要实行佛法即须出家，在家是不能的，而且素有学佛要待年老和摆脱家庭环境的思想，故在家众没有离开出家众的制度。我觉得这是一种错误。……故有出家与

---

① 王永会：《中国佛教僧团发展及其管理研究》，成都：巴蜀书社，2003年10月，第179页。

② 潘桂明：《中国居士佛教史（下）》，北京：中国社会科学出版社，2000年9月，第850-853页。

在家分别的组织制度。出家佛徒要提高其僧格和地位，能真正住持弘扬佛法，使人们崇仰为导师。在家佛徒则使其为研究信解佛法的学理，行为则以社会道德为基本，实行五戒十善之人间道德，改良社会政治、文化、教育、风俗、习惯。这种平易近人的道德规律，最易实行和普及人间，使人人都可以学佛，都可以做一个佛教徒①。" 1918年，上海佛教居士林成立，成为全国第一个组织较为规范的近代居士佛教团体，其中除了王一亭等人的发起努力之外，太虚的支持也起了相当大的作用。太虚在赴各地演讲的同时也对建立佛学会、居士林等居士佛教组织的重要性和意义进行宣传。其他各地如长沙佛教正信会、华北佛教居士林、天津、南京、重庆、成都、香港等类似居士团体相继成立。这些新形态的佛教组织，其组织形式和内部管理方式具有现代的方法，带有一定程度的科层制倾向，而不同于传统的以子孙制为纽带的佛教宗派内部领导与被领导的关系。如福州佛化社，规定以阐扬佛化、自觉觉他为宗旨，下设总务、宏化、慈善三部。巴县爱道佛社则以教宗佛乘，弘法利世，修行敬业，继往开来为宗旨，并组织了董事会②。当时上海的居士林佛教组织已经建立了一套相当完备的组织系统，其结构形式已经近似于现代意义上的管理模式。它不仅健全了内部的组织结构，而且在其内部的管理、监督和职能分工也达到了相当的管理水平。居士林最高职能机构是理事会，理事会由全体林员大会选举产生，直接对林董负责。居士林采取林

①　太虚：《我的佛教改进运动略史》，《全书》第19编《文丛》第57册，第83页。

②　王永会：《中国佛教僧团发展及其管理研究》，成都：巴蜀书社，2003年10月，第179页。

长负责制，其中常务理事9人，分别担任林长、副林长等职。副林长辅佐之，全权负责整个居士林的日常林务工作。林长以下依次设部长、主任、干事分管各项具体事务。每年由林长召集，举行林员大会和职员大会各1次。林员大会主要讨论确定居士林未来一年的发展方针与策略，对林章进行修改和完善，并通过全体林员投票产生新的领导集体。除召开林员大会外，章程还规定要定期召开"职员大会""理事会""常务理事会"以及"部务会议"，分别讨论制定具体的林务计划，安排具体的林务工作。同时，居士林在干部选举以及办事状况的考查、账目的审查以及对林内一切事务的监督等方面，均有比较完备的制度规定。并且，居士林还定期将收支报告、接受捐助的报告、林务日记、年鉴、干部的选举与变更、规章制度等等林务信息通过佛教刊物与征信的方式对外公开，接受社会的监督[①]。

同西方近现代历史的发展过程一样，理性主义和人文主义是近现代中国占主导地位的社会思潮，这一思潮也深深地影响着中国的佛教革新。近代居士佛教既是对明清以来陷入香火繁盛的居士佛教自身的改革，也是对处于衰亡中的整体佛教进行了卓有成效的改革，通过改革，涌现出了大批有高度文化思想水准的居士人才，这对近代佛教的继续生存和谋求发展有重要意义，使佛教重新回到教理研究的精神文化和教团建设的理性色彩的道路上来。居士佛教运动除了居士教育的蓬勃开展之外，还建立了大量的如各种佛化社、居士林组织，他们独立于佛教寺院之外，有自己独

---

① 唐忠毛：《作为民间慈善组织的近代居士佛教——以民国上海佛教居士林为例》，上海师范大学学报（哲学社会科学版），2008年11月第6期，37卷。

立的经济基础成员组成及自己的组织管理制度等。近代居士佛教除了建立相对独立的组织形式，还承担了一种重要的社会慈善功能，如钟益亭等在汉口组织的佛教慈济团、俞嗣和在西安创办的救生会、康寄遥在陕西发起组织的华洋义赈会，他们或有佛教界主办，或者是由个人主办。这些团体的出现标志着佛教社会功能的现代转型①。

　　近代居士佛教的改革是佛教适应现代社会人们的生活、生产方式而改变组织形式的新道路，将促进佛教向着人间化方向发展。但是这种佛教改革也遭到保守势力的反对，遭遇到重重困难和阻力，因此并没有完全实施，最终的结果是将居士团体排除在佛教组织、佛教僧团改革运动之外，使僧制改革丧失了一定的社会基础②。虽然居士佛教改革在大陆遭到失败和挫折，但是在台湾得以薪火相传。自二战结束后，佛教在台湾经过半个世纪的发展已经完全不同于大陆的佛教形态，犹如宗教复兴运动，其中以慈济功德会的发展最为特色。台湾慈济功德会在 1966 年成立以来，已经跃居成为岛内最大的佛教在家人组织，从最初的三十人通过三十年的发展激增到四百多万名，除了花莲的本会之外，台湾地区分会共有四个，支会和办事处遍及台湾各地，海外分会有四个，联络处二十多个，规模宏大，人数众多③。

　　随着城市化、资本化、全球化等社会结构的变迁，加强佛教

　　①　王永会：《中国佛教僧团发展及其管理研究》，成都：巴蜀书社，2003 年 10 月，第 179 页。

　　②　王永会：《中国佛教僧团发展及其管理研究》，成都：巴蜀书社，2003 年 10 月，第 223 页。

　　③　江灿腾：《新视野下的台湾近现代佛教史》，北京：中国社会科学出版社，2006 年 9 月，第 386 页。

的组织化，特别是组织制度的建设成为这个时代的需要。与其他宗教相比，佛教一盘散沙的状态，使局限于寺院围墙中的出家众缺少社会基础。佛教在印度发展到后期，其社会化程度和在家人的组织制度与印度教相比较为薄弱，跟民众的日常生活结合不紧密，最终被其他宗教所取代，这是导致佛教在印度衰亡最重要的内部原因。大多数还是停留在旅游朝拜式的民俗信仰层次，有些寺院作为旅游景点还要购买门票才允许进入，在家佛教徒中只有少量的居士学习组织，很多地方居士们还只是一些三五成群的"念佛会"和"念佛小组"。即使像已经恢复活动的上海佛教居士林，其目前的组织结构完备性、活动规模以及普及程度都还远不如民国期间的状况[①]。任何宗教的危机或者困境出现，往往过分脱离社会，居士佛教代表着佛教的普及发展程度，社会富裕之后出现的少子化现象使当今和未来社会寺院出家人数受到极大限制的情况下，居士佛教的大力提倡和组织化的发展对于佛教的未来似乎是更为现实的出路[②]。

二、佛教组织管理中的科层制倾向

中国古代社会，独立的宗教组织难以存在或者即使存在结构形式却很简单，某些宗教活动可以包含在社会日常生活中或者以一种社会共同体的形式存在，这是宗教组织的初级群体的特性。佛教的创立者佛陀如果只是个人悟到了某种人生道理，或者具有

① 唐忠毛：《作为民间慈善组织的近代居士佛教——以民国上海佛教居士林为例》，上海师范大学学报（哲学社会科学版），2008年11月第6期，37卷。

② 王雷泉：《佛教在新时代的社会化和组织化》，《法音》2010年1月，转引自2010年2月4日，佛学研究网。

某种信仰、知识和价值观，但是没有广泛的传播给他人，也并未给社会带来任何影响，那么他的所谓"觉"和"悟"只能是自生自灭，也就没有今天意义上的作为世界三大宗教之一的佛教。但是，只要他开始传播信仰，并且获得某些信徒的时候，某种程度的组织就会产生，佛教的组织手段是佛教的"方便"之道，所以佛陀在初期建立了自己的僧伽组织并发挥了重要作用。随着社会生产力的发展，人类生活的状态从"共同体"走向分工细致的各种职业化和专业化组织。现代社会，任何宗教都需要保持已有的支持者，获得新的信仰者，因此利用一切方法宣传本宗的业绩，促进本宗的事业，宗教活动只有依靠信仰者的资源——时间、能力、财力、行动等——协调的活动才能持续，这些都意味着组织的必要性。在韦伯看来，科层制是一种以工具——目标合理性为取向，讲究效率与功利的管理方式，科层化是不可抗拒的历史潮流，因为它是世界历史理性化的一种具体表现，社会生活的各个领域如政党、企业、社团、大学、教会、军队等等，无一不被科层化了[①]。佛教组织，也必将和世俗的政治、经济组织一样愈来愈朝着科层制的方向发展。科层制是一种以正式的规则和制度为主体的管理方式，主要特征包括：（1）明确的分工：组织的正常活动以正式规定的职责形式固定落实到每个职位，人在正式职位上合法的行使被赋予的权力和责任。（2）有明确规定的职权等级，下一级职务接受上一级职务的监督和管理。（3）私人关系和公务关系的分离，处理公务时应按规则办事，而不带有私人的情感。（4）量才用人。招聘人员按照技术资格量才录用，并须经过专门训练从而提高工

---

① 于海：《西方社会思想史》，上海：复旦大学出版社，1997年2月，第338页。

作效率。（5）管理权力依附于职位而不依附于个人，有职则有权，无职则无权①，等等。佛教组织的科层制管理目的是使佛教组织的管理制度化，它是一种服务于佛教信仰目标的具有稳定的角色分层和制度规范体系的组织模式。近现代佛教各种组织的管理方式趋向科层制管理，迎合了新时代的生活、生产方式需要新的组织形式的需要。

　　除了上述近代居士团体在结构和管理层面的科层制倾向之外，近代中国僧伽制度混乱不举，迫切需要整理和进行制度重建，佛教也试图进行僧团内部管理模式的改革，当时有两种倾向：一是保守派的，如欧阳渐，提出恢复佛陀时代的制度，忽略了现代工商业高度发达、社会分工日趋复杂化的时代变迁的现实，复古显然不可能。另外一种是代表主流的改革派的，主张适应社会发展进行僧制改革，以太虚为代表。至此，从印度到中国的佛教组织，大体经历了三种管理模式的变迁：一是印度次大陆文化特色的戒律模式，印度佛教基本上遵从"以戒为师"的原则，按照上座部律法进行佛教组织管理，从三皈五戒到比丘（比丘尼）戒法的制定，使佛教七众弟子依循"六和敬"等团体精神和合共住。传法中国初期的佛教也基本遵循这种方式。二是中国宗法制度特色的丛林清规模式，当佛教东渐时，印度特色的戒律管理模式不能适应中国本土文化，为了调和印度与中国伦理道德观念与组织管理模式，中国出现了诸如道安法师的《僧尼规范》，支遁的《僧集仪度》、南齐文宣王的《僧制》，章安灌顶的《律仪十条》等自制规范，作为中国出家信徒的行为准则。到了马祖兴丛林，百丈制清规，

---

　　①　郑杭生：《社会学概论新修》，北京：中国人民大学出版社，1997年4月，第270页。

终于完善了具有中国封建宗法特色制度的佛教化组织管理制度。三是以太虚大师为首的革新派提倡的现代化组织管理模式。随着千年来的历史变迁，佛教丛林制度在近代僧尼泛滥、素质低下、废寺兴学等内忧外患的煎熬下，呈现颓败衰微之势，以太虚大师为首的有志之士希望通过改革，建立现代的组织管理体制、财务制度及菩萨道的积极救世思想①，反映了佛教为适应现代社会人们的生活、生产方式而改变组织形式的新道路的愿望。但是这一改革理想并未完全实现，原因之一是中国佛教长久以来各宗各派的对立分裂，地区之间也很难协调统一，虽然有共守的戒律及剃度、法派传承等关系作为组织规范，但是内部缺乏严密有效的监督与管理体制，尽管也意识到建立统一组织的重要性，也尝试着建立了一个如上文所述的全国性的佛教组织，但是形同虚设，并没有绝对的权威，实际上当时佛教并没有真正形成统一规范的佛教组织，单纯凭借个人自身修行与德望来统摄整个国内僧团很难实现。如果依靠政府强制力量树立一个如古代僧官一样的全国权威，在民主化发展的近代又不现实。还有一个重要原因是近代僧制改革把居士佛教排除在外，失去了推动力和广泛的社会基础。再加上近代中国时局动荡、战事频发，没有稳定的社会、政治、经济制度，因此改革的效果在当时是有限的。但是他的确提出了一个现代佛教都应该关注和思考的命题，那就是适应社会和和时代的变迁而出现的佛教组织的制度化管理问题以及科层制的倾向。

---

① 道坚：《太虚大师的佛教组织论》，载道坚主编：《中国佛教与社会探论》，北京：宗教文化出版社，2007 年 6 月，第 292 页。

三、中国现代佛教团体：非营利性社会组织

中国汉传佛教在经历了百年风云，于 20 世纪 80 年代开始各个寺庙和宗教团体开始逐步重建，学术研究也开始恢复，国家的宏观管理上也恢复贯彻实行政教分离和依法治教的根本原则，基点在于恢复宗教组织的自治特性与能力，让宗教作为一种社会组织进行活动，自主自理，宗教将逐渐体现出社会领域中的社团组织的特性[①]。因此，政教分离和依法治教的结果，当代中国大陆地区对于宗教的制度安排，使得无论佛教团体，还是佛教寺院，正在凸显其作为社会组织体现出来的非营利组织的制度特征[②]。佛教协会、基金会以及以寺庙为中心的佛教团体可以看作是一种民间化的社会组织，具有非营利性。

当代中国的佛教寺院特别是都市佛教有一些个案经验表明，近二十多年寺院管理层面科层制倾向、宗教的职业化特征有所体现，传统的丛林制度已经向当代正式组织的制度形式转变，正在从扩散型的宗教活动转变成为制度型的宗教，虽然这个制度化的路径具有寺庙个性及地区差异，但是它们呈现出的"制度宗教"的变迁形态，却是一个普遍的现象[③]。现代社会，佛教的组织化是佛教界推行其宗教服务、社会事工的重要机制，作为对时代的回应，一些区域的传统僧伽团体开始构建现代组织意义的教团，转

---

① 李向平：《中国当代宗教的社会学诠释》，上海：上海人民出版社，2006 年 10 月，第 78 页。

② 李向平：《中国当代宗教的社会学诠释》，上海：上海人民出版社，2006 年 10 月，第 99 页。

③ 李向平：《中国当代宗教的社会学诠释》，上海：上海人民出版社，2006 年 10 月，第 175 页和 201 页。

型成为一种非营利组织，积极参与社会公共事务。非营利组织在国际化的研究中有一个重要的社会功能就是动员社会资源，这种资源动员既不同于政府和纳税人之间的强制关系，也不同于生产者和消费者之间的交换关系，而是建立在社会成员对非营利组织所倡导的公益或共益理念的社会认同基础上的一种"信托"关系，是一种基于信任、志愿和公益的资源支持与委托代理关系，在一定意义上可理解为区别于国家税收和市场交换的另一种资源配置机制。虽然非营利组织具有非营利性限制了它们像政府那样通过强制征税获取公共资源，但是，由于它们所具有的志愿性、公益性或共益性的属性，则赋予了它们动员社会资源的广阔的空间。

根据西方发达国家的经验，宗教慈善事业在非营利组织的发展中起着重要的作用，由于宗教慈善团体在筹集资金、动员人力、组织物力参与人道主义紧急援助方面有很大优势，从而能够有效减轻政府负担，也使很多发达国家的政府都乐于支持宗教团体从事社会公益事业，最终形成了良性循环的现代文明社会服务机制。对于佛教非营利组织来说，做得出色当属台湾的慈济，它已经成为世界公认的佛教慈善事业托拉斯。一个正常的社会，不能离开非营利组织的作用，它对于社会的有效、公平影响巨大，因为非营利组织动员社会资源的功能体现了社会对于非营利组织的信任、认可与支持，其背后则是人们基于利他主义的公益或共益精神所采取的一种志愿行动。无论是表现为财产或物资形式的捐赠，还是表现为人力资源形式的志愿服务，都构成非营利组织得以存在和发展的重要的社会基础。正是因为拥有大量的来自社会的志愿性、无偿性的公益或共益资源，决定了非营利组织必须向社会提供各种形式的公益服务①。现在世界各国政府、国际机构和联合国都越来越重视非营利组织的地位和作用。当然这种作用的发挥是第三部门不能脱离自身的本质，不能陷入对权力的追逐和对利润的追求②。

佛教慈善事业、社会福利模式曾经在历史上源远流长，而佛教慈善事业的组织化实施和管理则是从中国近代特别是从民国时期的居士佛教开始，其作为非营利组织的特性和功能已经显现。与其它不带有宗教背景的非营利组织相比，佛教集中表现在两个方面：一方面，其它非营利组织往往通过各种慈善性、公益性的募款活动来筹集善款和吸纳各种社会捐赠，从而动员社会的慈善捐赠资源，捐赠是所有宗教中都会出现的行为，世俗的支持者为了宗教的活动、人员和机构提供资金，捐赠的规模随着职业宗教人员与生产性劳动的分离的程度而有变化③。佛教信仰的教义内容，特别是作为业报的财富伦理能够解释为什么历史上的士大夫、贵族等富裕的阶层选择寺院作为捐赠的对象，在本研究的其他章节中也会详细分析。佛教的寺院捐赠本身就已经使它拥有了巨大的财产或者物资方面的资源；另一方面，其他非营利组织需要发动来自社会各个方面的志愿者参与到各种慈善公益活动或互助公益活动中，从而动员社会的志愿服务资源。佛教非营利组织脱离了传统佛教的认识观念，它依靠其建立在慈悲教义基础上的公益、志愿、慈

---

① 张洪武：《论非营利组织资源配置的多元化》，《广东行政学院学报》，2006 年第 6 期。

② 何光沪：《中国当代宗教的社会学诠释：序言》，见李向平：《中国当代宗教的社会学诠释》，上海：上海人民出版社，2006 年 10 月，第 2 页。

③ [加] 卜正民：《为权力祈祷——佛教与晚明中国士绅社会的形成》，张华译，南京：江苏人民出版社，2005 年 11 月第 1 版，第 2 页。

善的精神和理念感动社会，建构出了一套有意义、有目的的组织符号，影响着人们的行为方式和生活观念，通过其独特的社会功能影响社会、改善人类，因而也能够动员巨大的慈善捐赠和志愿服务，佛教的信徒特别是居士群体本身就是社会志愿者。它同时也是一种修学型组织，成员在组织中不断的亲证、参学、研习，从而获得心灵上的净化，体悟到人生终极性的生命意义。通过动员社会资源，佛教非营利组织向社会表达它们致力于社会公共利益（公益）或一定范围内共同利益（共益）的宗旨和理念，得到社会广泛的回应和信任，并因此得以聚集来自社会的财产资源（捐赠）和人力资源（志愿者），从而用于各种社会公益活动或共益活动中。这种现代意义上的佛教教团组织，既体现着中华民族源远流长的慈善传统在当代的实践，也能让个体体味到社会幸福感和社会成就感①。

第三节　僧团组织内部的心理契约：福利目标和服务秩序

　　"心理契约"是当前西方组织管理学领域中兴起的一个热门课题，这一概念的提出最早是在上个世纪 60 年代，80 年代中期以后得到重大发展，尤其是近几年，越来越多的研究开始涉足这一领域。目前对这一概念比较一致的看法是，心理契约在现代社会组织的出现是与成文的书面协议相对的，沙因（Schein）把"心理契约"定义为每一组织成员与其组织之间每时每刻都存在的一组不成文的期望，并指出心理契约有个体的心理契约和组织的心理

---

① 陈永革：《佛行人间：佛教的社会观》，北京：宗教文化出版社，2008 年 1 月，第 156 页。

契约两个层次 ①。科特（Kotter）提出，"心理契约"是个人与其组织之间的一份内隐的协议，协议中的内容包括在彼此关系中一方希望给另一方付出什么、同时又该得到什么，二是它把人们的注意力集中于组织动力的思考上；三是心理契约具有潜在的整合众多重要组织行为学概念的能力②。心理契约在组织中的作用有三个方面：一是可以减少雇用双方的不安全感，因为正式协议不可能涉及雇佣关系的方方面面，而心理契约可以填补正式协议留下的空白；二是可以规范成员的行为，雇员以组织对自己所负的责任来衡量自己对待组织的每一行为，以其作为调节自己行为的标准；三是可使雇员对发生在组织中的事件产生情感性的反应③。

　　"虽然宗教的主题可能是唯一的，虽然某些宗教可能声称它的规范和角色都只有一个唯一的来源（即超自然），然而当宗教群体组织起来并开始从事他们自己认为应该做的事情的时候，它便会展现任何所有别的群体的共同特征"④。在政治或者企业组织中，"心理契约"主要指组织中的雇佣者对雇佣关系中彼此对对方应付出什么同时又应得到什么的一种主观心理约定，约定的核心成分是双方内隐的不成文的相互责任。贝克（Baker）指出，在企业组织中，心理契约在员工愿望与其绩效表现之间起着重要的调节作用，"心理契约"即雇员个人以雇佣关系为背景，以许诺、

---

　　①　Schein E. H：*Organizational psychology*. 3rd ed. Englewood Cliffs, New Jersey：Prentice 2 Hall，1980.

　　②　Kotter J.P：*The psychological contract*. California Management Review，1973.

　　③　陈加洲：《组织中的心理契约》，《管理科学学报》，2001 年 4 月，第 4 卷第 2 期。

　　④　[美] 罗纳德·L. 约翰斯通著，薛利芳译：《社会中的宗教》，成都：四川人民出版社，1991 年 1 月第 1 版，第 97–113 页。

信任和知觉为基础而形成的关于双方责任的各种信念①。与现代企业组织相比，宗教组织成员与宗教组织之间并不存在雇佣关系，成员加入组织是一种自觉自愿的行为，一般也没有书面的协议规定双方的权利、义务与责任，但成员加入宗教组织或者宗教组织吸纳成员会有一些包含着类似口头协议内容的仪式，如佛教中的受度仪式，仪式本身便是一个心理契约，它暗含着双方对彼此的期待。在佛教僧团中，成员在加入之前对佛教组织能够满足自己的需求充满了期待，组织对于接纳和吸收的成员也有角色上的期待，组织和成员之间彼此对于对方应该付出什么又应该得到什么，内隐的有一些主观心理的约定。考察佛教从初创、发展到繁荣的社会背景，它之所以能够吸引广大信众趋之若鹜必定是佛教与信众之间某种心理契约能够达成并恪守实现的过程。

一、信徒个体对佛教组织的心理契约：获得福利与服务

尽管个人加入宗教组织更多的出于心灵和信仰的神圣需要，但除此之外也会有另外一些世俗的需求。比如，成员希望组织能够提供福利和服务，并使福利与服务达到一个令人满意的程度。一切宗教群体赖以继续存在的前提之一，是使自己的福利及服务的生产与分配水平能满足自己成员最低限度的要求，这意味着要给自己的成员以他们到这一群体来寻求的东西，否则便要冒他们对群体失去兴趣并离开群体的危险。大体上讲，宗教群体的成员在加入该组织的时候，就接受了某种早就盼望得到的好处，否则，他们一开始就不会参加进来或者参加进来也不会留在这里。这种

① Baker H G . The unwritten contract： Job percept ions. Personnel Journal， 1985， 64 (7) ： 37241.

期盼包括：寻找永恒的拯救、寻找安慰和保障，或者寻找友谊，或者寻找一种方法来帮助那些需要帮助的人。所以，一个宗教群体必定是：给予成员福利——让其成员相信可以从中得到好处，或者至少将来会得到。虽然这样谈论宗教群体表现得有些粗俗，甚至是在亵渎宗教的神圣性，但这些宗教群体的确必须给与人们需要的某种东西，否则人们就会到别的地方去①。"宗教既以利诱人，于是出家者若鹜。僧徒游手而得衣食，又可托名三宝，经营私利。出家者动机因之不纯洁。而且一为僧徒，即可避租税力役，故天下愈乱，则出家者益众。此又非仅世乱则迷信以求福田也"。②佛教传入中国后带给每个成员心理上的安慰和实实在在、不言自明的福利与服务赢得了各个阶层趋之若鹜，因此创造了佛教组织在某个历史阶段一度的繁荣。

佛教在印度初创过程中，佛陀以实际行动建立了一个由出家人组成的僧伽团体，这个团体可以称得上是古代民主制度的典型，成员内部的互动方式完全不同于以往的宗教组织或者社会组织。他为这个团体订立的制度、法则，即"僧伽制度"，团体成员包括佛陀本人在内，一律平等，无阶级种姓之分，每个人都有平等的权益，僧团内发生的事情，通过会议的形式由大众表决处理。僧团结合及集体生活的根本原则，是所谓"六和敬"③。"和敬"，谓团结和乐，互相尊敬。六和敬为：第一，"见和同解"，思想一致，见解相同；第二，"戒和同行"，共同遵守一种戒律，即行为规范、

---

① [美]罗纳德·L.约翰斯通著，薛利芳译：《社会中的宗教》，成都：四川人民出版社，1991年1月第1版，第101页。

② 汤用彤：《汉魏两晋南北朝佛教史》，北京：中华书局，1981年版，第373页。

③ 《长阿含》卷一《游行经》。

道德观念一致；第三，"利和同均"，财产共有，经济平均，无贫富差别；第四，"意和同悦"，大家情投意合，快乐相处；第五，"身和同住"，各自和乐为怀，都能尊重他人，融洽的生活居住在一起；第六、"语和无诤"，出言和气，不争嘴吵架，不说不利于团结的话语。六和敬原则是僧团内部处理成员之间关系的伦理，以此精神进行管理，成员之间和睦共处，组织内部团结融洽①。这种平等的思想，共产的生活，民主的组织形式和人际氛围对于吸引底层信众加入僧伽团体起了重要的作用。

佛教传入中国后，早期的中国僧伽与印度佛教传统是一致的，那些削发为僧的人成为"属于释子的苦行者"，一切世俗差别包括等级都不复存在②。在佛教"众生平等"思想指导下建立起来的各类僧团组织和邑义组织，给进入其中的每一个社会成员赋予了一种相对来说比较体面平等的社会地位，无论是职人、白民、厮役、奴婢，还是士庶姓族，都是没有什么政治贵贱和法律等级的"佛弟子""清信士"或者"清信女"，在一些造像记或写经题记中，甚至将达官贵人、妻子、子女、奴婢以及家中的六畜统统平等地列为祈求赐福的对象。尤其对那些在严密的等级制国家控制的体系内不能得到任何流动机会的边缘群体而言，佛教为他们开辟了改变社会地位、赢得尊重和自我认同的机会。佛家思想也打破了儒家思想在文化方面的垄断，赋予普通民众以"知识尊重"——每个人只要加入信仰者行列，就会成为佛家知识的理解者和信仰

①　陈兵：《佛陀的智慧》，上海：上海古籍出版社，2006年1月，第227-228页。

②　[荷]许理和著，李四龙、裴勇等译：《佛教征服中国——佛教在中国中古早期的传播与适应》，南京：江苏人民出版社，2003年8月，第9页。

者①，佛教满足了那个时代诸多民众的愿望。

在早期中国佛教发展史中，上层佛教有"王室佛教"和"士大夫佛教"两种力量②。士大夫佛教阐释了在公元 3 世纪末和 4 世纪初的中国新型知识分子群体的形成的经历，他们能够通过结合佛教教义与中国传统学术，成功地发展出特定形态的佛教，并在上层阶级中传播③。按照《高僧传》的记载，在中国 4 世纪早期僧团的组成者中，寺院的实际领导者几乎无一例外的是来自于士大夫阶层的出家人，但大多数有教养的普通僧人来自于社会的底层。僧团内成员的异质性意味着中国文化史上的一种新现象：作为印度传统一部分进入中国的佛教出家修行的观念已经创造出一种新型的社会组织形式，在那里，出身不同的人均能从事智力活动，出身卑微者也在庄严地思想。中国中古时期严格的等级界限渐渐消失，相对于当时社会还存在阶级压迫，出身底层的僧人在寺院里获得了在世俗社会难以企及的与士大夫阶层平等分享接受教育和传播知识的权力。在《高僧传》的记载中，家庭社会背景好的和家庭贫寒的加起来只占了 9.3%，其他 90.7% 的高僧背景模糊或者说默默无闻，这种现象一方面固然说明僧史材料不完备，甚至连有名高僧的家庭出身和社会背景也没搞清楚，另一方面也说明

---

① 尚永琪：《3-6 世纪佛教传播背景下的北方社会群体》，吉林大学博士论文，第 185 页。

② [荷] 许理和著，李四龙、裴勇等译：《佛教征服中国——佛教在中国中古早期的传播与适应》，南京：江苏人民出版社，2003 年 8 月，见第 4 页译者注释。

③ [荷] 许理和著，李四龙、裴勇等译：《佛教征服中国——佛教在中国中古早期的传播与适应》，南京：江苏人民出版社，2003 年 8 月，见第 6 页译者注释。

这些高僧大多来自被"王权社会"所遮蔽的社会中底层，是中国历史上"沉默的大多数"①。

佛教在 3 世纪传入中国，一直到 4 世纪的时候，战争频繁、民族矛盾和阶级矛盾加深，社会的动荡使黎民百姓苦难加深。在社会苦难面前，佛教给予下层社会实实在在的好处，让民众苦难的生命获得了快乐和归属感。佛教带给他们平等的思想、慈悲的情怀、代价低廉的医疗、神奇的法术，以及游离于王法之外的悠闲的生存方式，这些看得见的实实在在的好处让庶民身心愉快的接纳了它。在社会组织方面，佛教对个体编户的吸引和组织，在"村"这样相对杂居的基层聚落中，以"寺院"和"邑义"为依托，给了平民一定的社会流动机会，突破了汉代以来实力强劲的宗族和血缘力量对个体的限制②。严耀中先生指出，太武灭佛的根本原因在于佛教在北土流行后"政教不行，礼仪大坏，鬼道炽盛，视王者之法蔑如也"③，佛教当时代表了一种社会势力，尽管令主政者畏怖，但是也从另一个侧面反映了佛教在下层民众中的感召力，皈依佛教组织存在的实际好处确实吸引了民众的竞相剃度，下层民众的确在佛教组织中获得了较大的自由，某种程度上逃避了王权体制对于自己的压迫。佛教僧人在村落中进进出出，拥有众多的信徒。他们经常领导信徒，组织以俗人为主体的信仰团体，成

---

① [荷] 许理和著，李四龙、裴勇等译：《佛教征服中国——佛教在中国中古早期的传播与适应》，南京：江苏人民出版社，2003 年 8 月，第 9 页。

② 尚永琪：《3-6 世纪佛教传播背景下的北方社会群体》，吉林大学博士学位论文，2006 年。

③ 严耀中：《北魏前期政治制度》，长春：吉林教育出版社，1990 年，第 210-211 页。

为"邑义"或者"法义",人数从数十人甚至到数百人①。无论是逃避徭役、获得皇权体制外的上升渠道和社会尊崇,佛教都为"王权社会"的对立体制下处于被挤压状态的民众提供了一个合法化的逃避方式②。

> 中古的僧尼,修行一层实谈不到,出家人除了前面所述逃避役调原因外,尚有两个原因:一是为吃饭,二是为逃罪。③

唐时僧人拾得说:

> 佛舍尊荣乐,为愍诸痴子,早愿悟无生,办集无上事。后来出家者,多缘无业次。不能得衣者,头钻入于寺。④

最后一句"不能得衣者,头钻入于寺"道出了当时一般僧尼多为出家而入寺院的实情。寺院在法律上享有特权,僧尼犯法,由内律制之。唐武则天时狄仁杰上疏所说:"遏罪逃丁,并集法门。无名之僧,凡有几万。"⑤

汤用彤先生指出:

---

① 刘淑芬:《中古的佛教与社会》,上海:上海古籍出版社,2008年1月,第34页。

② 尚永琪:《3-6世纪佛教传播背景下的北方社会群体》,吉林大学博士学位论文,2006年。

③ 何兹全:《中古时代之佛教寺院》,何兹全主编:《五十年来汉唐佛教寺院经济研究(1934-1984)》,北京:北京师范大学出版社,1986年12月,第35页。

④ 《三隐集》。

⑤ 《旧唐书》卷八九。

南朝佛法以执麈尾能清言者为高。其流弊所极，在乎争名，而缺乏信仰。北朝佛法，以造塔像崇福田者为最多。其流弊所极，在乎好利，而堕于私欲。盖北朝上下，崇法未尝不热烈，其信仰亦不可谓不真诚也，但通常事佛，上焉者不过图死后之安乐，下焉者则求富贵利益，名修出世之法，而未免于世间福利之想。故甚者贪婪自恣，浮图竟为贸易之场；荡检逾闲，净土翻成诲淫之地。究其原因，皆由其奉佛之动机在求利益。信教虽或虔至，但终含商业性质。①

唐朝以后，佛教更是向着世俗化方向发展，出家和修行成为看破红尘者遁世之处，也为某些穷人提供一定程度的保障②。"僧侣群体的存在表明有许多在社会和经济无助的人，而寺庙给这些人经济上的救助远远大于对其精神上的影响。因此，大多数出家人来自贫困家庭，或者是孤儿和鳏夫，根本缺乏家庭的支持"③。没有资料详细统计和尚的具体情况，但是学者通过对中国宗教生活的观察发现，60%到70%的尼姑是因为走投无路才走进庵堂的。寺院为家庭的延伸扮演了重要的社会角色，这就是为什么寺院往往能吸引穷人的原因。他们或是因为家庭过于贫困无法养活，或是因为家里的顶梁柱突然死去而失去生路。神职工作和寺院生活

---

① 汤用彤：《汉魏两晋南北朝佛教史》，北京：中华书局，1981年版，第371页。

② 钱穆：《中国史大纲》（扫描版），上海：商务印书馆，1930年，第1卷，第269-270页。

③ 杨庆堃著：《中国社会中的宗教》，范丽珠译，上海：上海人民出版社，2007年6月，第300页。

为那些失去了家族保护和关怀的人提供了宗教的兄弟情谊①。

二、佛教组织对个体成员的心理契约：修行目标与秩序（戒律清规）

心理契约并非来自单方的，它有个体的心理契约和组织的心理契约两个层次。除了个体要求组织能够满足它的需求之外，组织对于个体也有所期待，组织会有固定的目标、任务，以及在组织执行目标过程中对秩序的维持。

宗教组织必须完成的主要任务之一是保持目的感，宗教群体需要在其成员中发展并维持某种信任和认同自己的群体的情感，保持对自己的充分忠诚，以作为该群体的信徒而骄傲，并要求他们抵制那些试图夺走他们的群体和哲学，以使他们不会被任何外来的学说所动摇而改变自己的信仰。此外大多数宗教群体（犹太教和印度教徒除外）还加上要求其成员在实际上愿意力图把其他人拉入自己的队伍。不保持某种目的感，会使一个群体濒临毁灭②。在中国佛教那里体现比较明显的手段之一是对姓氏的统一，使佛门弟子虽在世俗家各有其姓，但入了佛门统一以"释氏"为姓，如进入同一家族。这是道安对中国佛教规范的一个杰出贡献，在道安之前，佛门的姓氏杂乱，出家人随着师父的姓，因而沙门姓氏杂乱。他改变了僧众以国家或师承冠于僧名之前的做法，主张佛教僧侣以释为姓，统一了身份，从道安以后至今，中国沙门以

---

① W.T.Chan, Religious Trends in Modern China, New York：Columbia University Press, 1953, p.81. 转引自：杨庆堃著，范丽珠译《中国社会中的宗教》，上海：上海人民出版社，2007年6月，第300页。

② ［美］罗纳德·L.约翰斯通著，薛利芳译：《社会中的宗教》，成都：四川人民出版社，1991年1月第1版，第97-113页。

"释"为姓氏没有更改。《高僧传》记载:"初,魏晋沙门依师为姓,故姓各不相同。安以为:大师之本,莫尊释迦;乃以释命氏。"后获《增一阿含》果称"四河入海,无复河名。四姓为沙门,皆为释种"。"既悬于经符,遂为永式。"统一的姓氏,让个体找到对集体的认同,成员对组织发展目标的认同。在现代社会的今天,日本的一些公司企业,还规定职员进入公司后要随公司老板的姓,家族企业的性质风格可见一斑,这种做法的直接作用便是增强成员对组织的归属感,激发成员团结一心谋求事业发展的使命感。

其二是保持秩序,这个任务包含着协调与监督的作用,但首先是指推动其成员在利用和遵守群体准则的情况下去追求群体的目标,群体准则在佛教那里具体体现为集体教化主义精神的犍度以及适应中国社会的禅林清规。以下分别述之。

既然作为一种集团组织形式而存在,佛教在印度初创之时便有着严格的组织纪律和组织生活,如规定出家僧尼必须分别过独身的集团生活,性行为和类似的性行为都被视为非法,严加禁止,不许从事生产经营、不许储蓄任何财物,僧尼以沿户乞食为生,过午不食。其它衣卧住行,也都有规定,佛陀本人也无一例外的遵守,师徒的传承具有依靠道德、习俗来维持的共同体的性质,"在一个秩序安定的社会和共同体里,人们极力遵守法律并支持政府出于各种原因,或者是出于对法律制裁的害怕,或者出于习惯,或者出于对共同体、民族或者国家的各种非理性依恋"[①]。由于屈服于强烈的归属感,人们通常会遵从团体内部的规则而有着较强的组织纪律性。佛教在规范僧伽的日常生活,同时又与国家法令

---

① [美]西蒙主编,陈喜贵译:《社会政治哲学》,北京:中国人民大学出版社,2009年1月,第6页。

相协调的关系中形成了戒律，以律摄僧，僧团内部也依靠戒律来维持统一性和秩序。

一部完整的律，前一部分是五篇七聚，列出戒条项目内容，后一部分是关于教团修法仪式的规定以及僧尼衣食住行应该注意的礼仪，因按品分类，称为"犍度品"，简称"犍度"①。按照中国传统的分类标准，通常把戒律分为两大类："性戒"与"遮戒"，或分别为"止持"和"作持"。前者指的是禁止性质的规范，比如：淫、盗、杀、妄语等禁戒，比丘遵守的约为二百五十条，比丘尼约为三百四十八条。后者属于"应作为"性质的规范，例如：僧团如何夏安居，如何会议（布萨），如何处理犯戒事件，如何处理内部纠纷等，乃至僧人一切团体生活细节，无不规定周详。"作持"部分的规范，在不同部律中，在名称上不一定称为"犍度"，但内容的主要项目相差无几。在各部"广律"结构中，"犍度篇"的分布如下：十诵律、四分律、南传律藏（铜碟律）、五分律、根有律、摩诃僧祇律，其中《四分律》是现存律典中保存的比较完整的，篇目清楚明确的。此律的犍度篇，几乎占了全部律典的将近一半的卷数。包括：1.受戒犍度；2.说戒犍度；3.安居犍度；4.自恣犍度；5.皮革犍度；6.衣犍度；7.药犍度；8.迦絺那衣犍度；9.拘睒弥犍度（因拘睒弥的比丘相诤，形成团体分裂，佛劝他们和好之事，而制订之规范）；10.瞻波犍度；11.诃责犍度（羯磨犍度）；12.人犍度（即别住规范）；13.覆藏犍度（与铜碟律的"集犍度"相当）；14.遮犍度；15.破僧犍度；16.灭诤犍度；17.比丘尼犍度；18.法犍度；19.房舍犍度；20.杂犍度；21.集法毗尼五百人（即

---

① 杜继文、黄明信：《佛教小辞典》，上海：上海辞书出版社，2005年7月，第297页。

王舍城结集之事）；22.七百集法毗尼（即第二次结集）[①]。

犍度（Khandha）所规定的无非是僧团内部的制度及有关个人生活（威仪）上一些小节事项，尽管是细节性规范，但其效用不可低估。一个宗教能永久传下去，固然同教义相关，但传承弘扬教义的人和弘法团体的持久性和战斗力，也是非常关键的。只有研究其"犍度"，才能了解佛教僧伽团体能够维持的真正原因。犍度体现了佛教的戒律精神的一个重要特征：持戒的集体教化主义，即原始僧团的管理，既有个人的自我修持又有一定的集体活动，戒条虽然旨在规范个人主义，期待出家人个人去坚守，但佛教极重视集体的力量。如半个月一次的"布萨"、每年三个月的"坐夏"、每年夏安居之后的自恣、较严重的罪须通过"羯磨"程序以忏悔等等，无非就是发挥强大的集体教化力量。在这种力量所形成的气氛笼罩的环境中，个人受到督责于熏习，较容易起到持戒的效果[②]。印度的夏天雨季较长，每年一次的"坐夏"长达三个月，在"坐夏"即将结束的最后一天，还要有一次"自恣日"，在自恣日时，僧人之间开展批评和自我批评。过了"自恣日"，每个僧人的僧腊加一岁[③]。佛教有一套犀利的教育方法，表现在戒律上也可见其端倪，如作为指导个人修行戒条的"波罗提木叉经"，要求教徒每隔半个月在教团的"布萨"上诵读。在各部的广律上，要不厌其烦的把每一戒条"制戒因缘"，像对儿童说故事一般详尽的写出来，这种教育功能绝不可轻视，其作用是为了对后世的

① 劳政武：《佛教戒律学》，北京：宗教文化出版社，1999年9月第1版，第159—160页。

② 劳政武：《佛教戒律学》，北京：宗教文化出版社，1999年9月第1版，第291页。

③ 杜继文：《佛教史》，南京：江苏人民出版社，2006年4月，第18页。

教育。广律主要是第一次"结集"所形成，显然当时参加"结集"的迦叶、阿南、犹波离及五百会众，都受过佛陀的亲自教化，他们仰体佛陀特有的教化方式，才产生了"广律"这种"广说戒律"的文字，目的就是在后世僧团内部的教育①。

何谓"自恣"，通俗地讲就是鼓励他人检举揭发自己的过错。僧团内部一年一度举行检讨反省大会，在这个集会中，鼓励僧众检举他人过失，策进每个人的反省忏悔。经过夏天三个月的"安居"进修之后，才"自恣"。在安居九十日的过程中，因为日日时时警惕在自恣日时，自己的过错将被检举，心里面产生一定的压力，于是人人努力严守戒律，修成善道。经过三个月的相处，大家感情融洽了，大家所犯的错误，彼此也基本上看清楚了，在临别各奔他方之时，举行自恣，无论从效果上、感受上衡量，都是最恰当不过的了。有学者指出，这种方式"知无不言，言无不尽""言者无罪，闻者足戒"，建立这种组织生活制度确保组织在严酷的政治环境中，凝聚众人之志，具有强大的战斗力，获取最终胜利②。总之，佛陀持戒的集体教化主义方式是维系教团团结的源泉，使的佛教在印度的初期发展能够保持统一一致的组织目标。

佛教从印度传入中国后，魏晋时期的僧团基本也以戒律为主，进行自我管理。随着佛教在中国的进一步发展，僧团组织内部规范开始了文化上的适应性。由于中印两个民族经济、文化和生活方式的差异，使得印度原始佛教的僧团制度在中国并不完全实施，

---

① 劳政武：《佛教戒律学》，北京：宗教文化出版社，1999年9月第1版，第159-160页。

② 王兴国：《毛泽东与佛教》，北京：中国书籍出版社，1996年1月第233页。

如僧团生活来源只靠行乞等方法维持，而不许从事任何的生产事业，比丘不事耕种，手不捉金银，外出乞食，四处游方，这种行乞为生的方式对于家庭观念深入人心的中国人和最忌流民的统治者来说，恐怕在中国很难持久行得通①。政治上的需要导致统治阶级采取了一些固定僧侣减少流动的措施，即通过行政手续限制他们的迁移，便于人口普查和统计②。初期依靠国王大臣供给居住，但是随着佛教在中国的发展，人数增多，食住渐渐成了问题，要求佛教从僧团戒律和制度上对于这种矛盾做出回应，否则在中国的发展始终会有很大的阻力，最终百丈禅师创制出《百丈清规》，开创出一套中国化的寺院经济方式和管理制度。佛陀亲手制定的戒律可以分成三个组成部分：（1）"佛陀"制戒的精神；（2）指导个人修行的戒条；（3）调和团体生活的戒条。在中国漫长的佛教发展历史长河中，戒律的这三个组成部分即沿三条主线平行发展：佛陀制戒的精神演变成菩萨戒；指导个人修行的戒条（波罗提木叉）演变成声闻戒；调和团体生活的戒条（犍度）演变成丛林清规③。

禅林的百丈清规绝大部分的内容的性质，相当于各部"广律"中的犍度。只有这些内部规范，方能够"摄僧"，"令僧安乐住""僧和合"，即团体方能够维持。中国禅宗弘忍以下至惠能、怀让，马祖到百丈怀海，百丈怀海对禅宗最大的贡献乃在于他创制的立法。他根据禅宗的特性，折中了大小乘戒律的精神，制定了著名

① 王永会：《中国佛教僧团发展及其管理研究》，成都：巴蜀书社，2003年10月，第112页。

② [法]谢和耐著，耿昇译：《中国5-10世纪的寺院经济》，上海：上海古籍出版社，2005年5月，第43页。

③ 净因：《三位一体的戒律》，载《法音》，1999年11月。

的《禅门清规》，后世称为"百丈清规"。这部"清规"已经散失不存，只是根据北宋翰林杨亿留下的一篇序文，看出其大概内容①。在《百丈清规序》中，"吾所宗，非局大小乘，非异大小乘"。又云：

> 或有假号窃行，混于清众，别致喧挠之事；即当维那检举，抽下本位挂褡，摈令出院者，贵安清众也。或彼有所犯，集公众议行责；即以拄杖杖之。遣逐从偏门而出者，示耻辱也。

《百丈清规证义记》卷五及有关章节，禅寺内"肃众"的方式很多，轻则有"罚香""罚钱""罚油""跪香""罚斋"、重责有"杖责"等，最重为"摈罚"。对此等处罚方式及执行方法，"清规"内规定的十分严密②。

组织内的规则往往成为该组织区别于其他团体的界线所在，僧团戒律不仅约束规范着僧侣的认知和行为，同时也成为佛教神圣与世俗相区别的标志。中国一共有三大僧侣：官僧，由国家拨款供养，以负责完成皇家宗教仪轨；私僧，由一些大户人家提供食住；最后是民僧，他们孤立的生活或者形成一个小团体而栖身于乡间③。后两者不仅会游离于国家的控制和管理之外，也游离于严密的僧团组织纪律之外。自南宋以后中国佛教僧团逐渐走向衰落，主要表现是戒律松弛、僧人俗化，僧人往往不能严守组织纪

---

①　杨亿的"古清规序"全文，见《大正藏》第四十八册，第1157页。

②　劳政武：《佛教戒律学》，北京：宗教文化出版社，1999年9月第1版，第76页。

③　[法]谢和耐著，耿昇译：《中国5-10世纪的寺院经济》，上海：上海古籍出版社，2005年5月，第7页。

律而松弛懈怠，僧众与居民杂居相处，僧俗不分的情况常有发生。僧俗混居，其一是部分寺院原本由民居改建而成，而与民居相杂，二是各色俗人在寺院内居住，定居在寺院外的僧人。有的是寺院或为慈善、或图香资、或举佛事等原因愿意接待，也有文人喜欢寺院环境清静特寓居在此读书，唐宋以后的僧舍也被当作旅舍来经营①，服务于寺院经济的目的。跟民众混居增加了佛教信仰对民间社会的影响面，但这种僧人脱离团体的生活对佛教戒律提出了严重挑战，置产、放债、蓄奴、佣仆、饮酒、食肉、杀生、诅咒、娶妻、喜音声、听歌舞、参与政治、乐任俗职，在敦煌被佛徒纳入正常范围之内②。

佛陀创教以律摄僧，而戒律松弛、僧人俗化，使原本作为僧俗分界线的佛教组织秩序和目标在民众心中失去了以往的神圣性。因为很多僧侣都过着世俗的生活，僧俗之间的混淆在中国属司空见惯的现象，使普通人无法确切知道哪一类是伪滥僧，到底指从事世俗活动的非法僧侣还是自封为和尚的世俗之人。在几次大的灭佛运动中，世俗政权把两类僧人视作一类，共同作为镇压运动的对象③。不能严守戒律满足了个体原始的欲望和冲动却牺牲了佛教的整体利益，如果只是一味满足个体成员的私人愿望而忽视了组织的目标和秩序，组织内的成员只享受了佛教提供的福利和服务，却并没有为组织的发展和秩序的维持而积极尽力，或者说并

---

① 严耀中：《佛教戒律与中国社会》，上海：上海古籍出版社，2007年11月，第229页。

② 李正宇：《唐宋时期的敦煌佛教》，载《敦煌佛教艺术文化国际学术研讨会论文集》，兰州大学出版社，2002年版。

③ [法]谢和耐著，耿昇译：《中国5-10世纪的寺院经济》，上海：上海古籍出版社，2005年5月，第41页。

没有真正的恪守"心理契约"，就会有所谓的"组织惰性行为"①，导致的最直接后果便是组织腐化堕落，停滞不前甚至倒退，具体到佛教那里，便是佛教整体面临衰落的原因之一。

三、佛教组织的领袖趋力：从"卡里斯玛"权威到现代理性秩序

一个组织的运作和发展需要动力，无论是东方还是西方，英雄史观曾经深深影响了传统管理学，英雄推动组织发展，组织的内部动力主要来自领导者的个人影响力，领导就像组织的"马达"，将组织里的个人能量整合成组织的推动力，往往把领导界定为影响他人使他们愿意为达成群体目标而努力的人，这样的英雄式的领导就是被韦伯称为"卡里斯玛"型的人物。卡里斯玛（charisma），也有译作卡里斯玛，原为德国法学家索姆所创，用以表示早期基督教教会创建者们所具有的精神使命感，一直到近代，才在英文中被使用，中文通常被译为特能、灵能、圣赐物等。社会学家马克斯·韦伯借用了这一概念，赋予其新义，但仍保留其宗教意味，指天生魅力型的领袖，比较典型的是宗教创始人的首领或者为先民所崇拜后被神圣化的原始部落首领。佛教徒曾经把创始人释迦牟尼作为彻悟了的整个宇宙和人类之法的"觉者"来尊敬，作为伟大导师进而作为神来崇拜，在这个意义上讲可以说，释迦牟尼就是今天所说的"卡里斯玛"②。具有卡里斯玛特质的宗教领袖，

---

①　徐小东：《组织的惰性行为》，《科研管理》21卷，第4期，2000年7月。

②　[日]池田大作、[英]B.威尔逊：《社会与宗教》，成都：四川人民出版社，1991年，第128–130页。

归因于其本性与能力，通常来说卡里斯玛是来自于超然的接触，通过圣灵显现进而赋予超凡的能力，并将其能力传授给其追随者。这种组织所依赖的往往是某种信仰，而不是强制性因素。所以，要维持卡里斯玛组织的生存发展，领袖人物就必须不断地以某种新的方式来表现出他的魅力，来维持个人崇拜，否则，卡里斯玛式的统治将最终沦为另外两种较为稳定的统治，即传统型权威统治和法理型统治①。韦伯按照权威的支配类型，依据其合法性基础可以区分出三种：传统型、卡里斯玛型（魅力型）与科层制（或法理型)②。传统型权威的基础是相信传统的神圣性，其合法性来源于继承或授予，通常父权家长制的"君主权力世袭制"即属于此类型。法理型权威的合法性基础是理性的、非个人的法律制度、契约和正式职位，权力并非建立在个人的权威之上，而是表现为建立一定的理性的规则体系作为普遍约束力的准则得到服从，现代行政管理体系往往建立在这种理性规则体系之上。

　　佛教组织在印度的诞生和发展，乃至在全世界范围的传播便是卡里斯玛权威推动发展的结果，在中国佛教发展历史中也在一定范围内得以体现。佛教组织在诞生和发展过程中的"卡里斯玛"权威的道德来源可以分成两部分来说明：一是佛陀本人的道德，二是佛陀弟子的道德，即佛陀通过对弟子的慈悲教育而涌现出来的大德高僧。佛教传到中国后以大乘佛教为主，《高僧传》中记载的不少高僧不仅学高而且德高。佛陀本人舍身饲虎、救人于危

---

　　① 李哲：《论"卡里斯玛"持久化的可能实现方式》，《赣南医学院学报》，2006 年 10 月，第 26 卷第 5 期。

　　② 韦伯：《经济与社会》（上卷），北京：商务印书馆，1997 年，第 269 页。

难之间的大乘菩萨精神也培养教育出了很多"卡里斯玛"式的中国弟子，这些人物根据民众的心理需要被进一步改造、加工成为神仙，如弥勒佛、观世音等，在民间社会被争相供奉，他们不仅德高而且法力神奇。近现代社会，延续佛教慧命、重现佛教生机于近现代社会的过程中，不少高僧大德如禅宗的虚云（1840-1959）、净土宗的印光（1861-1940）、律宗的弘一（1880-1942）、加之宗派色彩不太明显的太虚（1889-1947），人称近代佛教"四大高僧"，他们大都潜行光辉，以德感人，人生经历颇具传奇色彩。

首先，卡里斯玛人物具有天生的魅力，魅力是具有超凡性资质的人在身体或者精神上具有超凡超自然的、非日常的特殊能力，如治疗、预言、奇迹、智慧语言等①。"卡里斯玛"是被其追随者自愿认可的品质和称呼，一定意义上讲属于社会行为而绝非个人行为。按照韦伯的说法，卡里斯玛，是信奉者赋予某个指导者的特质，他们自愿相信某个人物具有神圣或者超自然的灵感，从而把"卡里斯玛"指导者的称呼合理化。如果人们对于率领自己的人赋予很高的荣誉、并且对他们充满感激和尊敬之情，这本是可以理解的，但有时可能会超过限度，释迦牟尼常常被后世的信仰者奉为神去供奉就是典型的例证。当然这并非是佛陀本人的初衷，佛教是以法为根本的，佛教的目的在于指导人们依靠正确的实践发现自身潜在成佛的可能性，一切人皆能成佛。佛教的创立是对印度古代各种有神教的一种反动，释迦牟尼反对教徒把他当作神，他逝世前告诫弟子："依法不依他处"，就是相信他的理论，不要崇拜他的偶像。部派佛教时期，佛教徒开始了对佛陀是人还是

---

① 李连军：《试析韦伯的"卡里斯玛"型权威》，《陇东学院学报》，2009 年 11 月第 6 期。

神的争论，上座部早期是由参加过原始佛教僧团的高级僧侣组成，他们坚持认为佛陀是人不是神，其肉身也有限制，寿命也有边际，佛陀的伟大在于他智慧精深和品质高洁。而大众部是入教较晚的下层弟子，由于他们与释迦牟尼本人已经有很大的距离，所以他们心目中佛陀就是神，于是佛陀被神化，具有超自然的、非同于平常人的特殊能力，他们讲佛有"三十二相"（手过膝、面如狮、音深远、胸前有卍字等等奇相），"八十种好"（一出生便已断尽漏失，根绝烦恼，寿命无际，威力无穷等）。佛陀从反对有神论开始，最后自己也被变成了一尊神。其他宗教中也有大致相同的情况，无论是基督教、伊斯兰教，虽然他们的创始人并没有提出"圣者"的概念，但在事实上，他们却被赋予了超自然的力量而成为神，成为众人信奉的"卡里斯玛"。因此"卡里斯玛"这个概念，它暗示着某个人物自称具有的独特的超自然的资质，但是确定某人具有卡里斯玛能力这件事情本身，在某种意义上讲是一种社会行为，而并非个人一厢情愿。之所以这样说，是因为具有超自然能力或者崇高品性的人物，只有当崇拜信奉他的人们实际出现的时候，他才具有卡里斯玛特质，如果某个人声称自己具有某种超自然的力量，却得不到大家的承认，那只能说明这个人是疯子或者狂人①。

其二，与卡里斯玛人格伴随而来的经常是卡里斯玛权威，卡里斯玛所领导下的组织往往施行"德治"，依靠道德权威来实施对组织的管理。按照韦伯的观点，"卡里斯玛"指的是个人通过对众人福利的创造以获得声望，从而具有一定的支配力量和尊严。

---

① ［日］池田大作、［英］B.威尔逊：《社会与宗教》，成都：四川人民出版社，1991年版，第130页。

卡里斯玛人物通常诞生于危难之间，颇似"天将降大任于斯人也"的"先知先觉"，他不仅具有超凡的才能，而且具有崇高的品德、利他主义精神，他只有这样"德才兼备"的出现才能给追随者带来福利，才会拯救世人脱离苦海和危难。在佛教早期经典的描述中，释迦牟尼成佛以前是菩萨中的典范，他做菩萨经历过三界五道劫，其全部业行，就是理想的菩萨行，后来出现的所谓"本生""本业""本起"等类经典，讲述的就是这类故事。佛陀在世时，已经出现了若干地方性僧团，他们虽然各有自己的活动范围，但以拥戴佛陀为当然的权威。佛陀去世后，各地僧团间没有隶属关系，只要僧团的正式比丘达到十人以上，这些僧团就有权接受新成员、独立活动。早期佛教僧团领袖的产生是自然形成的，往往是僧众中德高望重的学僧被推举为领袖[①]。佛教寺院僧团组织在中国古代的最终发展形态便是禅宗的丛林制度，本是对原始佛教僧团规范的大幅度调整与适应，它吸取民主制和科层制管理的双重优势，而后却受中国宗法制影响，表现为"类家族"主义的传统型权威统治。宋之后，中国佛教的丛林制度很少有大的更改而延续至今。当今中国社会已经不是传统农业社会，这种相承千年的丛林制度，需要做出调整以适应面临的客观环境，特别是发达地区城市中的寺庙，已经发生了不同程度的变革，那就是寺院管理层面的科层制倾向明显，传统的丛林制度已经向现代社会组织的制度形式转变[②]。

---

① 杜继文：《佛教史》，南京：江苏人民出版社，2006年4月，第18页。

② 李向平：《当代中国佛教的制度变迁——以上海A寺的研究为中心》，载于方立天、学愚主编：《佛教传统与当代文化》，北京：中华书局，第82页，2006年12月。

在现代社会组织中，科层制成为行使合法权力的基本形态。卡里斯玛型权威的合法性基础是建立在个人权威的服从基础之上，不过与传统型用习惯阐明服从理由不同，它是建立在对个人的超凡魅力的认同，它只相信或者崇拜个人魅力，相信某一种个人、救世主、先知和英雄①。现代社会的体制越来越依靠科学技术的发展，任何人与现代技术系统的复杂性相比，无论在能力方面，还是在知识方面，都远远不及电子计算机、信息回收系统以及电子装置。人们更加相信依靠合理的程序和科学技术的理性，而不是依赖个人偶尔获得的灵感或者才能来领导社会生活。虽然在现代社会中，领袖的卡里斯玛化的倾向全面减弱，但在特定的场合，仍有可能发生作用②，如中国台湾地区慈济功德会领导者的类型，便是属于典型的当代"卡里斯玛"，其成功关键在于女性的领导魅力所在。马克斯·韦伯说，"卡里斯玛"式人物，是"天然"领导者，"既不是被任命的官职人员，也不是在今天意义上的作为专业知识来学习的和为了报酬而从事某一种职业的持有者，而是特殊的、被设想为超自然的（在并非人人都能企及的意义上）身体和精神的天赋的体现者。"③ 其领导者证严法师的权威是全面的：包括神圣和世俗的，她既是严父慈母般的家长，同时也像雌雄同体的千手千眼观音菩萨。观音菩萨不但是证严法师获得宗教启示的来源，信徒也将法师视为观音的化身，慈济信徒把对菩

---

① 朱贻庭：《"卡里斯玛"崇拜与中国古代德治》，《伦理学研究》，2002年9月第1期。

② [日]池田大作、[英]B.威尔逊：《社会与宗教》，成都：四川人民出版社，1991年版，第128-130页。

③ 马克斯·韦伯：《宗教社会学》，南宁：广西师范大学出版社，2005年3月，第279页。

萨的崇拜转化成对法师的忠诚①。慈济功德会的信徒们如果无法见到证严本人，通过聆听法师的录音带或者阅读她的书籍才不会觉得怅然若失。另外，信徒们也保证会严谨遵守法师的指令并且绝无二心的全心崇敬她，用信徒自己的话说就是"让上人的誓愿成为我们的誓愿"。她不仅是出家弟子的剃度法师也是所有慈济信徒的动力来源。每一位信徒的家里都可以看到证严法师的照片，像是家里的神坛，有些人甚至把她的照片放到皮夹里，当遭遇到困难的时候面对着法师的照片说话或者诉求会增添克服困难的力量。②虽然这仅仅是佛教发展过程中领袖驱动作用发挥的一个典型个案，而并非代表全部，但是这种佛教现象的确反映了一种时代的需求：现代佛教存在着这样那样的危机状态，佛教复兴的时代需求刺激了卡里斯玛人物和卡里斯玛型组织的产生，信徒把佛教复兴的希望寄托在某些具有超越性能力的特殊人物卡里斯玛身上。但是这样的组织动力的持续存在会面临很大的麻烦，因为一种依靠人们对领导者的非理性追随，个人崇拜式的权威模型会随着卡里斯玛型领导人物的逝去而消失。信从者之所以追随和拥戴具有卡里斯玛品质的领袖人物，是因为其超凡的魅力，这样的组织创造的只能是一时的辉煌而不会持久，当这个卡里斯玛人物去世后，接替他的人没有这样类似的超凡魅力和特殊品质，组织的可持续发展动力便会遇到问题，因此卡里斯玛型的组织和卡里斯玛型的

---

① 姚玉霜：《佛教现代化研究：行菩萨道——克里斯玛领导权的崛起》，方立天、学愚：《佛教传统与当代文化》，北京：中华书局，2006 年 12 月，第 112 页。

② 姚玉霜：《佛教现代化研究：行菩萨道——克里斯玛领导权的崛起》，载方立天、学愚：《佛教传统与当代文化》，北京：中华书局，2006 年 12 月，第 112 页。

统治因为时间的短暂而具有极大的不稳定性。①

　　在现代佛教僧团组织中，领导者的资质究竟是什么，划定一个统一的标准非常困难，因为受具体的文化背景和社会要求所制约。但是有一点应该是取得共识的，即领导者的作用的产生，不再被解释为领导者个人特质的当然结果，而是被解释为领导者与追随者们的相互作用、相互吸引，是领导者和下属共同构成的系统所具有的系统功能。简单地说，组织的凝聚力和推动力并非产生于领导者对成员单向的"影响力"，而是来源于领导者与下属之间的双向的、交互的互相作用。总之，组织的凝聚力和推动力来自由领导者和下属共同构成的系统动力。在韦伯所论述的三种权威支配类型：传统型、卡里斯玛型（魅力型）与科层制（或法理型）中，应用于现代佛教管理模式的普遍趋势应该是科层制与民主制相结合，个别的不排除卡里斯玛型的出现，但是作用有限，即使出现了也需要建立一系列的制度来保证组织的持续发展和繁荣。去除传统家长制度，从高僧主持模式中摆脱出来，引进民主机制，发扬民主精神，并建设相应的机构及制度保障民主的实现与运作，②依靠制度建设才能保证佛教僧团组织的发展维持一种持久的动力。

　　在现代都市佛教中，有些寺院经济非常繁荣，物质丰裕的同时也忘记了佛陀创始佛教之初的道德实践，缺失了宗教本身应该具有的人文关怀、慈善公益精神，失去了佛教组织原有的非营利属性，没有外在制度的约束也极其容易出现僧团腐败。商业餐饮、旅游服务、手工业，第三产业在寺院经济中的比重越来越大，寺

　　① 江灿腾：《新视野下的台湾近现代佛教史》，北京：中国社会科学出版社，2006年9月，第387页。
　　② 王永会：《中国佛教僧团发展及其管理研究》，成都：巴蜀书社，2003年10月，第345页。

院经济已经完全实现了从农业经济向市场经济的转变，寺院的自养问题越来越需要依赖于市场经济的运营机制，因此有些寺院引入现代管理理论，建立了像现代企事业组织一样的财会制度和管理模式，实现与市场经济运营模式的接轨，这也是时代的需要。但是寺院经济并不应该是佛教现代化发展的全部内容，发展佛教社会工作，造福众生和服务社会应该是佛教发展的终极目标。中国佛教社会工作从本质上讲是一种道德实践，历代高僧大德的人格魅力，是这种道德实践的内部动力，这需要佛教僧团本身加强内部管理和自我约束，特别是僧人领袖的极度自律。这里用"卡里斯玛"一词来概括，主要目的是凸显中国佛教社会工作历史发展中的高僧领袖的"道德感召力"，这是一种内在的自我约束，而不是提倡偶像崇拜，在现代人心目中完全实现对某个僧人的偶像崇拜也很难行得通。道德自觉和实践更多的是一种内在的自我约束，同时自我约束作用也是有限的，需要建立一系列的外在制度来保证组织的持续发展，[①]任何事业只有依靠制度建设才能有长足发展。外在的制度保障和内在的心理制约结合在一起，只有这样才能维持佛教僧团组织的内部和谐，保证正确的发展方向，才能为中国佛教社会工作的发展注入持久的动力。

---

① 王永会：《中国佛教僧团发展及其管理研究》，成都：巴蜀书社，2003 年 10 月，第 345 页。

第四章 中国佛教宏观社会工作的实践形态

——儒佛合融的视角

中国佛教社会工作不仅拥有深厚的教义哲学基础，还积累了丰富的历史经验，在不同时期呈现出契合时代特征的有特色的实践形态。佛教作为从印度传入中国的外来文化，也在一步步进展的社会工作历史实践过程里，实现了儒佛合融互补，逐渐深入到中国基层社会中，最终儒释道三教合一共同构成中国经典哲学的基础，对中国社会和文化产生了深远持久的影响。佛教也此过程中逐渐完成了中国化，在与中华文化交流交融的过程中，与儒家思想取长补短，共同构筑人本理性、入世崇德的中华传统伦理价值，佛教也融入到中华传统文化和中国人的社会心理中。本章从印度早期佛教诞生时期、中国的魏晋南北朝、唐宋、明清、近现代人间佛教几个时期分别加以论述。佛教在印度诞生时直面现实人生与社会苦难，满足了那个时代民众的福祉需求。佛教传入中国之后在魏晋南北朝时期的发展满足了某些民众集群流动中的福祉，唐朝时期形成了以"悲田养病坊"为代表的"官督寺办"制度化福利，宋代基本延续唐代形式，至明末清初时期围绕寺院捐赠形成的地方"士绅社群"来从事社区公益实践，近现代"人间佛教"成为佛教社会工作的重要表现形式。

第一节　早期佛教在印度的诞生：现实人生与社会苦难的回应

一、对现实人生和社会苦难的回应

苦难往往促使宗教诞生，对苦难的解脱往往吸引人皈依宗教，所以基督教徒把传播教义直接称为"传福音"，"福"是幸福、福祉。佛教亦如此，佛陀所证悟的四圣谛、八正道，便是专为人生苦恼的解脱而施设。四圣谛又名四谛，为"苦""集""灭""道"，其中"苦谛"是佛教教义的根本。佛教中关于"苦"的理论常见的是"八苦"说，《增一阿含经·四谛品》云："彼云何名为苦谛？所谓苦谛者，生苦、老苦、病苦、死苦、忧悲恼苦、怨憎会苦、恩爱别离苦、所欲不得苦，取要言之，五盛阴苦。是谓名为苦谛。"其中"忧悲恼苦"，在其他经中也有直接译作"五蕴盛苦"或者"五取蕴苦"等。佛教的人生痛苦既概括了生理痛苦，又总结了心理痛苦，有些痛苦如"生、老、病、死"，属于是与生俱来的个体的生理痛苦，有些则是后天衍生出来的人际关系的痛苦，"怨憎恨、爱别离"等即是人与人相处时带来的人际痛苦，"求不得"也有部分人际上的原因，后者基本属于社会痛苦，或者称为"社会心理"痛苦。佛教中最精彩和详细的"八苦"说，记载在《佛说五王经》中，讲佛陀在世时有五个相邻国家的王子，互相友好，其中的一个大国王子为普安王，是佛弟子，其他四位不知信佛，只知行乐，为教化他们，请佛来说法，于是佛言人生"八苦"：

> 何谓生苦？人死之时，不知精神趣向何道。未得生处，并受中阴之形，至三七日父母和合，便来受胎。一七日如薄酪，二七日如稠酪，三七日如凝酥，四七日如肉搦，五疱成就，巧风入腹，吹其身体，六情开张。在母腹中，生藏之下，熟藏之上。母啖一杯热食，灌其身体，如入镬汤；母饮一杯冷水，亦如寒冰切体；母饱之时，迫迮身体，痛不可言；母饥之时。腹中了了，亦如倒悬，受苦无量；至其满月，欲生之时，头向产门，剧如两石挟山；欲生之时，

母危父怖。生堕草上，身体细软，草触其身，如履刀剑。忽然失声大呼，此是苦不？

何谓老苦？父母养育，至年长大，自用强健，担轻负重，不自裁量。寒时极寒，热时极热，饥时极饥，饱时极饱，无有节度。渐至年老，头白齿落，目视梳目，耳听不聪。盛去衰至，皮缓面皱，百节酸疼，行步苦极，坐起呻吟，忧悲心恼，识神转灭，便旋即忘，命日促尽，言之流涕，坐起须人。此是苦不？

何谓病苦？人有四大，和合而成其身。何谓四大？地大、水大、火大、风大，一大不调，百一病生，四大不调，四百四病，同时俱作。地大不调，举身沉重；水大不调，举身膖肿；火大不调，举身蒸热；风大不调，举身掘强，百节苦痛，犹被杖楚。四大进退，手足不任，气力虚竭，坐起须人，口燥唇燋，筋断鼻坼，目不见色，耳不闻声，不净流出，身卧其上，心怀苦恼，言辄悲哀，六亲在侧，昼夜看视，初不休息。甘膳美食，入口皆苦。此是苦不？

何谓死苦？人死之时，四百四病，同时俱作，四大欲散，魂魄不安。欲死之时，刀风解形，无处不痛，白汗流出，两手摸空，室家内外，在其左右，忧悲涕泣，痛彻骨髓，不能自胜。死者去之，风去气绝，火灭身冷，风先火次；魂灵去矣。身体挺直，无所复知。旬日之间，肉坏血流。膖胀烂臭，甚不可道，弃之旷野，众鸟啄食，肉尽骨干，髑髅异处。此是苦不？

何谓恩爱别苦？室家内外，兄弟妻子，共相恋慕，一朝破亡，为人抄劫，各自分张。父东子西，母南女北，非唯一处，为人奴婢，各自悲呼，心内断绝，窈窈冥冥，无有相见之期。此是苦不?

何谓所求不得苦? 家有财钱, 散用追求, 大官吏民, 望得富贵, 勤苦求之, 求之不止。会遇得之, 而作边境令长, 未经几时, 贪取民物, 为人告言。一朝有事, 槛车载去, 欲杀之时, 忧苦无量, 不知死活何日。此是苦不?

何谓怨憎会苦? 世人薄俗, 共居爱欲之中, 共诤不急之事, 更相杀害。遂成大怨, 各自相避, 隐藏无地。各磨刀错箭挟弓持杖, 恐畏相见。会遇迮道相逢, 各自张弓澍箭, 两刀相向, 不知胜负是谁。当尔之时, 怖畏无量。此是苦不?

何谓忧悲恼苦? 人生在世, 长命者乃至百岁, 短命者胞胎伤堕, 长命之者, 与其百岁, 夜消其半, 余有五十年, 在醉酒疾病; 不知作人。以减五岁; 小时愚痴, 十五年中, 未知礼仪。年过八十, 老钝无智, 耳聋目冥, 无有法则, 复减二十年; 已九十年, 过余有十岁之中。多诸忧愁: 天下欲乱时亦愁, 天下旱时亦愁, 天下大水亦愁, 天下大霜亦愁, 天下不熟亦愁, 室家内外多诸病痛亦愁, 持家财物治生恐失亦愁, 官家百调未输亦愁, 家人遭县官事闭系牢狱, 未知出期亦愁。兄弟妻子, 远行未归亦愁, 居家穷寒, 无有衣食亦愁……常无乐时, 至其节日, 共相集聚。应当欢乐, 方共悲涕相向, 此是苦不? [1]

这次说法的最终结果是, 五位王子及同会数千人皆于苦圣谛心开意解, 当下得须陀洹果, 即佛教的四圣果之最初的"初果"。

---

[1]　《大正藏》14 册, 《经集部·佛说五王经》。

可以说，佛陀的人生"八苦"论的确吸引了诸多信众为求解脱而皈依佛教。

关于印度早期佛教诞生的社会原因，有很多的解释，如果把政治和由此带来的社会因素结合起来，则认为佛教的兴起与基于城市基础上的集中制国家的政治组织相关，此外，新时代的来临除了要求对政治组织形式进行更新和重组，还要对社会行为标准进行新的评估和规范，以形成新的社会目标，早期佛教的诞生历史反映了当时的社会危机，以及企图整合社会和表达一种新的视野观念。西方的学者已经承认并接受早期佛教和城市化之间有着某种意义深远的亲密关系，美国宗教社会学家格雷格·贝利（Greg bailey）和阿兰·默巴特（Ian Mabbett）在《早期佛教社会学》（*The sociology of early Buddhism*）中曾经做过某些论述，该著作个别章节中列举了两种截然相反的观点[1]：一种认为佛教是反城市化的产物，和尚过着如村民一样简朴的的生活方式，他们穿破衣，吃剩饭，不接受金钱，不从事买卖活动，佛教因此也创造出了一些戒律制止人本能的各种欲望，佛教无论如何也不可能与充满消费欲望的繁华的城市生活联系在一起。另外一种则认为佛教是城市化的产物，近些年来随着国内都市佛教的发展，先后有学者开始探讨佛教之于城市化的意义，并探究佛教在印度诞生之时山林佛教与城市佛教的互动和互补经验[2]。笔者赞同后一种观点，即佛教与城市化之间的关联，并且根据自己多年关注城市社会学研究的理解和

---

① Greg bailey and Ian Mabbett：*The sociology of early Buddhism*, Cambridge university press， 2003，pp.29–51。

② 潘德荣、张晓林：《人间佛教的都市发展模式：以上海玉佛寺为例》，北京：宗教文化出版社，2009 年 9 月。

经验做出进一步解释。

二、佛教社会工作之于城市的意义

佛教诞生之时的印度社会性质，学术界看法不一，但是比较一致的意见应该是经济空前发展，商业和手工业兴盛，促进了城市的形成和发展，国家以城市为中心进行统治，兼控周围的聚落、村落等农牧业地区。佛陀时代，据说著名的城市有八座。富商大贾正在成为社会新贵，介入社会政治生活[①]。根据黄夏年先生的研究结论：佛教受到理念与生活方式的影响，其生活的基地应该是在城郊，传教活动重点应该是在城市。从《长阿含经》[②]里的记载来看，佛陀与城市里的各种人物和各种活动紧密相连，佛教与城市有着密切的关系，城市政治、经济和文化，为佛陀弘法提供了有力的支持。《游行经》[③]中记载了佛陀游行四处的传教活动，佛陀之所以选择城市或者离城市并不遥远的城郊，而不是农村，首先是与印度佛教乞食的生活方式有关。印度佛教僧伽是以托钵乞食为特点的，虽然一起居住，但是自己并不做饭，全靠化缘而食。如果居住的离城市较远，则不利于僧人托钵乞食，农村土地广大，人口稀少，托钵乞食会面临很多困难。另一方面，作为人口聚集地的城市不仅解决了僧人托钵乞食的问题，也使得佛教更加接近百姓大众，给世俗众人供养僧伽，参拜众师提供了方便。最后，还有经济方面的原因，很多寺院规模宏大，僧人众多，《长阿含经》

---

① 杜继文：《佛教史》，南京：江苏人民出版社，2006年4月，第1、2页。

② 《大正藏》第1册。

③ 《佛说长阿含经》卷第二第一分，《大正藏》第01册。

里记载，佛陀最多带 1500 人同时出巡，最少也有 250 人，这样的寺院在经济不发达、较为贫困的农村很难承受得起。只有工商业聚集地较为富裕的城市才能在经济上供养承担①。

佛陀本人是一个王子，应该属于城市居民或者城镇居民，其修行创教是在人烟稀少的山林河边，但宣教中心却以城市为主，佛陀在世时曾经居住过很多大城市，如王舍城、舍卫城、舍离城、拘尸那揭罗城、瞻波城、迦维罗卫城等，都为国家政治、经济、文化中心。下面列举有代表性的几处：

其一是舍卫国，意译闻物、闻者、无物不有、多有、丰德、好道，传说这里原为一宗教场所，贤者舍卫陀在这里居住，后来发展成为城市。南传上座部佛教所传，有人问：此城有何种货物？城里的人答："无物不有。"所以这里名人众多，物产丰富，又名闻物国。佛陀在舍卫国住了 25 年，一生中有近三分之一的时间是在这里度过。这里是当时北印度的商业中心，几条重要商道在此汇合，城内居民多达 5 万 7 千户，市场繁荣，有得天独厚的条件。佛陀住在舍卫城外的祇桓精舍，是佛教史上最著名的圣地之一。

其二，是摩竭陀的王舍城，摩竭陀是中印度一个国家，王舍城是它的首都，是佛陀传教中心之一，城内有许多初期佛教的遗迹，如佛陀说法的灵鹫山，佛灭后第一次结集的七叶窟、竹林精舍等。摩揭陀国是佛教的传教中心，唐朝时曾经互派遣使往来，4 世纪末，法显到该国，看到"凡诸中国唯此国最大，民人富盛，竞行仁义"。摩揭陀国国王支持佛教，护持佛法，以王舍城为中心，向周围地区传教，取得了巨大的成就。

①　黄夏年：《西来东去——中外古代佛教史论集》，北京：中国社会科学出版社，2006 年 12 月，第 256 页。

其三，是鸯伽国，古印度十六大国之一，瞻波城是其首都，原为鸯伽国八万村落之一，后来逐渐发展成为古印度的六大城市之一，该国经济繁荣，商人贸易远至金地。其城人民众多，炽盛丰乐。佛陀经常居住瞻波城，讲经说法，修行入定，制定戒律，所以被佛徒视为佛陀说法的六大城市之一①。

本书在上述研究结论基础上，对印度早期佛教与城市化的关联进一步从社会学、社会心理学的角度做出诠释，认为佛教的说教的确满足了当时城市居民的对于社会福利的实际需求，使城市人群在生产劳动之外的收获之外获得另外一种精神上的收益，提高了生活质量。

人类历史的发展应该是先有农村后有城市，城市是社会生产力发展到一定阶段的必然产物。随着经济的发展，当农业发展到农产品在满足农业人口自身需求的基础上尚有部分剩余，并且不需要全部劳动力就能实现农业的保障功能时，部分劳动力就从农业中分离出来转而从事非农经济活动，这部分劳动力在特定区位聚集，使产品生产和交换有了固定场所，这便是最初的城市形成，这部分也称为城市中最早的移民②。城市人口按其初始源地可以分为两部分，一部分是原先居住在城市所在地的当地居民，另一部分则是在从乡村和其他城市中涌入的外来移民，在城市化的早期阶段，外来移民往往普遍成为城市人口的主要成分，这些来自不同源地的移民有着不同的风俗习惯和兴趣爱好，同时进入城市后

---

① 黄夏年：《西来东去——中外古代佛教史论集》，北京：中国社会科学出版社，2006年12月，第238-252页。

② 张鸿雁：《侵入与接替——城市社会结构变迁新论》，南京：东南大学出版社，2001年，第207页。

又因为职业角色和社会地位等方面出现新的分化①，城市人口的流动性决定了人口成分的异质性。这些不同的人如何相互包容进而能够和谐相处，佛教教义"众生平等""事事无碍"的理念消解了由于地域差异、种族差异、宗族差异和势力集团差异而造成的"思想混乱"和"认同隔阂"，为城市社会多样化生存状态和宽容能力打下了心理基础和文化共识，使人际间变得融洽。同时城市人口的高流动性摧毁了以往传统稳定的社会结构和家庭结构，传统的伦理、价值被打破、被丢失，原有的社会整合性遭到破坏。使得人际关系淡化、感情淡漠，而佛教希望人和人虽然没有血缘关系，但是依然能够建立起比陌生人更加宽容的类似兄弟姐妹式的关系。城市中接纳了来自不同阶层和生活习惯的人，佛教教义中类似于博爱的价值观念，让人们互相接纳而更容易适应城市的生活。佛教提出应建立类似弟兄般的友谊。佛教认识到，让来自不同地域、不同社会阶层的人有着某种相容性的确很困难，因此提供了一种更广阔的宇宙视野，类似于华严宗中的"事事无碍"境界来超越人和人之间的相异。这种更加开阔的世界观、价值观念非常适合人口异质性高、流动性强的城市生活。

所以佛教是一种划时代的意识形态，代表了人类新的需要，它是为了服务于人类的一种新的居住形态和生活方式——城市而产生。城市社会人群多样化的生存状态，只有在类似佛教这样的宏伟开阔的视野下才能生长出宽容的社会心态。与佛教相比，婆罗门教就缺乏一种宽阔的宇宙视野，佛教比婆罗门教更适合城市生活的情境。佛教的理念串起了散落在城市中如珠子一般孤独存

①　程玉申：《中国城市社区发展研究》，上海：华东师范大学出版社，2002年3月，第17页。

在的个体，建立了一个共同的精神家园。这种由精神共同体对城市生活带来的社会整合作用是在此之前的其他宗教无法比拟的。

另外，城市生活的另外一个重要特征是比乡村更高密度的人口聚集，人口聚集在一起会带来更多传染疾病和瘟疫的肆虐盛行，也因为人口流动和生产劳作方式的改变带来的人际关系疏离，伴随焦虑、紧张抑郁等精神疾病的产生，这种精神的疾病使人遭受到比以往更加严重的困扰和痛苦。农业社会"竞争和对抗存在于人和大自然之间"，而进入城市就发生了变化，虽然也存在人与大自然的对抗，在人与人被动性的相互依赖的群体关系中对抗大自然，这样人和人之间的对抗被提高到一个相对的高度①。

"苦"包括生理痛苦和心理痛苦，"苦"现象并非城市独有，直觉上讲，"苦"，特别是生理痛苦，应该农村更甚于城市，为何佛教的说教能被城市居民接受？因为佛教的从"苦"谛开始的"四谛"说，即"苦、集、灭、道"，最后的"道"是解脱痛苦之"道"，这种关于"解脱痛苦"的说教更符合城市社会情境，在当时的城市里更容易发挥作用，这里需要说明的有两点：

首先，当"苦"发生在农村，理应得到来自亲属间的相互照应和关怀，这种"血浓于水"的亲情伦理责任保障了弱势人群的基本生活和遇到困难时及时的救助，在农耕文明中"鸡犬之声相闻"稳定熟悉的邻里关系也能守望相助，但是城市人群流动的生活方式斩断了这种来自血缘关系和熟人的支持网络，古代城市化初期，国家的正式社会救助制度不健全，人口流动中，陌生人和没有血缘关系的人之间应该怎样相互救助，需要一种不同于以往的新的

---

① 张鸿雁：《侵入与接替——城市社会结构变迁新论》，南京：东南大学出版社，2001年，第208页。

伦理指导，当时含有等级主义色彩的婆罗门教不能做到，佛教应时代而需，给出了类似于近代西方思想家提出的所谓"人道主义"关怀等社会福利伦理上的解释，这一点也在上面的某些章节如"慈悲观念""财富伦理"等有涉及。因"生老病死"带来的生理痛苦在佛教里的重视程度已经在前面"看病福田"一章中有所论述，在僧人所从事的诸多公益事业中，"看病福田"是其中最重要的活动，施药治病是其表现民间社会关怀的重要一环。疾病被列为"苦谛"中人生八大痛苦之一，疾病和瘟疫给人民造成了巨大的痛苦和灾难，为济世救人，许多僧人医术高明，平常免费替人治病，当疾疫发生时更是发挥了重要作用。释迦牟尼在世时被称为大医王，运用医疗救助众生，后世佛弟子也继承效仿，包括后面唐宋时期中国佛教对于在城市中由于人口密集而容易流行的传染性疾病麻风病的诊治，在现代国际闻名的佛教最大非营利组织——台湾慈济功德会的创办，也是证严法师在看到一个女子无钱治病死去而决心建立一座不用交保证金而先接受医疗的慈济医院开始。这里毋庸赘述。这其中表现的是佛教的大乘精神。

其次，除了生理痛苦之外，佛教中重点解决的是心理痛苦或者精神痛苦。城市中的心理痛苦远远多于乡村社会。这种痛苦的根源一方面归结于是因为流动和移民带来的陌生环境招致的生活艰苦和挫折，另一方面也归因于伴随着私有制经济的进一步发展带来的剥削和压迫以及由此造成的贫富分化，心理上的相互歧视和仇视。城市化疏远了人与人之间的关系，冷漠疏离的人际环境使人遭受到了情感上的伤害，产生被抛弃感和失落感。城市化创造出来的各种显而易见的分化和差异，如权力、财富，这些并没有给人带来快乐，贫者、富者、有权者、无权者都不快乐，皆有烦恼，在精神苦难面前众生平等。佛教小乘列"戒、定、慧"三学，

"慧"为三学的中心，要求用 "慧"去认识物质世界（主要是指肉体）的"空性"，"得止观行，不贪世间爱欲，无瞋恚痴愚之心，觉知非常、苦、空非身不净之谛也"①。在佛教看来，财富多少、权力高低这些事物的外在表相都是相对的，无常的，不可能被拥有和执取，因此超越相对的观念，才能了却人生烦恼、超脱生死，获得永恒安乐。念念分明法的真正性质是：实际上并无任何对立而言——无贫、无富、无得，无失、无乐、无苦、无善、无恶、无功、无罪、无男、无女、无生、无死——任何事物都不可能被分离和隔绝为对立的两极。如果以相对的观念，贪婪执取的心来生活和工作，就会有苦，当下就生于恶道，或为地狱，或为畜生，或为恶鬼，或为阿修罗②。这体现的是小乘的自我修行解脱精神。

近代有日本学者提出大乘非佛说，从佛教诞生的当时社会需求再联系佛教教义本身，大乘、小乘应同出一源，都是佛所说，就《阿含经》等原始教典论佛陀的思想，应该说是亦小乘亦大乘③，共同构成了佛教谋求社会福利，提高众生生活福祉的完整思路。

三、佛教之于商人的恩典和教化

佛教的教义还特别针对社会发展过程中出现的一个新的社会阶层，即商人阶层。佛教一方面凸显商人的价值，赢得了商人的恩典，另一方面也规定了商人对社会福利应该尽的义务，因为佛教教义中明确了对财富的使用态度。

---

① 《阴持入经》，转引自任继愈主编：《中国佛教史（第一卷）》，北京：中国社会科学出版社，1997年12月，第274页。

② [泰]佛使尊者著，郑振煌译：《何来宗教》，台北：慧炬出版社，1992年，第51页。

③ 陈兵：《佛陀的智慧》，上海：上海古籍出版社，2006年1月，第11页。

不同时期不同地区，城市的功能有所不同，政治的、经济的、文化的、宗教的，但是以商贸为主的城市占据大多数，城市往往成为商贸中心和经济实力的象征。商人群体的出现是印度城市化的重要标志，商人是社会发展中出现的新的社会群体。佛教和城市商人之间有着某些非常亲近的关系。佛经中有大量的关于释迦牟尼佛及其弟子们同商人密切交往的记载。据《释迦谱》①的说法，悉达多太子出生时，就有大商人来为他祝贺，释迦牟尼刚刚成佛时，最先向他奉献食品的也是两个商人，如《方广大庄严经》卷十《商人蒙记品》：

> 时北竺国兄弟二人，为众商之主。一名帝履富婆，一名婆履……②

因而，佛教创始人乔达摩·悉达多的成长与修道都同商人有密切的关系，他在讲经中说：

> 譬如在放旷野之中，而欲欺证商人导师，众生堕大黑暗之中，茫然不知所止住处，菩萨为然大智慧灯。③

释迦牟尼将商人称作"导师"，并且预言欺诈商人要"堕入黑暗之中"，可见他本人对于商人是敬重有加的。季羡林先生在《商人与佛教》一文中对佛陀与商人交往活动作了很详尽的考察，认为在《佛本行经》《中本起经》《佛所行赞》等经书中，都有关于此类的记载，指出由于印度商人和佛教徒在经济利益和思想

---

① 　《大正藏》第50册。
② 　《方广大庄严经》卷10《商人蒙记品》，见《大正藏》第3册《本缘部》。
③ 　《释迦谱》卷3，《大正新修大藏经》第50册《史传部》。

方面都有许多共同之处，所以他们结成了水乳交融的关系①。

韦伯曾经在《新教伦理和资本主义精神》中论述到，西方宗教尤其是新教通过其内在的革命运动，成功的转化和消解了传统基督教修道生活与反经济等"理性功业"之间的矛盾，构建了宗教在现代性之间的意义。城市居住人群中的重要阶层即新兴的商人的价值理想如何得到肯定，他们应如何确立正确的财富观。如新教对于经济发展和商人的意义一样，由于正统的宗教婆罗门教歧视商人这个群体，成功的商人并未从婆罗门的说教那里获得他们的社会地位及生活方式的认可，却从佛教那里找到了自尊感。资本扩张的属性决定了商人贪婪执取的本性，佛教宽广的宇宙观一改以往婆罗门教的狭隘短见，肯定了商人"向天下取财"是一种自然正确的独特气质，同时无农不稳，无商不富，商人致富以后怎样丢掉"为富不仁""挥金如土"的粗鄙，佛教培养了商人的远见和进取、儒雅和文明等美德。

首先，在佛教的"众生平等"里，商人无论出生于什么阶层，都不会遭到歧视。当一个社会评价一个人不是看他的出身和家族背景，而是看他创造的财富，实际上是肯定了人的价值可以用金钱来衡量，佛教中的"业报轮回"教义认可了商人现在的财富是过去业的回报，而将来的获益是今天业的回报。

其次，佛教使商业价值合法化。印度原始佛教"中道"和"正生"的观念中就已经包含了丰富的经济理性的思想，甚至认为，印度佛教已经提供了一套经济伦理的模式和特殊的典当制度②。佛教给

---

① 季羡林：《商人与佛教》，载《季羡林文集》第 7 卷，南昌：江西教育出版社，1998 年版，第 179 页。

② Entai Tomonatsu, Economic Thought in Buddhism, Tokyo: Kanda—Dera, 1959.

与商业贸易很高的评价，比如容忍借款，在原则上支持贷款和赞许在债务中获得自由，并没有谴责债务和亏欠的理念。货币经济，作为商业文化的重要组成部分，在一些观点上补充进了佛教的价值观念。在印度早期佛教中，寺院本身也形成了强大的寺院经济，僧职人员也从事商业活动，甚至高利贷活动①。资本扩张的要求决定了商人贪婪执取的本性，佛教宽广的宇宙观一改以往婆罗门教的狭隘和短见，肯定了商人"向天下取财"是一种自然正确的独特气质。

佛教培养了商人的远见和进取，也培养了商人的儒雅和文明。除了肯定商人的价值之外，佛教为商人在寻求创造财富和享受财富的生活方式中找到了终极的意义，商人的特征是不仅富足而且追求享乐主义，宗教教义需要为这个群体的健康生活方式提供理论指导。城市生活失去了农村生活的简单和朴实，充满了物质和精神享受的诱惑，佛教教义中特别是佛教戒律提倡禁欲主义，目标之一是首先让富人养成节俭的品德和健康的生活方式，而不是一夜暴富之后对财富进行无度的挥霍，如新教之于资本主义的意义一样，佛教塑造了勤俭和节约的美德。如在《善生经》中，佛陀指出了六种损财业的不健康、不文明的生活方式：

> 佛告善生："六损财业者：一者耽湎于酒，二者博戏，三者放荡，四者迷于伎乐，五者恶友相得，六者懈堕，是为六损财业"。
>
> 当知饮酒有六失，一者失财，二者生病，三者斗诤，

---

① 麻尧宾：《古印度佛教寺院经济形态探析》，《青海社会科学》第5期，2004年9月。

四者恶名流布，五者恚怒暴生，六者智慧日损。

博戏有六失，一者财产日耗，二者虽胜生怨，三者智者所责，四者人不敬信，五者为人疎外，六者生盗窃心。

放荡有六失，一者不自护身，二者不护财货，三者不护子孙，四者常自惊惧，五者诸苦恶法常自缠身，六者喜生虚妄，是为放荡六失。

迷于伎乐复有六失，一者求歌，二者求舞，三者求琴瑟，四者波内早，五者多罗盘，六者首呵那，是为伎乐六失。

恶友相得复有六失，一者方便生欺，二者好喜屏处，三者诱他家人，四者图谋他物，五者财利自向，六者好发他过，是为恶友六失。

懈堕有六失。一者富乐不肯作务，二者贫穷不肯勤修，三者寒时不肯勤修，四者热时不肯勤修，五者时早不肯勤修，六者时晚不肯勤修。是为懈堕六失。

如果行此"六损财业者"，则"其家财产日日损减"。世尊说已，重说偈曰：

> 父母为东方，师长名南方，
> 妻妇为西方，亲族为北方，
> 僮仆为下方，沙门为上方。
> 诸有长者子，礼敬于诸方，
> 敬顺不失时，死皆得生天。
> 惠施及软言，利人多所益，
> 同利等彼己，所有与人共。
> 此四多负荷，任重如车轮。

世间无此四，则无有孝养。

此法在世间，智者所撰择。

行则获大果，名称远流布。

严饰于床座，供设上饮食。

供给所当得，名称远流布。

亲旧不相遗，示以利益事。

上下常和同，于此得善誉。

先当习伎艺，然后获财业。

财业既已具，宜当自守护。

出财未至奢，当撰择前人。

欺诳抵突者，宁乞未举与。

积财从小起，如蜂集众花。

财宝日滋息，至终无损耗。

一食知止足，二修业勿怠，

三当先储积，以拟于空乏，

四耕田商贾，泽地而置牧，

五当起塔庙，六立僧房舍，

在家勤六业，善修勿失时。

如是修业者，则家无损减。

财宝日滋长，如海吞众流。

季羡林先生认为，"印度佛教是在城市中成长起来的一个宗教，和尚都住在城市里，和商人住在一起"。[1] 近代太虚看到了经

---

① 季羡林：《商人与佛教》，载《季羡林文集》第7卷，南昌：江西教育出版社，1998年版，第179页。

商和学佛之间可能达成的默契，提出佛教可以为经商提供一种"经济上之安慰"和"很有道德信用"的支持，即一种类似于规范商业活动的伦理精神①。印顺基本同意太虚大师的看法，主张正面的从事经济活动、政治活动并不妨碍自己的清净解脱，甚至要从世间的正业去体验解脱，把世间的工作伦理视为"天职"，似乎比新教更具有彻底的入世伦理②。当然关于这一观点，也有不同的声音，如有些学者认为，印度原始佛教"偏于唯心论"和"不务生产"，只有中国大乘佛教在演化中逐渐形成一种具有"福田观念"和"福利思想"类型的经济伦理，并由此开展出一套成熟的丛林的制度化的经济活动③。的确，佛教本质上是禁欲主义的，早期佛教寺院中的和尚禁止使用金钱以及积累财富，在某种程度上是反对物欲的膨胀。本书认为，佛教的这些态度和观点是对当时某些消极的新型社会元素的抵制，包括拜金主义，财产私有带来的自私自利、崇尚生活方式的奢侈浮华等等。正是为了抵制当时社会的某些新元素，对于其所见到的在原始资本积累的年代商人过度的自私贪婪和腐朽糜烂的生活方式而深恶痛绝，从而走向他的反面，产生对这种生活方式的批判和对健康文明的新生活方式的提倡。

　　总之，佛教及其僧团的出现需要一个特殊的社会环境，特殊的文化氛围。释迦牟尼成长在公元500年前的印度，当时的城市正在形成，它们中的很多是正在兴起的小王国的首都，工业和商

---

　　① 太虚：《经商与学佛》，《海潮音文库》第一编（8）。转引自龚隽：《从现代性看"人间佛教"——以问题为中心的论纲》，载入方立天等主编：《佛教传统与当代文化》，北京：中华书局，2006年12月。

　　② 印顺：《佛法是救世之光》，《妙云集》下编之十一。

　　③ 吴永猛：《中国佛教经济之发展》，载张曼涛主编：《现代佛教学术丛刊》，《佛教经济研究论集》，北京：北京图书馆出版社，2009年1月。

业网络正在形成，这些环境肯定和佛教的形成有关。佛教满足了正在兴起的城邦的需要，佛陀本人是一个精神高尚的修行者，他的讲授赢得了贵族社会的恩典，早期佛陀的护法者当中有相当一部分是生活在城市有较高社会地位的刹帝利种姓的政治家和商人，佛教也赢得了城市平民百姓的赞誉，佛陀对新兴的阶层——商人阶级提出了新的要求：那就是被新的奢侈观念充斥和沉湎于实际事物的野心勃勃的商人应该有着儒雅的谈吐和五湖四海一家人的价值观念。佛教广袤无垠的宇宙视野是日益扩展的经济生活和正在成长的小城邦寻求日益扩张的领土需要的反映，佛教的教义，对人生、世界的解释在一定程度上满足了这些正在兴起的城邦的需要，抑或是在城市化过程中遭受到苦难的那部分人群的需要。尽管我们无法全部还原印度当时城市的本来面貌，当时城市的发展也不可能像近代工业革命城市的发展给社会带来的痛苦那样剧烈，但是即使是最初级、最原始的城市，它作为人类的一种新的居住形态，也与原来的传统农业社会有着截然不同的特征，佛教创立的理论既说明了"城市化"早期过程中的社会问题和社会疾病的存在，也提出了较有针对性的解决和治疗方案，佛陀创立了佛教，不仅解脱了个体的人生痛苦，也做出了一个社会思想家、社会福利学家在那个时代应该的担当和努力，佛教最早发生在印度东北部新兴的国家，它抓住了从公元前 5 世纪开始时繁荣的经济条件需要统一的文化这样一个机会，佛教契合时代之需而产生，也因功能发挥得当使得早期佛教在印度一度繁荣。佛教的禁欲主义色彩在物欲横流的城市环境中适宜地生存了下来。佛陀和他的弟子们，从不同的社会阶层中走到城市里，虽然来自五湖四海，却为了一个共同的目标走到一起来，并且利用当时千载难逢的机会，创造和发展了佛教的盛世，使佛教日后成长为世界三大主要宗教之一。

第二节　魏晋南北朝佛教：民族集群迁移流动中的福祉

　　佛教自两汉之际传入中国，但终汉之世规模和影响都不大。自魏晋南北朝时期，情况发生了很大变化，这个时期特殊的社会环境造成了社会各阶层人士不同的心态。统治阶级依仗自己占有的无穷财富，过着极情纵欲，腐朽奢靡的生活，而一旦政治赌场失意则身首异处，诛灭九族，物质的享受弥补不了统治者极度的精神空虚和恐惧，他们需要某种永恒来填补精神空虚；士大夫方面，士人读书无用，报国无门，儒家经世致用的传统价值观念受到了严重挑战，清谈玄风由此而起，但老庄之学仍不能为人们提供终极的精神解脱，于是大批士大夫遁入空门，造成这段时期《高僧传》中人才济济，《儒林传》中寥落无人的奇观；与上层统治阶级的物质享乐、奢侈豪华形成鲜明对比的是，由于南北朝时期的社会动乱，一般平民百姓生活苦难，悲观绝望中也需要一种新的人生观，以安慰他们贫苦的生活①。特别是在北朝，生活的苦难和北方文化格局的变动，是佛教以民间信仰形式真正盛行的主因。

　　佛教初入中国并在北方民间社会得到快速传播是在中古的公元3-6世纪（西晋末年永嘉之乱至隋朝统一）。这个时期是一个社会急剧转型的复杂时段，生活在长城以北草原上的匈奴、鲜卑、羯、氐等诸游牧民族纷纷南下、东进，打乱了以关中平原为核心

---

　　①　牟钟鉴、张践：《中国宗教通史（上）》，北京：社会科学文献出版社，2003年2月，第376页。

地域的中原汉族王朝的统治秩序和文明体系。汉代以来的社会结构被破坏，以儒家学说为主体的伦理政治体系在北方遭到打击，大传统的社会整合能力削弱。由于北方少数民族进入农业区域，不同文化背景的民族杂居相处，形成了无论在制度上还是生活状态等诸多方面的"胡汉杂糅"局面。政权更替、人口迁徙、战火纷飞，民族矛盾突出，社会痛苦加剧，佛教的传入让那个痛苦的时代表现出欢畅的意义，这主要表现在几个方面：

一方面，是北方少数民族进入中原，游牧文化强烈冲击成熟的农业文明，造成两种文化类型相异的人群聚居在一起的"胡汉杂糅"的局面。代表游牧民族的胡和代表农业文明的汉是两个拥有迥然相异文化背景的集群，事实上情况可能更为复杂，因为还可能由于羌、氐、鲜卑等等存在种族的细分带来的亚文化群。这种文化类型的多样性差异再加上当时人口流动迁移的频繁，传统的社群关系被破坏，人与人之间新的社会关系的建立处在一个过渡时期。迁移对社群的影响主要在于："一个曾经紧密相连的社区分裂成为零散的个人和家庭，并且人们发现迁移后很难建立起新的社会联系。"① 一盘散沙近乎呈混乱杂居状态分布的传统农业区域社会迫切需要一种共同的信仰或者文化体系来整合。北方游牧文化同中原农业文明之间的短兵相接，并非一种衰落的文化在遭受外来文化的吞并，而是两种个性鲜明的强势文化间的相互碰撞，这给双方都带来了痛苦。因而，佛教传入后，在北方很快得到民间社会的信仰，它的"众生平等""因果轮回"等理论，使"华夷之别"、胡汉之分在一定程度上得以泯灭，"非我族类，其心必异"

---

① ［美］戴维·波普诺：《社会学》（第9版），李强等译，北京：中国人民大学出版社，1999年版，第621页。

的仇视心态得到消解，它提供了一种化解痛苦的方法和胡汉双方寻求精神与社会合作的途径。

另一方面，在北方社会这样一种胡汉结构状态的社会背景下，佛教作为一种异域文明大规模进入中国，佛教逐渐传播，它的知识体系和世界观等迅速嵌入中国社会儒家文明圈，以儒家解说为核心的社会意识形态受到前所未有的挑战[1]。佛教一定程度上弥补了儒家理论体系暴露出的缺陷，特别是进一步完善了儒家的慈善和救助伦理。

在儒家看来，人本性是善良的，"人性之善也，犹水之就下也，人无有不善，水无有不下"，"恻隐之心，仁也；羞恶之心，义也"[2]，人人皆有恻隐之心、羞恶之心，人人都有仁义本性，这是人之为人的根本。但这种本性能否转换成行善意识甚至行动，却要由个人的道德操行来决定，"为仁由己，而由人乎哉"[3]，即实践仁德全在自己，在于自己的道德修炼，能动性的发挥。因此，"儒家思想将达仁达义作为仁人的理想追求，儒家的慈善没有超验的和绝对神圣的价值依据"，尽管在明清时期以儒家性善论相标榜的同善会之类的慈善组织出现，但由于儒家将慈善置于道德范畴，注重慈善的教化功能，导致在以儒家慈善观为主导的各类慈善组织中，慈善成为封建伦理道德的辅佐，慈善救济以忠、孝、节、义为标准来确定。可以说"儒家思想虽有对善的表达，但是由于其认知方式的影响，慈善观念并不发达，内涵也不够丰富"，

---

① 尚永琪：《3-6 世纪佛教传播背景下的北方社会群体》，吉林大学博士学位论文，2006 年。

② 《孟子·告子上》。

③ 《孟子·告子上》。

而佛教作为一种外来的文化，有一个圆满的慈善理论①。

魏晋南北朝时期是中国历史上战争最多、各种矛盾最激烈的时代，使得社会秩序混乱不堪，生存的安全系数降低，佛教弥补了儒家在社会动荡时如何救助没有血缘关系的陌生人的理论欠缺。中国主流宗教儒教的规范体系是建立在宗法性社会结构基础之上并与之相适应的体系，不可避免地存在着诸多的缺陷。社会中的一些个体可能并不满足践履血亲关系基础之上的伦常规范，而是倾向于将道德行为的施与对象与寻求救助对象扩展到血亲关系的界域之外，这种伦理需要在战乱动荡的社会境域里会显得尤其强烈。因为在这样的历史境遇里，迫使个体（如鳏寡孤独）在血亲关系之外去寻求救助。这样，佛教、道教等制度型的宗教规范体系，就会适时的补充儒教道德规范体系的不足。例如，仁慈好施、戒杀乐施为佛家去私欲的根本方式之一，在印度可谓司空见惯，但在汉代输入中国时，却数本土罕见之事，所以能在汉末动荡不安的社会境遇中，这种宗教行为因为境遇的需要而轻易地为中国人接受下来②。中国历史上几次灭佛，最终未能将佛教赶尽杀绝，其中一个重要的原因除了统治阶级内部的矛盾斗争之外恐怕还在于佛教灭亡后，它承载的社会救助功能一时难以找到能够完全接替它的社会组织，而佛教所承载的社会功能也并非真正与封建宗法社会水火不相容③。

在 4 世纪初时，有关佛教福田思想最重要的经典之一的《佛

---

① 蔡勤禹：《慈善意识论》，见《天府新论》2006 年第 2 期。

② 孙尚扬：《宗教社会学》，北京：北京大学出版社，2001 年 8 月，第 212 页。

③ 牟钟鉴、张践：《中国宗教通史（上）》，北京：社会科学文献出版社，2003 年 2 月，第 460 页。

说诸德福田经》就被译成汉文，佛教徒就已经渐受福田思想的影响，而开始从事地方公共建设事业，并成为一个传统，在唐宋及以后的时代不绝如缕。佛教福田事业不仅包括修桥、造路、种树、掘井等公共建设事业，另有供应义餐以救济灾民、设置义冢以埋葬无名尸等社会救济事业。通常佛教徒筹建公共事业是短期内完成的，相反的社会救济事业则是长期的，有的甚至持续数十年之久。这个时期，华北大多处于战乱状态，各个政权皆疲于外争或者内乱，对于地方上的公共建设事业——如道路修筑、桥梁搭设、井泉挖掘，无暇无心也无力顾及。佛教徒福田思想鼓励信徒从事地方公共建设事业，恰恰弥补了这方面的不足，使得桥路依旧维持畅通，居民及行旅之人有井泉可饮，不虞渴乏 [①]。佛教徒的造井、修桥、铺路等公共建设事业，都是以家族、村落、寺院或者信仰团体出资合力完成的，可能原因除了所需的费用与人力都较为庞大，个人难以独立负担之外，二则因其牵涉到公众的利益福祉，修桥、铺路常常关涉到不止一个村落居民行的方便，所以常以两个以上村落的佛教徒、邑义信仰团体，或者在一个寺院带领下合力完成，总之佛教僧侣总是在地方公共建设中扮演一个重要角色 [②]。"普世性宗教致力于世间苦难的救赎，因而在很多文化中各种慈善活动是宗教组织确立功能性地位和对世俗社区影响的途径之一。这在基督教教会和基督教在非基督教社区传播福音的努力中表现得非常清楚。在中国历史上，佛教团体在宽松发展的环境的前提下，

[①]　刘淑芬：《中古的佛教与社会》，上海：上海古籍出版社，2008 年 1 月，第 168、第 169 页。

[②]　刘淑芬：《中古的佛教与社会》，上海：上海古籍出版社，2008 年 1 月，第 172 页。

也致力于社区公益，发挥了不小的社会影响"。①

在中国传统社会中，上层是政府一手遮天，所有的事情都由政府负责，底层则是以家族为基础的民间社会，家族制度成为最重要的公共制度，造成中国历史上"有国有家无社会"局面，中间几乎没有公共的社会空间。然而，以血缘家族为核心的小社会系统，终究具有极大的缺陷，很难有超越血缘基础，为更广大的公共利益服务。"在这种历史处境中，以出家生活为基础，同时具有普度众生情怀的佛教，恰恰可以弥补中国社会这一固有缺陷。也许正是这一理由，使佛教在中国与慈善公益事业密不可分，也使佛教最终为中国人所接受。从宗教社会学的维度看，佛教的中国化的原因之一，或许就在于佛教提供了中国固有社会所缺少的公共利益的承担者"。②

第三节　唐宋佛教："官督寺办"的制度化福利

日本学者中村元氏曾经撰写《日本佛教的服务精神》一文，特别标榜日本佛教与社会福利事业的紧密关联。他说：对日本佛教来说，最重要的经典是《法华经》，这是一部教导人要勤劳的经典，《法师功德品第十九》说："诸所说法，随其义趣，皆与

---

① 杨庆堃著，范丽珠等译：《中国社会中的宗教——宗教的现代社会功能与其历史因素之研究》，上海：世纪出版集团（上海人民出版社），2007年6月，第302页。

② 魏德东：《刍论中国佛教的公益事业》，资料来源：龙泉之声网站，http：//www.longquanzs.org/articledetail.php?id=4765《世界佛教论坛论文集》，2009年04月1日。

实相,不相违背。若说俗间经书,治世语言,资生业等,皆顺正法。"①
中村元氏分析说,因为日本佛教接受了《法华经》这种服务的精神,
所以推动了社会福利事业的风行。在圣德太子时期,大阪的四天
主院和元兴寺可说是日本最早的寺院,内设有四个院,即敬田、
悲田、施药、疗病四院,日本奈良时代 (710–784) 民间的僧侣也响
应这种号召,从事凿井泉、造桥梁、备渡船等事业,其中最有名
的是行基 (668–749) 和空海 (774–835)。而在我国大致同时期的唐朝,
则建立了官督寺办的悲田养病坊,收容救助贫病孤弱等,同时佛
教举办了各种各样的社会福利事业。此后,这种牺牲奉献的慈悲
精神在两个国家同时持续着。日本到了镰仓时代 (1192–1333),则
有许多律僧致力于服务人群的社会福祉事业,这个时代与我国的
宋代约略同时,台湾学者黄敏枝先生曾经对于宋代僧侣的慈善救
济事业专门著述研究。

在有数的大乘经典中,《法华经》本来就处于最高峰的位置。
法华四要品,即方便品第二、安乐行品第十四、如来寿量品第
十六和观世音菩萨普门品第二十五,是宣说大乘菩萨济度众生妙
用的经文。该宗教义不单纯是天台教义的基础,而且在约 2000 年
的整个佛教史上,也具有最高的理论水平。佛教从印度传到中国后,
出现各种各样解释经文的人,但高举以《法华经》济度众生旗帜,
就是南岳慧思和智顗,尤其是智顗的思想体系最为突出,他并不
仅限于佛典,而是建立在非常广泛的学术之上。他始终体现了"观
世音"这一大乘菩萨的精神,总是和一般社会的实相相联系②。

---

① 《大正藏》第 09 册,《妙法莲华经·法师功德品》第十九。

② [日] 池田大作著、卞立强译:《续·我的佛教观》,成都:四川人
民出版社,1998 年 4 月第 1 版,第 3、10 页。

非常巧合的是，在日本的圣德和奈良时代盛行的《法华经》也一直是当时中国同时代的唐宋时期僧尼试经的最重要经典，中村元氏的说法更可以印证我国唐宋代社会公益事业与佛教环环相扣的紧密关系①，所以本书仅以唐宋时期佛教的社会福利事业为典型事例加以说明。

一、唐朝佛教社会福利

唐朝时期，佛教风靡整个社会，上起帝王将相，下到普通百姓，大多数人都对佛教有着几乎狂热的信仰②。随着佛教走向极盛时期，唐朝时期佛教慈善事业之兴盛远远超过了前代，这个时期佛教寺院经济实力雄厚，政府对佛教的支持和鼓励甚至利用的态度，以及佛教自身理论的发展，这都促使了佛教僧众们本着慈悲精神更加积极主动地参与到社会慈善公益活动中去。

这一时期佛教慈善事业兴盛的主要表现包括三个方面：

第一，统治阶级对佛教慈善采取了鼓励和支持的态度。这个时期除唐武宗时的灭佛外，大多数帝王都对佛教采取了支持和鼓励的态度，导致该时期佛教的寺院经济急剧膨胀，促进了佛教慈善事业的繁荣。帝王赐予、将相施舍，统治阶级带头对佛教寺院大量奉献财物，"国家大寺，如长安西明、慈恩等寺，除'口分'地外，别有效赐田庄。所有供给，并是国家供养"。③唐高宗造西

---

① 黄敏枝：《宋代佛教寺院与地方公益事业》，佛学研究网 http://www.wuys.com/news/article_show.asp?articleid=7223，2006 年 12 月 26 日。

② 张国刚：《佛学与隋唐社会》，石家庄：河北人民出版社，2002 年8 月，第 199 页。

③ 《大正藏》第 53 册，《法苑竹林》第六十二，《献佛部》第二。

明寺，"赐田园百顷，净人百房，车十辆①"，这是佛教寺院进行慈善活动的经济基础，统治者赐予和施舍的钱物中有相当一部分被寺院僧众们用于慈善公益活动中。

官府也要求佛教寺院来进行贩灾活动，如唐代长庆年间，江淮等大旱，穆宗在诏令中指出"应旱歉处州县，有富商大贾及诸寺观，贮蓄斛斗，委所在长吏，切加晓谕，速令减价出集②"。尽管政府通过佛教参与救济、公益事业，暗藏着借此耗散寺院财力的动机，但是客观上取得了不错的效果，在统治者的要求下，僧众们通过广泛地参与救灾和济贫活动，佛教僧侣和信徒通过宗教仪式、救济粮食、医疗救疫等手段广泛地参与了救灾，并取得了一定的效果，从而弥补了政府在救灾方面的一些不足。

第二，佛教自身理论的发展和佛教僧侣、信徒参与社会福利事业密不可分。这个时期佛教的理论进一步发展，突出表现就是宗派的形成，中国的佛教徒根据自身对于教义的理解，形成了各种佛教宗派，这是中国佛教成熟的标志。随着佛教的中国化程度加深，大乘佛教教义中服务社会的一面得到了强化和发展，原来仅限于小乘佛教出家人的有限的慈善精神在大乘佛教中推而广之，运用到全体众生身上。其中的"三阶教"把布施在宗教信仰中的作用提高到无以复加的地位，从而获得了巨额的动产捐助"无尽藏"。

三阶教，又称三阶宗、普法宗。"三阶"一词从佛经中"正法""像法""末法"三个时期划分中转化而来。大约是南北朝时期两次"灭法"事件在僧人心中留下了浓重的阴影，"末法"思想在中国佛

---

① （清）董浩：《全唐文》，卷二五七。
② （宋）宋敏求：《唐大诏令集》，卷一一七，《遣使宣抚诸道诏》。

教徒心中产生了强烈影响。三阶教的创始人是信行（540–594），俗姓王，魏郡（河南安阳）人，信行认为，他所处的是一个黑暗的末法时代，以往佛教的种种说法并不适宜，应该有新的教法产生，因此他便创立了三阶教。三阶教认为众生皆可成佛，世界众生无不为佛，佛无差别，法无差别，普法普佛，普敬普佛。一切人皆有真如佛性，皆应当作佛来崇拜，末法浊世的罪恶凡夫只有在这种普敬普佛的宗教实践中才能获得解脱[①]。既然众生皆佛，那么，对人的普遍尊敬就成为必然。三阶教非常重视布施，特别是集体性的布施。它认为："若复有人，多饶财物，独行布施，从生至老。不如复有众多人众，不同贫富贵贱，若道若俗，共相劝他，各出少财，聚集一处，随宜布施贫穷、孤老、恶疾、重病困厄之人，其福甚大。"[②]因此，三阶教发展了无尽藏。无尽藏的主要作用就是接受来自各界的施舍，然后再将这些施舍物布施给那些最需要它的贫民众生。

　　无尽藏最早建于梁武帝时代，是佛教特有的一种积聚财物的形式，教徒、施主布施，用于供佛和周济贫穷，取财物聚散无穷无尽之义，名为无尽藏。三阶教把它作为普法救世的最重要手段，并成为此教的一大特色。事实上，无尽藏具有现代意义上的佛教慈善事业基金的性质。信行对无尽藏加以说明："一、以无尽藏物，施贫下众生，由得施故，劝发善心，即易可得。二，救贫穷人，以少财物同他菩萨无尽藏施，令其渐发菩提之心。"[③]显然无尽藏是佛教组织办的慈善事业，一方面可使受助者亲近佛教，扩大影

---

　　① 牟钟鉴、张践：《中国宗教通史（上）》，北京：社会科学文献出版社，2003年2月，第507页。

　　② 《像法决疑经》，《大藏新纂卍续藏经》第一卷，第475页。

　　③ 敦煌残卷：《无尽藏法释》，转引自牟钟鉴、张践：《中国宗教通史（上）》，北京：社会科学文献出版社，2003年2月，第508页。

响；另一方面，使施舍者萌发慈爱之心，救他而自救。无尽藏的建立和提倡，使三阶教的经济力量迅速成长。三阶教的无尽藏，积聚了信男善女施与的大量财物，不仅包括一般金钱、财物，而且拥有大量土地、庄园、六畜。这些贡物来自社会中的各个阶级，无论是宫廷中的大人物、贵族和高级官吏，还是来自平民百姓，它扩展到了全中国；另一方面他们主要是在一年的某些时候，如新年和清明节时润入的①。无尽藏的财物被"分为三分：一分供养天下伽蓝增修之备，一分以施天下饥馁悲田之苦，一分以充供养无碍"。②其中的"悲田""无碍"两部分，具有明显的救济性质。这使三阶教对下层群众具有特别的吸引力，但是其末世的理论并不符合隋唐封建盛世统治阶级的心态，因此被视为"违背佛意，别构异端"的邪说，几次遭到君主命令禁止。其为社会所做的救助事业也不为官府承认，甚至"无尽藏"被指为有"聚敛财富"的嫌疑，唐玄宗开元二十年（732）的一纸诏书曾经明确指责其"名为护法，称济贫弱，多斯奸欺③"，让其在史上承担了不少罪名和耻辱，但无尽藏在创设之初，确实做了诸多救济布施贫穷者的事情，"唐初的化度寺无尽藏院，施舍钱帛金玉，积聚不可胜计，每日所出亦不胜数"④，慈善事业中的一些腐败现象不能抹煞整个慈善事业本身的价值。

---

①　[法]谢和耐著，耿昇译：《中国5-10世纪的寺院经济》，上海：上海古籍出版社，2004年1月，第216页。

②　（宋）李昉等编《太平广记》，卷四百九十三《裴玄智》，北京：中华书局，1961年版。转引自陈海平：《隋唐佛教公益史研究》，福建师范大学硕士学位论文宗教学专业，2007年4月。

③　（清）董诰等编撰《全唐文》，卷二十八。

④　汤用彤：《隋唐佛教史稿》，北京：中华书局，1982年8月，第198页。

正是"无尽藏"的布施救助对下层民众的吸引力，或者从三阶教整个教义所体现出的普遍平等的观念，使三阶教在唐代官方屡屡禁止却仍在民间流传了相当长时间。圣历二年（699），敕"其有学三阶者，唯得乞食长斋绝谷吃斋坐禅，此外辄行，皆是违法"①。"但其后此教仍甚流行，至玄宗开元元年，敕毁化度寺无尽藏院。开元十三年（725），诏除诸寺三阶院隔障，禁断《三阶集录》，然其后三阶教仍有信奉者"。②

第三，佛教成为了唐朝时期重要的民间救灾力量，壮大了社会救灾的声势，其作用也被政府承认并进一步利用，该时期佛教社会福利的表达形式，出现了明显的与以往不同的特征，那就是"官督寺办"半官半民性质，典型的是"悲田养病坊"。

正如刘淑芬所说，佛教的福田思想不仅影响了中古时期民间的社会救济工作，也影响及国家的社会救济事业③。尽管佛教在南北朝时期，寺院所创办的零星的慈善机构就已经出现。见于文献记载的就有北齐那连提黎耶舍所建的收养麻风病人的病坊，"又收养厉疾，男女别坊，四事供承，务令周给"④，但此类机构并不成规模，属于僧侣信徒民间零散的慈善行为，政府也没有引起重视。到隋唐时期，佛教所创办的慈善机构出现了规模化的倾向，最主要的标志是悲田养病坊的创设，"僧寺为救济贫病，恒在寺

---

① 《开元录》卷十八。

② 汤用彤：《隋唐佛教史稿》，北京：中华书局，1982年8月，第198页。

③ 刘淑芬：《北齐标异乡义惠慈石柱——中国佛教社会救济的个案研究》，载梁庚尧、刘淑芬主编：《城市与乡村》，北京：中国大百科全书出版社，2005年版，第52—86页。

④ （唐）道宣：《续高僧传》，卷二，《隋西京大兴善寺北天竺沙门那连耶舍传》。

中设病坊，曰悲田坊，以悲田养病本于释教也"。① "悲田养病，自长安以来，置使专司。开元五年宋璟奏，谓聚无名之人，着收利之便，实恐逃捕为薮，隐没成奸。请罢之，不许"。② "开元二十二年，断令京城乞儿悉令病房收管，官以本钱收利给之"。③"会昌五年僧尼还俗后，李德裕改请悲田为养病坊，令检人管之，并定两京诸州各坊给田数目"。④ 最后，悲田养病坊的社会功能受到政府的认可，进一步成为唐代政府设置的半官半民的慈善机构。贫困的病者、孤独的老人、穷苦的流浪者，失去亲人的孤儿，都是佛教中悲田思想中救济的主要对象，悲田养病坊就是收容这些人的场所。它的出现标志着佛教的社会救助功能走向了成熟，慈善机构的设置走向了制度化。该时期佛寺慈善事业对后世产生了深远影响，其表现出的若干特点在宋朝得到了继承和发展。宋朝建立后，承袭了唐代悲田养病坊的传统做法，"官托寺办""官督寺办"的慈善公益事业得到了进一步的发展。宋朝于开封建立了委托佛寺和僧侣经营的官方慈善机构福田院，且受福田院的影响，宋朝后来在地方上广泛建立的居养院、安济坊、漏泽园等慈善机构大多数由寺院僧侣管理。唐宋以后，由于佛教本身的衰落，佛教社会福利事业与官方慈善事业分离，也渐失去了以往的声势浩大。

唐代悲田养病坊不光对后世宋朝慈善机构的设置产生了深远的影响，而且这种"官督寺办"的形式本身颇具近现代西方社会

---

① 汤用彤：《隋唐佛教史稿》，北京：中华书局，1982年8月，第62页。
② 《唐会要》卷四九。
③ 《唐会要》卷四九。
④ 《唐会要》卷四九。

NGO 的性质，官府委托寺院经营悲田院、养病坊等福利机构，兼具官办、民办两种形式的优势。当时就有人评价"官托寺办"的好处：衙门有权有财，但办不成事，而僧家"以利物为便，故不惮劳；以坚固为定力，故不作辍；无妻孥之累，故不营己私；持报应之说，故不肆欺弊"①。这种思路类似于近代西方社会倡导的"政府出资购买第三部门的公益服务"的做法：政府有动员资源的能力，但运作成本高，而第三部门有志愿精神与理想主义热情，运作成本低，但筹资能力不如政府②，两者结合优势互补发挥巨大作用。

二、宋朝佛教社会福利

关于宋代佛教参与慈善公益的活动，黄敏枝先生在其《宋代佛教社会经济史论集》一书中有详细考证③，在此仅概括论之如下：

宋代是高度集权中央的政体，地方上的财富税收全部收缴给中央，留给地方的则仅供地方政府的基本经费而已，这与唐代地方财政有留州、送使、上供之别迥然不同。所以，从宋代开始，很多建设皆因地方财政窘迫需要责成本地之士绅或宗教团体来担任其事。宋代佛教教团所积极参与的公益事业项目繁多，包括桥梁的兴建与维修、水利事业的修建和维护、道路的修筑和巡逻等，都不辞辛劳的出钱、出力。宋代僧寺对旅游者提供食宿，士庶于寺院中休息、游观、住宿、吃食、饮酒、宴客、沐浴等等不一而

---

① 陈梦雷：《古今图书集成·职方典》卷一三七二八，《雷州府部·艺文》，李仲光：《百丈桥记》。

② 秦晖：《政府与企业以外的现代化：中西公益事业史比较研究》，杭州：浙江人民出版社，1999 年版，第 221 页。

③ 黄敏枝：《宋代佛教社会经济史论集》，台北：台湾学生书局，1989 年，第 413-442 页。

足，僧寺所提供的服务功能已超过今日的旅社、旅馆。宋代有专门为接待游僧而设置的接待院，或接待朝拜佛教圣地士庶如五台山之普通院等。官府也注意到寺院的这种功能，因此，在一些险要的山区却缺乏驿传的路上，兴建庵舍接待过客，不仅使旅游者有歇息住宿之处，同时因为庵舍之存在而使作奸犯科之宵小敛迹，藉以维持地方上的治安。

宋代对于救济事业的措施基本上是沿袭着唐代悲田养病旧制而来，但是在制度、组织和精神等方面都加以强化而超越唐代。宋初因袭唐代旧制在京师设东、西福田院。英宗时增置南北福田院，共有四福田院。宋代福田院亦由僧人负责，崇宁元年（1102）福田院改名居养院，名称虽易，职责没有改变。地方亦设有类似机构，但名目各异，如养济院广惠院等，亦由僧人主管。南宋宁宗以后，地方多设有慈幼庄、慈幼局、婴儿局等，专门收养弃儿或抚育贫儿。以上之福田院、居养院、慈幼庄等都是由官方委托寺院僧人经办，有一定组织和规程，相当制度化的救济制度。至于临时遭遇灾害而造成饥民饿殍充斥时，地方官随时安排的救济工作也都与僧人有密切关联。所以宋代政府对于恤政这一政策的执行和管理是相当出色和成功的，宋代以后各朝代所难以望其项背。这也是近代学者一致公认的事实。

宋代寺院对于慈善事业的投入是相当全面性的，尤其是漏泽园（公共坟场）更是寺院的专利品，在宋代以前根本没有漏泽园这一制度，仅有私人或官方出面义葬流民，并无制度化。宋代以后的漏泽园大体上也承袭宋代的体制，仍由僧人主管，所以宋代以来漏泽园的发展与佛教寺院关系密切。漏泽园以及下面的义冢其实皆是由官方主办，费用也是由官方支持，不过实际的工作则是交给僧人负责。这种作法在漏泽园没有正式设置以前就有，可以说渊远流长。如神宗曾诏令开封府各县拨官地三、五顷以掩埋无主或贫不能葬者，并令葬及三千人以上者度僧一名，三年与紫衣或改赐师号，再领事三年，期满去留自便。神宗崇宁三年（1104）二月三日蔡京推广义葬流民之事，立漏泽园制度，以官地收葬无主及穷乏骸骨，并令州县一体仿照施行。漏泽园的全面设立与宋代火葬习俗的流行有关，政府希望提供坟地给那些无力土葬者掩埋，一方面藉此阻止火化的盛行，并革除亲人死后十数年寄放于僧寺中尚不得安葬的恶习。收埋遗骸这种工作是一般人避之唯恐不及的，但是宋代僧人基于宗教出世精神却热心参与，不辞辛苦，不避污秽，心无畏惧，令人钦佩。僧人为死者诵经、做斋会、做水陆道场及死后的诵经、超度亡魂、安葬等，连火葬也都是由寺院一手包办，僧人替人守坟在宋、元是相当盛行的。全国所设置之漏泽园有一定的规程和管理办法，较少弹性。所以在遇到特殊状况如兵灾时疫或许不能发挥功能。因此，某些州县在漏泽园之外，又另设有义阡或义冢来因应需要，这些义阡或义冢也是由僧人负责。

宋代之救济和慈善事业制度尚称完美，应该和宋代僧侣的积极参与有密切关系。不仅私人所举办之救济、慈善事业也与僧侣息息相关，地方上之救济事业如养老、济贫、赈饥、慈幼和医疗等项目，大体上也由官方责成寺院之僧侣负责行政和庶务工作，使得宋代官办救济事业更臻完善。同时僧侣也接办地方之慈善事业如漏泽园、义冢、浴室等项目，其中如漏泽园和义冢一般人心生畏惧不敢介入，僧侣则基于宗教之精神而毫无难色的全权负责。

宋代佛教寺院一再膨胀增加，教团人数也多达数十万人，由于鱼龙混杂，教团不法、僧侣伪滥是不容否认的事实，但是不法者仅属少数，绝大部分的僧侣则奉公守法并且热心公益事业。他们对于地方公益事业的努力和贡献是相当广泛而且深入，如果没有僧侣的热诚参与，宋代地方公益事业一定无法顺利推动，而其成果亦将逊色不少。因为宋代地方财政困难，公益事业无法顺利展开，而要仰赖地方之士绅和宗教团体之协助，其中佛教教团贡献明显凸现出来。僧侣对于地方公益事业的积极介入，虽然与佛教之因果报应和福田的教义思想有密切的关系，但是宋代佛教寺院之世俗化与社会化应该也是重要的因素。宋代佛教僧侣在社会上原就扮演着举足轻重的角色和领导地位，佛教僧侣之坚忍情操和寺院经济之富厚，使得他们有能力来承担重大责任。

第四节　明清佛教：围绕寺院捐赠形成的地方"士绅社群"

首先有必要特别加以说明的是，"明清"两代，从公元 1368 年明朝建立至 1912 年清帝退位，时间跨越 544 年，这里所列举的因为捐赠形成的地方士绅"社群"，特别指发生在 16 世纪中期到 17 世纪后期这段时间，确切地说"明末清初"较为合适，也有称作"晚明"。因为明朝灭亡时间说法不一，一种说法以李自成攻入北京，崇祯帝自缢的年代 1644 年算作灭亡，也有认为之后南方一些明朝大臣拥立明朝宗室建立几个政权，史称南明，直至 1684 年清政府攻进台湾将挂着永历年号的郑氏政权收复，明朝才彻底灭亡。

大多数学者认为，中国汉传佛教的衰落，大略显见于南宋末年，佛教人才凋零，精神减退，思想学说并无发展，仅余禅、净二宗支撑门面。元朝尊藏传萨迦派为官方宗教，汉传佛教受到压抑，并与民间信仰结合，分化出白莲教等非正统宗教。受藏传佛教影响，戒律松弛，至明朝，僧尼俗化、不守戒行已经相当严重，僧尼地位低下。佛教衰微之势呈现，此时出现了进行佛教改革的四大高僧，云栖袾宏（1535-1615）、紫柏真可（1543-1603）、憨山德清（1546-1623）和蕅益智旭（1599-1655），他们的影响不仅渗透于当时的僧俗两界，而且为近代佛教改革指明了方向①。虽然晚明佛教复兴时间短暂，也并未彻底扭转佛教的衰退之势，但四位大师的丰富思想遗产和实践经验，成为近代佛教复兴之灵感的源泉。

与之前的朝代相比，明代佛教寺院包括佛教居士的社会公益事业可能并不差多少，但是由于一直以来西方及中国学术界对唐宋后佛教总体研究的薄弱，使得目前关于这一问题的学术专著较少，笔者所见的除了卜正民先生的《为权力祈祷——佛教与晚明中国士绅社群的形成》这一著作的集中论述之外，陈永革的《晚明佛教思想研究》②中也提到晚明佛教强调入世的现实主义色彩，其中主要是讨论寺院僧侣的社会关怀。另外还有一些论文，如王红蕾《明代佛教的社会救济、社会公益事业及其现代的启示》③，其中也通过历史资料的考察发现了明代佛教承担的大量社会慈善、救济工作，其中包括大量热心公益的地方士绅，这里无须赘述，只是关注围绕着捐赠形成的士绅群体的社会原因及佛教在其中的社会学意义。

从佛教传入中国的早期，佛教与士大夫、文人便开始了历史

---

① 张华：《杨文会与中国近代佛教思想转型》，北京：宗教文化出版社，2004 年 10 月，第 19-21 页。

② 陈永革：《晚明佛教思想研究》，北京：宗教文化出版社，2007 年 5 月。

③ 学愚主编：《出世与入世：佛教的现代关怀》，北京：中国社会科学出版社，第 84-96 页。

性的联系，"盖魏晋六朝，天下纷崩，学士文人，竞尚清谈，多趋遁世，崇尚释教，不为世人所鄙，而其与僧徒游者，虽不无因果福利之想，然究多以谈名理相过从"。① 两晋南北朝时期的王公贵族、世家名士或者科举落第士子，他们通过与寺院高僧的广泛交游，不断推进儒、释两家哲学理论和思想学说的交流融合会通，为佛教及其哲学思想在中国的传播起着举足轻重的作用②。而士人等精英人士捐赠寺院也并非新鲜的事情，南北朝时期曾经是贵族官僚进行寺庙捐助的一个疯狂时期，到了隋唐，当佛教再次得到恩宠，倾家破财的自愿捐助在士庶之中重新掀起高潮。佛教中的居士捐赠行为是一个贯穿佛教发展历史的普遍事实，之所以将晚明的士绅捐赠作为特殊的案例拿出来分析，是因为当时所处时代的原因，使这一现象的确有着与以往的士大夫捐赠不同的使命和内涵，它反映了当时的一个新的社会阶层的形成，寺院捐赠行为则显示了这一社会阶层希望在社会系统内获取权力资源的一种途径。通过捐赠寺院的活动而显示其为当地的精英，寺院被建构成这些所谓"地方精英"的公共活动机构，或者当地社区的一个特殊社会阶层的活动中心，它为士绅的自治组织提供了一个地方论坛，也提供了一个在其中可将士绅地位变成公共权力的社会领域。它反映了当时的明代中央的行政支配权正在衰落，国家正日益缺乏能力指导地方事务，社会正在向国家权力挑战，而佛教则提供了这种情况可能发生的境遇③。

---

① 汤用彤：《隋唐佛教史稿》，北京：中华书局，1982 年 8 月，第 39 页。

② 潘桂明：《中国居士佛教史（上）》，北京：中国社会科学出版社，2000 年 9 月，第 445 页。

③ ［加］卜正民：《为权力祈祷——佛教与晚明中国士绅社群的形成》，张华译，南京：江苏人民出版社，2005 年 11 月第 1 版，第 316 页。

首先是由于当时经济和商业的发展带来的整个社会结构的变化和某些新的社会阶层的形成。由于 16 世纪中叶到 17 世纪中叶，社会经济和商业的发展，使得富裕的士绅、地主和商人组成的上流社会，在人数上与日俱增，垄断的资源也日益庞大，但政治系统里能提供的官僚岗位却没有相应增长，读书人投身官宦生涯难乎其难。隋唐以后，科举成为中国选拔官员的最主要制度，在这种制度下，进士、举人可以任官职，而再低一级的生员，即一般所称的"秀才"，则构成待命的"准官僚阶层"。明朝的士绅阶层不同于以往的士大夫阶层，读书人通过县试被称为"秀才"，是获得士绅地位的最低标准，但仅此并未获得正式的政治权力，获得权力的关键是官僚系统中能够提供一个职位，如果候补官员的数量远远超出了职位数量，造成的结果是大量士绅积压在县一级的地方社区，并未在政治舞台上获得一席之位。明末社会思想家顾炎武曾经注意到了当时生员的大量存在，并站在统治阶级的立场上对这一现象给地方造成的诸多社会问题表达了他的担忧：一是生员过多，以每县 300 人计，全国合计不下 50 万人。二是所学内容都是无用的"场屋之文"，而且可以"成文者数十人不得一"，通经典知古今，可为国家尽力者，更是"数千人不得一也"，但是他们给国家政府带来的弊害却"比比皆是"[1]。实际上顾炎武这里的关注和担忧给出了为什么会有如此多士绅捐赠寺庙的其中一个社会结构方面的原因。新的社会阶层有他们利益上的诉求，他们中的一些人在地方上崭露头角的行为便是对寺院的捐赠，开始了一个不同于以往性质的富人阶层大量施舍财富的时代。通过投资像慈善活动和财富炫耀这样的地方性事业，来积累好的名声

---

[1]　顾炎武：《生员论中》，《亭林文集》卷 1。

而获得百姓的拥戴，共同的慈善事业将他们私人性个体的工作定位在公共的境遇中，从而构成了能够决定地方公共事务的精英分子阶层。

其次，这一现象的出现也与当时佛教的内部改革和转向有关。此时的佛教面临世运与法运并艰、内外交难的时局困境，而当时寺院住持的大德高僧希望通过有效的丛林改革而整治积弊、振兴佛教，这一时期的佛教出现了不同于以往的转向。丛林改革表现出来的思想特质之一是把回归佛教传统的历史还原与对佛教进行合理化论证相结合，关注佛教弘法教化的社会效应和现实功能，在救世与觉心、教化度世与德化度人中，全力改进佛教丛林的凋敝现状。回归佛教传统的历史还源性，就是回归佛教传统的戒、定、慧三学，进而回归对现实人生中生死苦难的现实关注，重塑佛教的人间形象，如云栖袾宏力主体究念佛论，以救有禅无净土之病，进而倡言普世念佛、共臻佛土。由此可以说，晚明佛教的即世成佛、即世教化的宗教理想转化为净化人心、进而净化社会的道德理想。另外一起突出的事件则表明了丛林介入世俗社会生活和积极涉足社会事务的极端做法：明末四位大师中的紫柏真可大师对于明廷重征矿税以及税监的鱼肉百姓心怀悲愤，他说："矿税不止，则我救世一大负。"[1] 因此当他听说南康太守吴宝秀因拒征矿税而遭逮捕，深表同情，并为之奔走营救。尽管他的这一活动当时遭到了丛林内外的诸多非议，引起佛教界的震动，但透过这一典型而独特的历史事件，表明了佛教僧人对现实人间的关切，对人间苦

---

① 德清：《达观大师塔铭》，《紫柏老人集》卷首，《卐续藏》第126册，第631页上。

难的关心，体现了佛教弘化的救世悲愿，使晚明佛教增添了社会关怀的现实主义色彩，晚明佛教体现出的世俗化、社会化、人间化特征，使其成为肇兴于 20 世纪且于今方兴未艾的人间佛教思潮不可或缺的历史阶段①。关于晚明佛教短暂复兴的意义，在后面的"近代居士佛教"一节中还会有进一步的论述。这让我们联想到，佛教丛林的这种改革和转向，是否也吸引了当时大量的士绅，进而把捐赠也带进了寺院呢？

　　这些士绅成员可以通过多种行动方式与寺院建立捐赠关系，捐赠土地和捐赠钱财是比较常见的方式，有时也会有文学的捐赠，即以散文和诗歌的形式公开赞颂寺院及其环境和僧侣。以上这些方式可以分别发生也可以一起出现，士绅在捐赠的同时也可以多方面的对寺院施加影响甚至能够监督寺院的内部事务，以保护寺院不受外来的威胁，同时确保所捐财产和土地不被挪用。士绅对寺院事务影响的显著方式是干预住持的委任安排，尤其是觉察到他们所捐赠的土地和财富面临危险的时候而参与寺院的事务②。这实际上反映了财产的捐赠者与寺院法人在财富使用和控制上的冲突，也同时表明了捐赠人对其捐赠的寺院财产拥有某些权利的原则。但是毕竟挑选一个能干的住持是寺院和士绅阶层的共同心愿，士绅捐赠和佛教利益绑架到了一起使得他们在更多时间是一种良好的互动关系。在 17 世纪的少数重要寺院的住持往往具有士绅背景，明末四位大师中，有两位即云栖袾宏和蕅益智旭是来自士绅

---

　　①　陈永革：《晚明佛教思想研究》，北京：宗教文化出版社，2007 年5 月，第 26 页，第 29 页，第 503 页。

　　②　[加]卜正民：《为权力祈祷——佛教与晚明中国士绅社会的形成》，张华译，参见其第五章《士绅怎样捐赠寺院》，南京：江苏人民出版社，2005年 11 月第 1 版，第 159-178 页。

家族。晚明围绕着寺院展开的捐赠行为使士绅与佛教主持之间达成的合作性的默契，以及由此产生的一些暧昧关系，也使士绅社群的发展与佛教在明末的短暂复兴紧密联系在一起。

在佛教寺院的境域中，士绅聚会在一起并宣扬一种统一的、高雅的精英阶级身份，也获得了从事公共事务的权力，但是这种权力并非从国家的行政体系中获得而是从他们的慈善公益行为中获取①。他们通过寺院职能的发挥来积极主动的参与地方事务、关心地方利益，完成了诸如修桥铺路、建立公共设施、埋葬贫穷的死者、监督兴修水利和灌溉系统，捐助公共娱乐活动，灾荒年月施赈放粮于灾民等慈善公益事业，佛教寺院被建构成士绅发送社会福祉于民众的一个载体，也为士绅带来了成就感和价值感。但是士绅的这类善举和公益事业仅仅是在地方社区，而不是国家，他们的行为并不代表国家统治的公共领域内负责承担的公益事业。地方士绅没有过多的选择官方倡议的宗祠祭祀等非佛教工程，因为他们认为那是代表国家的事业，相反，国家也没有参与此一时期对佛教的大规模的捐赠工程，这说明了佛教捐赠代表的地方精英和国家政权之间某种程度的分离，是这个时代的一种新兴的特征。

在社会学家看来，晚明围绕着寺院捐赠所促成的士绅社群，因为当时所处时代的原因却拥有了一种更广泛意义的代表公共领域的表现和声音。晚明士绅的寺院捐赠正在推动建设一个仍在建构之中还未充分发展的公共领域，为一个正在出现的来自公共权威的自治意义提供实践依据。"公共领域"的概念来自当代德国

---

① ［加］卜正民：《为权力祈祷——佛教与晚明中国士绅社会的形成》，张华译，南京：江苏人民出版社，2005 年 11 月第 1 版，第 34 和 320 页。

著名哲学和社会学家哈贝马斯，他认为"公共领域"的出现源于早期资本主义商业经济基础上，随着市场经济活动领域的扩大，而原有的君主专制权威变得集权主义、官僚化，为取代封建君主的统治，新兴的资产阶级渴求表达市场经济利益来对抗集权主义的干涉而创造出来，它是一种表达和协调私人利益的政治上进行沟通的公共空间，它与国家的公共利益无关，但是承担对公共关怀事务的发言和表决权利的私人的集合①。

在帝制时代的初期，所有人共同利益的"公"被诠释为国家利益的"公"，公共领域通常是由公式"公＝官方"或者"公＝国家"来定义的，公共领域和国家被界定表示的是同一个领域，国家把自己描绘成代表一切人的利益，而皇帝就是这种全天下人利益的最高和唯一的代表，所以最终"公＝皇帝"。国家、皇帝是否真的是公共利益的代表者？晚明时期的一些敏锐的思想家捕捉到了当时社会现实的变化，开始探讨把"公"和"国家""皇帝"分开的概念，设定了公绝非简单的是国家的利益，而是人民的普遍利益，而"公≠皇帝"，因为皇帝也没有真正地代表人民的利益。黄宗羲指出真正的一国之君应该是"以千万倍勤劳而又不享其利"的大公无私之人，而"后之为人君者不然。意为天下利害之权皆出于我，我以天下之利尽归于己，以天下之害尽归于人，亦无不可。使天下之人不敢自私，不敢自利，以我之大私为天下之大公②"，后世的君主打着公的旗号却为了自己的利益。顾炎武更进一步指

---

① Habermas Jürgen, *The Structural Transformation of the public Sphere*: *An Inquiry into a Category of Bourgeois Society*, Massachusetts Institution of technology Press, 1988, p..51.

② 黄宗羲：《明夷待访录原君》，北京：中华书局，1981 年。

出，"以天下之权寄天下之人"，最好的方式是通过减少中央政府对地方行政事务干涉的权力，恢复乡村地方自治，"小官多者其世盛，大官多者其世衰"，小官就是县令以下的乡村官吏，允许士绅从自己行列中推举选出①。在地方层级上的唯一权威和仲裁者是当地的知县，但这种县级的官僚是一个外来者，在当时皇帝广置亲信与特务严密监督下，地方官吏只求无过，却并不能真心实意完全为百姓谋福利，当地的士绅完全享有呼吁地方行政官员关心他们本地事务的特权，也同时拥有参与地方建设的优势资源，然而遗憾的是"晚明时代士绅的这种特权和优势没有导向确认地方士绅对地方事务统治权力的制度性革新，而且这样的发展在中国随后的时间也没有发生"，②士绅寺院捐赠的热情从 16 世纪中叶开始持续到 17 世纪后期也就终止了。围绕寺院捐赠而形成的士绅社群因为时代的结束已经离去，它的产生和维持反映了那个时代背景下国家和社会分离状态下的现实需求，而佛教寺院则为这种社会公共空间的产生提供了一个合适的场所却具有永久的社会学意义，一直到近代的思想家提出的将佛教寺院和佛教组织视为所谓的"非营利性组织"，正是晚明士绅社群的镜像世界在现代社会得到的遥远反映。

　　尽管有一些学者研究明末清初佛教的短暂复兴，甚至推断近代的佛教"人间佛教"改革与之一脉相承的联系，但由于数量不多，并未构成学术观点的主流。学术界大多数人的观点仍然是：自宋以后，随着中央集权制的不断强化以及儒家地位的不断上升，以

---

① 　顾炎武：《日知录》卷八，《乡亭之职》。

② 　[加] 卜正民：《为权力祈祷——佛教与晚明中国士绅社会的形成》，张华译，南京：江苏人民出版社，2005 年 11 月第 1 版，第 16 页。

及各种民间秘密宗教、外来洋教的攘夺扰乱，佛教逐渐失去生机，佛教僧尼的弘法态度消极，守株待兔的等待供养和礼遇。趁佛教衰颓之时，西洋天主教士利玛窦等相继来华传教，打入上层社会，廷臣李之藻、徐光启等人及崇祯帝、皇子、皇后皆受洗入教。清朝，佛教衰颓之势更是江河日下，政治上遭受冷落，国家管理松懈，大批流民、贫困破落者涌入僧尼队伍，借佛谋食，社会反感与日俱增，将僧尼道士列为"人间十害"之中。鸦片战争后，列强用洋枪洋炮打开中国国门，强行输入基督教，佛教与中国封建社会一起，在列强宰割下，经受了重重厄难。与基督教传教士以服务为手段主动劝人入教的态度形成鲜明对比，佛教唐宋时代积极主动的社会服务功能日益萎缩，慈善仅仅表现为于放生鱼虾、超度死人、为穷人、失意之人提供容身之所等。直到近代的佛教革新，改革者力倡人间佛教、人生佛教以期改革佛教凋敝现状，开始了百年改革、复兴佛教、传统向现代转型的艰难历程①。

第五节　中国近现代"人间佛教"的思想和实践

一、近代太虚的"人间佛教"改革：服务人群的菩萨行

佛教自两汉传入中国，直至明朝中叶这段时期，中国农业社会一直比较稳定，佛教"治心"功能和社会求助功能的发挥，为统治者实施了社会控制。佛教作为社会游离层的收容所，为那些官场失意的士大夫、遭受人生挫折的平民百姓提供精神归宿之处，

---

① 陈兵、邓子美：《二十世纪中国佛教》，北京：民族出版社，2001年3月，第6-10页。

解决了这批人的生存问题，防止了反社会行为。特别是在心理上维系了底层民众的生存希望，佛教的轮回之说让百姓在今世经历痛苦之时心系来世的希望，而向内心寻求喜悦，从而忍受一时痛苦，所以正信佛教徒极少参与社会动乱。佛教安抚社会的不满情绪，起到了稳定社会的作用[①]。然明清中国农业社会的衰弱与封建王朝后期的腐朽对佛教社会功能的发挥产生重大影响，传统佛教的治心功能发生了极大变异，佛教稳定社会的功能成为延缓社会的改革的消极作用。19世纪官场的腐败如同瘟疫传染给整个社会，佛教难以幸免，许多僧人信仰衰落乃至丧失，形同俗人，"裸居茶肆，拈赌骨牌，聚观优戏，钩牵母邑"；"不事涉摩静虑，而唯终日安居；不闻说法讲经，而务为人礼忏"，[②] 有些地区 "超生荐亡" 成为佛教的主要经济来源，成为专门送死超生的"死"教，佛教社会功能萎缩衰落。传统佛事活动被误解为"迷信陋俗"，成为不合现代文明之适宜者，属于革除的旧俗对象[③]。八国联军入侵之后，慈禧实施新法，兴办教育，"废庙兴学"，全国一时之间闹出驱僧占庙的事件。佛教似乎暗藏着一种一触即发的危机，即将面临一种颠覆性的灾难。

为此，章太炎首先发表《告佛弟子书》，指出时代不同了，佛弟子要用大方便、大智慧来度化众生。接着又发表《告白衣书》，指出宗教信仰人生不可缺失，佛教在中国广得国人信重，世界各

———————

① 《原道论》，转引自陈兵、邓子美：《二十世纪中国佛教》，2000年11月，北京：民族出版社，第158-159页。

② 章太炎、苏曼殊：《敬告十方佛弟子启》，摘自马以军编著：《苏曼殊文集》，广州：广州花城出版社，2002年。

③ 陈永革：《佛教弘化的现代转型——民国浙江佛教研究（1912-1949）》，北京：宗教文化出版社，2003年10月，第3页。

国也因我们在大乘佛法上的成就而信重我们，国人应该爱护它并努力开拓它的前程。这两篇文章具有划时代的意义，它燃起了很多青年佛弟子护教求新的热忱，太虚大师便是其中之一。他主张革新佛教、创办学院、进行僧制改革，创建了人间佛教的理论体系，主张复兴中国佛教应在继承佛本基础上有所创新，历史文化的弘扬应对现代人类有利，而不是故弄玄虚于社会之外。① 太虚大师的人生、人间佛教理论内容十分丰富，自 1920 年至 1946 年，太虚发表了许多讲演，撰写了不少文章，依据佛法随时对当时西方物理学、心理学、哲学、历史学等各科的最新成就和中国文化提出的重大问题做出回应中，构建了其成熟的人间佛教理论体系。

太虚于 1918 年在上海开创《觉社丛刊》，1920 年改为《海潮音》，自此这一刊物成为人间佛教的重要的弘传阵地。1920 年，俄国的十月革命影响及于中国，"劳工神圣"的口号风行一时，大师相继在《海潮音》上发表《人工与佛学之新僧论》《唐代禅宗与社会思潮》等文章，试图以复古创新、极力发扬唐代百丈禅师"一日不作、一日不食"的遗风，诱导众僧"务人工以安色身修佛学以严法身"，改僧尼不事生产、寄食社会之诟病，要自觉适应时代发展的需要。这并不是对古代家神造风的简单恢复，更是为佛教适应现代工商业社会需要而光大优良传统。1944 年，他汇集了历年有关人生佛教与人间佛教的论述，系统地阐明了人间佛教的方法、步骤和目标，即个人由奉行五戒十善开始，渐而四摄六度，信解行证而成佛果，同时每个人都要"服务社会，替社会谋利益"，一方面以个人人格影响社会，一方面合力净化社会，达成建设人

---

① 满霖：《太虚大师"人间佛教思想"的形成》，《中国宗教》，2003 年第 7 期。

间净土的目标①。

太虚在推行人生佛教时，首先阐明面向社会、服务人生是佛法的真精神，也是佛陀的本怀，并以此说明佛教本身的思想和人生佛教的联系。太虚说："佛法的根本在于五乘教法，就是重在说明人生的道德——教人应该养成怎样的思想和善的行为，方算是人生社会合于理性的道德。"②《增一阿含经》言："诸佛皆出人间，终不在天上成佛也。"在《行为主义之佛乘》中大师认识到人生佛教还必须扩展到人间，即关怀社会、利益人群，也是人间佛教理论内涵之一③。太虚在《我的佛教改进运动略史》中说："建设由人而菩萨的人生佛教，以人生佛教建中国僧寺制，以人生佛教成十善风化的国俗及人世④。"努力实现十善风化的国俗及人世，正是太虚倡导的佛教人生观的社会理想之所在，也正是在此意义上，人生佛教即是人间佛教。如果说人生佛教的旨趣在如何改进个人的道德价值和生存意义，那么人间佛教的旨趣也就在于在佛教人生观的指导下，改造改进既定的不圆满的生存世界和伦理境遇，因此，人生佛教与人间佛教是相通的⑤。他在大乘佛理普度众生的基础上，认为人间佛教包含着普济个人、民族、人类三个层面，世界人类的利益高于中国佛教之局部。太虚大师本着"世法皆是佛法"的观点，主张在即世间觉悟成佛，并以此觉悟回向

---

① 邓子美：《传统佛教与中国近代化》，上海：华东师范大学出版社，1994年版，第254页。

② 《太虚集》，北京：中国社会科学出版社，1995年版，第244页。

③ 满霖：《太虚大师"人间佛教思想"的形成》，《中国宗教》，2003年第7期。

④ 《太虚集》，北京：中国社会科学出版社，1995年版，第414页。

⑤ 王月清：《论太虚的人生佛教思想》，《南京社会科学》，2000年第12期。

人间、回向众生，以菩萨人格努力成为"改良社会的道德运动家"，实行"服务人群的今菩萨行"①。太虚在晚年认为："想复兴中国的佛教，树立现代的中国佛教，就得实现整兴僧寺、服务人群的今菩萨行"，中国佛教衰微的病源在于空谈大乘，不重实行，他主张要使大乘理论注入实际的行动，即实行所谓的菩萨行，同时菩萨行也是"能够适应今时今地今人的实际需要"的，故称"今菩萨行"②。

在太虚大师影响下，太虚的弟子宁达蕴等于20世纪20年代初，掀起了"佛化新青年"人生观运动。在当时新文化运动中出现"文化新青年"的人生观的同时，佛化新青年的代表人物宁达蕴、张宗载等奉太虚为佛化新青年们的导师，提出了"佛教新青年"的人生观，以当时新文化运动中出现"文化新青年"的人生观改造佛旧教、启发世人觉悟，以佛法为本创造新世界为目的，主张"以佛所说的方法，来做一种文化"，"佛化人间"，并提出了自己的八大使命③，表达了佛教新青年宣传"佛化"，不宣传佛教的主张，佛化不一定出家，不一定要读很多书，只求内心觉悟，旨在树立高尚的人格和情操，以慈悲胸怀去救济人类、救济众生，为现实社会谋福利、去弊害，这一"佛化新青年"的主张向社会各阶层的人敞开了大门④。

---

① 《怎样来建设人间佛教》，见《太虚大师全书》第47册，台北：善导寺佛经流通处印行，1980年，第282页。

② 《怎样来建设人间佛教》，见《太虚大师全书》第35册，台北：善导寺佛经流通处印行，1980年，第32、30页。

③ 《佛化新青年》第一卷第一号，1923年2月。

④ 王月清：《论太虚的人生佛教思想》，《南京社会科学》，2000年第12期。

尽管对于人间佛教理论在运作中遇到的问题，太虚大师只是提出了思路，未能全部解决，他提出的僧制改革方案也遭到挫折，但是太虚理论建构的开创性亦被海内外公认，其理论的支持者也在后来我国的大陆、台湾、香港地区及新加坡等地继续发扬光大。当今海内外有很多佛教团体，在弘法之余，对普利众生的慈善公益事业，不遗余力。香港佛教联合会，成立六十多年来，在觉光会长的领导下，除了弘法之外，建立了多元化的社会慈善福利事业，兴建多间佛教中小学、幼儿园和弱智人士学校，又办青年康乐营及青少年中心，为病者建佛教医院、安老院、护理安老院及老人中心，乃至佛教坟场。为了推广佛教文化，办僧伽学院及佛教刊物等种种善业，都是为了利益大众，使幼者得教、老者得养、病者得愈、亡者得安。

台湾地区几十年的人间佛教运动，使佛教成为台湾第一显教。印顺法师作为太虚事业的继承人丰富发展了整个人间佛教理论，既突出了佛法根本也体现了时代潮流，始终不渝的致力于人间佛教理念的推广，终于使人间佛教成为台湾佛教主流。印顺的弟子之一证严尼师则创立了会员人数最多的佛教团体"慈济功德会"，"慈济"的关怀社会投射出人间佛教的光辉，堪称人间佛教的典范。该宗教团体组织十分重视以有效的管理制度与积极的实践行动来净化人间浊世，以医疗、教育、文化、慈善等具体志业体现佛法大义①。台湾佛教公益事业的发展引起了国际学术界的关注，波士顿大学的魏乐博教授在台湾宗教与社会的研究中发现，在台湾，

---

① 蔡长颖、王仕圆：《医院组织属性对志愿工作者影响之研究》，摘自"台湾社会福利学会年会暨快乐儿童、活力老人、健康社区——建构台湾社会福利的新远景"国际研讨会论文集（2004）。

成为公益事业核心的力量并不是西方人想当然的基督教，而是佛教，如慈济功德会、佛光山等。佛教在其固有的"往昔的乐善好施、多作功德同种福田"传统基础上，进行社会公共服务功能的拓展，在现代化过程中成功实现了社会功能的转化。除证严的慈济之外，印顺人间佛教思想最有代表性的弘扬者在佛学界是台湾大学的杨惠南教授，佛教界还有昭慧及其领导的生命关怀协会。佛教顺应了时代的要求，应答了现实社会提出的诸多挑战，将自身做出调整，使得佛教实现了逐步适应现代社会的转型，佛教的宗旨从厌弃人生转向利乐人生、庄严国土。

无论太虚、印顺的共识是人间佛教基于原始佛教，对人间佛教的定位是佛教的人本主义运动，是对原始佛教的回归，原始佛教的纯朴，固可发扬发挥的空间极大，无量法门从此流出而又归根本①。对于"人间佛教"，也有称作"人生佛教"，邓子美先生言，无论是"人间佛教"还是"人生佛教"的提法，意义上并无太大分别，太虚佛教教理革新就个人而言是"人生的"，就是关怀现实人生，启迪智慧、平衡心理、丰富人生；就社会而言是"人间"的②，服务社会，协调关系、净化人间。

二、当代大陆地区"人间佛教"：佛教社会工作的现实形式

"人间佛教"思想自20世纪初太虚大师在大陆提出以来，其弟子印顺法师在台湾地区将人间佛教思想发扬光大，而赵朴初居

---

① 济群：《人生佛教的思考》，《人生佛教小丛书·第三辑》，上海：上海古籍出版社，2006年，第11-20页。

② 陈兵、邓子美：《二十世纪中国佛教》，北京：民族出版社，2001年3月，第212-223页。

士则是当代中国大陆继承和提倡人间佛教思想的又一位大家。赵朴初，生于1907年，早年就读于苏州东吴大学，1928年后一直在中国佛教界内任职，从事佛教社会公益事业，在上海，他结识了太虚并受到器重，1980年后任中国佛教协会会长，中国佛学院院长、中国宗教和平委员会主席，2000年逝世于北京。赵朴初在上世纪80年代起之后的多次场合中，明确表示中国佛教未来就是要走人间佛教的道路，多次提到"佛法在世间，不离世间觉；离世觅菩提，犹如觅兔角"，强调要发扬中国佛教的三个优良传统，即农禅并重、学术研究、国际友好交流，要爱国、爱教、与社会主义相适应①。

　　改革开放之初，由于中国佛教一直以远离世间的面貌呈现在世人面前，又经过几十年的磨难，人们对佛教既陌生又偏见，未来佛教走向何方？这既是佛教迫切需要解决的理论问题，又是不可回避的现实问题。赵朴初在1983年中国佛教协会成立30周年时就提出走"人间佛教"的道路，他说："我以为在我们信奉的教义中应该提倡人间佛教思想。它的基本内容包括五戒、十善、四摄、六度等自利利他的广大行愿。《增一阿含经》说：'诸佛世尊，皆出人间'，揭示了佛陀重视人间的根本精神。六祖坛经说'佛法在世间，不离世间觉；离世觅菩提，犹如觅兔角'，阐明了佛法与世间的关系。佛陀出生在世间，说法度生在人间，佛法源出人间并且利益人间。我们提倡人间佛教的思想，就要奉行五戒、十善以净化自己，广修四摄、六度以利益人群，就会自觉的以实现人间净土为己任，为实现社会主义现代化建设这一庄严

---

① 黄夏年：《赵朴初居士"人间佛教"思想体系初探》，载于方立天、学愚：《佛教传统与当代文化》，北京：中华书局，2006年12月。

国土、利乐有情的崇高事业贡献自己的光和热。"① 赵朴初明确宣称:"为社会服务,是我们佛教徒的天职,我们的口号是庄严国土,利乐有情。我们提倡'人间佛教'"②。赵朴初又说:"《华严经》云:'不为自己求安乐,但愿众生得离苦。'佛陀立教,以慈济群生为本愿。释迦尝教弟子云:'种植园果故,林树荫清凉;桥船以济度,造作福德舍;穿井供渴乏,客舍给行旅。如此之公德,日夜常增长'③,又云'治世语言,资生业等,皆顺正法'④,是知佛徒实以出世精神做入世事业,以嘉惠群生为职志。"⑤ 有人请他解释"人间佛教"的含义,他回答:"佛经说,不要舍弃众生。对众生的供养与对佛的供养应当是一样的平等。对众生应该像对自己的父母一样供养,不舍弃众生就是人间佛教的思想。'代众生受苦','我不入地狱,谁入地狱',佛教提倡这个。"⑥

赵朴初的人间佛教思想有两个特征:其一,由于赵朴初与太虚、印顺所在的社会环境是不同的,他是在中国社会主义社会这个现实环境下提出的,其人间佛教思想的特征是,不仅继承太虚和印顺都提出的"契理契机"思想,"契理",就是符合佛法的根本

---

① 赵朴初:《中国佛教协会三十年——在中国佛教协会第四届理事会第二次会议上》(1983年12月5日),《赵朴初文集》,北京:华文出版社,2007年10月。

② 赵朴初:《中国佛学院本科毕业典礼上的讲话》(1984年7月25日),《赵朴初文集》,北京:华文出版社,2007年10月,第53页。

③ 《大正藏》第02册,《杂阿含经》卷三六。

④ 《大正藏》第02册,《妙法莲华经》卷六。

⑤ 赵朴初:《书画功德集》序(1985年8月1日),《赵朴初文集》,北京:华文出版社,2007年10月,第83页。

⑥ 赵朴初:《佛教与社会主义精神文明建设关系的谈话》,见《赵朴初文集》,北京:华文出版社,2007年10月,1986年3月。

原则；"契机"，就是必须适应时代、地域和不同根器受好的人众，或者称为"对症下药"。除此之外，赵朴初更加强调爱国爱教的主题，提出佛教要与时俱进，与社会主义社会相适应或协调的道路。其二，他强调了"人间思想"的普遍意义和指导思想的地位，解决了人间佛教和佛教各宗派的关系问题。与太虚的镜涵万流、印顺的滔滔雄辩相比，赵朴初的提法较为简易明了，他只是提出了太虚人间佛教理论丰富内涵中，在当时能够被世俗容忍、被佛教各宗派能够接受的部分，其他尽在不言中。虽然从太虚、印顺的著作及近现代的弘扬情况来看，人间佛教有其自身的思想特征，也有学者论说人间佛教是近代中国佛教的又一大创新，方立天先生言："从整个中国佛教史尤其是汉传佛教史来看，中国佛教有两个重大创新：一是禅宗，二是人间佛教。人间佛教的学说和实践可以说是继禅宗之后的第二个最重大的理论创新和实践创新"①，但人间佛教既非独立于宗派之外的新生事物，亦不同于任何传统宗派。因为宗派佛教具有一系列内涵，如各宗皆有自身的依据典籍，有特殊的思想内涵，有自宗的修行实践，还有对整个教法所作的判摄。如果把人间佛教当作一种特殊的修行方式，则实属对人间佛教的误解。在赵朴初先生论述的"人间佛教"含义中，人间佛教绝非特殊教派，而是以人为出发点（反对崇拜鬼神），适应现代社会（反对执"死方"治变证），提升现代社会（净化世间）的佛教理念，任何佛教宗派法门，只要赞同这三个要点，实质上认可了把人间佛教作为指导思想②。这也可能算作赵朴初先

---

① 方立天：《关于人间佛教的文化思考》，载于方立天、学愚：《佛教传统与当代文化》，北京：中华书局，2006 年 12 月。

② 陈兵、邓子美：《二十世纪中国佛教》，北京：民族出版社，2001年 3 月，第 212—223 页。

生的高明之处和对"人间佛教"理论的最大贡献，即他把提倡人间佛教放在中国佛教的一个指导地位，强调了人间佛教的普遍意义，而并非把它作为与其他宗派相对立或者并列的单独一个派别，这触及了当年太虚想起解决却又未解决的人间佛教与中国化佛教各宗派的关系问题。

赵朴初的人间佛教思想已经对中国佛教产生了深远而积极的影响，表现之一是倡导人间佛教思想，用人间佛教的思想指导和推动未来的佛教事业，把人间佛教思想作为中国佛教发展的指导方针，已经成为当代中国佛教界、中国佛协各级组织发展的共识。"人间佛教思想内容丰富，博大精深。'诸恶莫作，众善奉行，自净其意'，是人间佛教思想在社会道德方面的具体体现，佛教倡导的'恒顺众生''自利利他'的道德思想，同《公民道德建设实施纲要》的基本精神是一致的，是我们弘扬人间佛教思想的重要内容之一"。所以，"全国佛教界要把弘扬人间佛教思想放到重要位置上，这既是我们弘扬佛法的本分，也是服务于国家和民族整体利益的重大职责[1]"。这对大陆提倡佛教现代化，实现中国佛教传统的创造性转换具有十分深远的意义[2]。其二，在这一方针指引之下，各佛教刊物、学术研究机构，大力开展对人间佛教思想的研究、探索、阐释和弘扬工作[3]，对宣传、普及人间佛教理念等方面有了实质性

---

[1]　圣辉：《中国佛教协会五十年》，2003 年 9 月 19 日见中国新闻网：《中国佛教协会在北京举行成立 50 周年庆祝大会》http://news.sina.com.cn/c/2003http://news.sina.com.cn/c/2003-09-24/1948812967s.shtml。

[2]　陈兵、邓子美：《二十世纪中国佛教》，北京：民族出版社，2001年 3 月，第 216 页。

[3]　黄夏年：《赵朴初居士"人间佛教"思想体系初探》，载于方立天、学愚：《佛教传统与当代文化》，北京：中华书局，2006 年 12 月。

的进展。其三，在这一理念指导下，中国佛教社会福利公益事业和救济工作成绩显著。中国佛教以"庄严国土、利乐有情"为号召，以"不为自己求安乐，但愿众生得离苦"的大乘菩萨行来弘法利生，更以"人间佛教"的宗旨来回报社会，服务人群。所以自中国佛教协会成立以来，慈善公益事业一直作为一项重要的工作。在建国初期，公益事业主要体现于赈灾济困、植树造林以及出钱出力支持抗美援朝等方面。改革开放以来，随着寺院基本建设的初步完成，全国各地佛协与规模较大的寺院本着慈悲喜舍的精神，积极从事慈善事业，在每一次的救灾济贫工作中都能听到佛教徒慈悲的声音，见到佛教徒济世的身影。赈灾、扶老、助残、救孤、济困、助学、助医、支持文化艺术、环境保护等方面的慈善公益事业，随着佛教慈善事业的不断展开，从九十年代末期，随着经济发展，有条件的佛协与寺院先后成立佛教慈善基金会，其它寺院亦仿效，陆续成立如是机构，为慈善公益事业的有序展开及规范化奠定了基础。相比内地和边远地区而言，经济发达地区如浙江、广东以及上海等大城市佛教社会公益活动和事业更发达些，现代的佛教慈善基金会也已经开始运作。

成绩固然值得肯定，需要改进之处还是很多，尽管中国佛教协会一直提倡"人间佛教"，但当代中国大陆佛教面临的问题和挑战依旧存在，各地佛教徒文化水平、教理水平尚待提高，具有巨大影响力、堪作人格楷模的高僧为数太少，人间佛教尚未能够被大多数佛教徒领悟和实践，整个佛教还未能以实际行动体现出的菩萨道精神以在社会民众中树立起人间佛教的鲜明形象。佛教的社会功能尚待进一步挖掘和发挥，包括服务社会、激励民众、心理治疗、心理安慰，注重社会慈善救济、扶贫济困、资助希望工程，帮助教育青少年、失足者、堕落者和罪犯等，揭露批判世俗文化的弊端和偏失，对物质文明、精神文明的建设以及社会问题的解决提出方案和意见，以适应新世纪人类的需要。①

　　另外，随着现代社会佛教各项社会服务事业的开展，佛教的社会化、组织化的发展也应该与制度化相配套而行，这涉及资金的监管、人员的安置等实际问题。举办社会事业无疑需要大量资金，当代世界各国、各个地区，以及不同宗派的佛教组织，经济来源渠道是多元的，一般除从施主的施舍或者捐赠、各类佛事活动中取得收益外，佛教组织或者寺院兴办工商业或者服务业的经营活动，或者依靠旅游观光的门票、出售宗教用品或者纪念品得到数额可观的收入。但是佛教之财应"取之有道，用之于民"，钱财并非最终目的，接触和使用钱财是佛教的方便法门，是为了更好地服务社会，造福百姓，这是人间佛教所极力倡导的。但在人间佛教发展过程中，也有趁此别有用心，借佛教入世和慈善之名，谋取个人私利，这是人间佛教所极力反对的。这里引出另外一个课题，就是佛教社会服务的制度规范和专业化问题，这也是西方基督教慈善服务与社会工作结合所提供的经验。在资金的募捐和使用方面，如果从捐款人之行动主体者的角度出发，捐款的动机可能较为复杂，有些是效果取向的"功德文化"，有些是强调个人神圣崇信行为的信仰性格，有些是建基在宗教团体抑或宗教主事者个别所标举的组织目标或社会福利蓝图。如果将宗教信仰行为假设为是以个体的安身立命作为优先考虑的原则，而非是凸显社会连带与社会安全的抽象理念，那么在资金的使用方面除了宗教慈善团体的内在自律之外，还有政府对宗教非营利组织外在的

---

　　① 陈兵、邓子美：《二十世纪中国佛教》，北京：民族出版社，2001年3月，第212-223页。

一系列资金监管制度问题显得尤为必要，特别是强调诸如非营利组织的会计签证制度以及信息公开化等等工具性层次的理性运作原则，并制定和实施有关宗教募款的各种法令规范，如《宗教慈善法》以及《非营利组织法》，这显然有相当程度的正当性与迫切性。

总之，中国佛教历经百年改革转型，已经初步从传统走向现代，太虚大师当年创立的人间佛教理论体系，经过印顺法师在台湾的推进和赵朴初先生在大陆的重新阐述，至 20 世纪 80 年代终于成为海峡两岸各宗各派公认的主导思想①，也在世界华人佛教社区中得到印证和实践。海内外众多的佛教团体，在法师的带领下，集众人的力量，都在公益慈善、社会服务方面努力做出贡献，人间佛教思想指引着中国佛教迈向新的征程，也不断地为人类福祉贡献着自己的意义。

本章小结

本章主要内容分为三部分：分别梳理了早期佛教社会工作在印度的实践，中国古代佛教社会工作主要选取了佛教之于中古的魏晋南北朝时期民族集群流动中的福祉、唐宋佛教的社会福利事业、明清围绕寺院捐赠形成的士绅社群，近现代人间佛教是社会工作的主要形态，包括近代太虚"服务人群的菩萨行"的人间佛教改革，以及"人间佛教"在台湾地区的弘扬，提供了"人生"

---

①　满霖：《太虚大师"人间佛教思想"的形成》，《中国宗教》，2003 年第 7 期。

福利与"人间"福利，最后人间佛教在大陆佛教社会工作中的指导性思想和实践。同时也指出了佛教社会工作在现代社会发展中需要解决的制度化问题。

第五章　中国佛教社会工作的微观服务技术

——心理学的诠释

第一节　佛教微观社会工作与心理学

佛教在中国传统社会一直履行着"治心"的功能，对于社会普通民众来说，佛教信仰维持了他们的生存希望，让百姓在经历外在痛苦之时，面向内心寻求喜悦。佛教"法师"无意识中行使了今天"心理咨询师"的角色和功能。随着社会的发展，现代人的物质生活虽然趋于丰富，但生活方式却隐藏着巨大的心理危机，无休止的忙碌、工作、购物、迷恋药物、网络，生活孤独无助感、没有目标，自我疏远、无限的恐惧和苦楚，越来越多的人有虚无、抑郁、成瘾、压迫感等心理问题。适应人们的这种需要，现代佛教法师们指导人进行心灵锻炼，解除心理痛苦，也充当了高级心理咨询师这一颇为时髦的角色。佛教法师从心理学、心理卫生的角度讲解、实践佛法，帮助人解除心理、精神疾病的痛苦，这是除了佛教慈善公益、社会救济事业之外的另一条直接服务社会的重要手段，属于社会工作的微观服务内容。佛教布施分为法施、财施、无畏施。此类社会服务的内容即为法施，也在一定程度上带有无畏施的内容，鼓励人能够勇敢地面对所有的困难。追求佛法者把自我修禅的实践方法和修行经验向社会传播，向世间弘扬佛法才是真正的追求佛法。台湾一些高僧根据自己净土修持、禅定方面的经验，通过打禅七及讲经开示信众，使人身心愉悦，摆脱烦恼和疲劳，四大山头中圣严法师的法鼓山和惟觉法师的中台山，都因为讲禅和修禅而在全台湾产生巨大影响并迅速发展起来的两个大道场，而圣严法师和惟觉法师在讲禅方面突出强调禅学中讲求心法和解脱的技巧，相当符合都市人的需求，颇受欢迎[1]。一些佛学院、佛学研究所也为学僧开设心理学课程，在禅、净之"定"基础上进行心理分析训练，使受过训练的学僧以后能为社会提供心理咨询服务，使职业宗教师成为心理咨询专家。挖掘心理调节方面的潜能，提供心理咨询，或许是未来僧尼摆脱以"经忏"谋生的途径之一[2]。

心理咨询师的工作内容属于社会工作微观服务的内容，很多国家的个案社会工作者也是心理咨询师，中国社会工作无论学界还是实务界，从业人员具有心理学知识背景也属于普遍现象。佛教微观社会服务的功能并非教人消极避世，而是帮助受到挫折的人回到社会，帮助现代人具备现代社会所需的既经得起挫折又经得起成功考验的心理素质，这就是所谓不拘于世俗名利、放下牵累的"超脱"精神。心理学提出必须要把人类的生活幸福作为自己的价值核心，提倡为人类的快乐和意义提供技术支持，要贴近生活、深入大众、直面人生和服务社会[3]。社会工作者更是以服务社会为本，佛教的发展又何尝不是如此？

心理学的发展与佛教关系非常密切，最早将佛教引入到心理学的是西方心理学家，佛教启发了荣格、弗洛姆、马斯洛等西方心理学大师，佛教对心灵深刻的认识及完善的心理治疗技术，受到西方心理学家们的由衷赞叹，佛教的思想精华被西方心理学界

---

[1] 江灿腾：《新视野下的台湾近现代佛教史》，北京：中国社会科学出版社，2006 年 9 月，第 386 页。

[2] 陈兵、邓子美：《二十世纪的中国佛教》，北京：民族出版社，2001 年 3 月，第 130 页。

[3] 任俊：《佛教对当代心理学发展的影响》，《宗教学研究》，2007 年第 3 期。

普遍认为是一种心理学。浩如烟海的佛教典籍，博大精深的佛教理义，几乎包容触及了西方心理学研究的各方面主要问题，建构了一套相当成熟的具有东方特色的"古代心理学"知识体系，对现代心理学的发展产生了十分重要的影响。20 世纪 50 年代以来，西方心理学的主流思潮表现出一种广泛吸取东文文化智慧，尤其是向佛教精神靠拢的趋势，有力地促进了佛教与现代心理学的兼融沟通①。佛教的修持方法被看作心理治疗技术，其中有些与心理学的治疗方法相通，或被心理学所吸收，如双思惟法相当于心理学用的"理情法"，观息法等属心理学的"转移法"、忏悔相当于心理学的宣泄法等。佛教修持之道，治疗心理、精神疾病，锻炼心智的效果，不断被心理学用观察、试验、统计等科学方法证明②。西方心理学家荣格，作为一个西方人，一直生活在许多东方传统的内向精神世界中，同时，他也没有放弃他所出生与生长的外向世界，他一直追求在西方的男性模式与东方的女性模式之间能够有一种融会贯通③，他的心理学思想中因吸收了大量中国传统思想特别是佛教的精华部分而独具风格。中国最早将佛教与心理学相联系的是哲学家熊十力，他称佛家之学为"心理主义"。近代太虚大师也非常重视西方心理学，先后撰写了《佛教心理学之研究》《行为学与心理学》等文章，远在日本铃木大拙之前。

---

① 迟延萍：《试论现代心理学与东方佛教的融合》，《陕西师范大学继续教育学报》，2000 年 3 月，第 17 卷第 1 期。

② 陈兵：《佛教修持与现代心理学》，来源：《中国藏族网通》http：//www.tibet3.com/chinese/zhexue/content/2007-01/22/content_144342.htm，2007 年 01 月 22 日。

③ ［美］戴维·罗森：《荣格之道》，申荷勇等译，北京：中国社会科学出版社，2003 年 1 月。

　　当代伴随着西方心理学的本土化思潮，华人心理学研究中越来越多的重视佛教的心理学意义，临床心理学对于佛教传统思想和禅修技术的研究及实践应用正逐渐深化，佛教这一东方传统文化再次得到审视，其价值也得以被重新发掘。在心理学发展中心理分析、人本主义和行为主义被称为心理学三大势力，佛教与其中每一种势力都有意义上的关联：如对某些概念的解释，关于人类痛苦的部分原因，佛教说是因为"我执"，心理分析认为是"自恋"；佛教的基本原则是，针对个体差异的"不同根器""应机说法"，心理治疗中也有类似的尊重案主的"人本主义""助人自助"的传统；佛教认为解脱痛苦的途径可以是止观俱行、定慧双修，心理学也可以通过类似的"认知行为"调理改善人的心境。因为佛教的心理学涵义融摄了以往三种心理学势力的总和，甚至有学者把佛教心理治疗，称为当代心理学研究中继行为主义、精神分析、人本主义之后的"第四势力"[1]，被称之为"超越疗法"。超越疗法是根据佛教原理和现代临床心理学理论而设计的整合性心理治疗方法，理论基础包括佛学、精神分析、人本主义、行为主义等，由作业疗法、静心疗法和领悟疗法等三部分组成，分别对应于佛教的戒、定、慧三学，作业疗法借用了行为治疗和认知治疗的某些方法，静心疗法与催眠术和放松训练有颇多相似之处，领悟疗法则吸收了精神分析和人本主义的理论[2]。

　　与此同时也有另外的声音，有学者提出将佛教与心理学二者

---

　　[1]　张海滨：《佛教心学的智慧——评陈兵〈佛教心理学〉》，《世界宗教研究》，2007 年第 4 期。

　　[2]　黄国胜：《佛教与心理治疗》，北京：宗教文化出版社，2002 年 11 月，第 133 页。

排放在一起加以对照是牵强附会，它们对心理结构的假设、对心理过程的描述以及自我超越的方式都完全不同，它们的哲学基础和基本立场存在巨大差异，这二者是在不同立场上解决不同问题，不具有简单的可比性①。关于佛教和心理学关联的争议说明两者之间还是相对陌生的领域，彼此了解才刚刚开始。西方人对佛教的理解，像东方人理解心理分析一样，需要个人经验和理论知识，心理分析家在没有熟悉佛教禅定的著作和实践之前都抱有偏见，存在着认识上的很多误区，西方许多行为主义科学家一开始也都是批判禅，在修禅以后才逐渐转变观念。的确，心理学和佛教都有它们自己的历史基础和起源的时代背景，二者有着完全不同的思想体系。佛教是 2500 年前起源于古印度为了获得解脱的一种精神体系，而心理分析是 19 世纪末期起源于欧洲旨在强调人的精神疾病而兴起的心理治疗体系。一种是探求人类苦难的本质从而获得解脱，另一种是从病理学和治疗方案的角度指出如何减轻人类的苦难；绝大多数的心理学家一直宣称自我是精神分析过程的重要概念，而佛教主张为了获得解脱，真正的自我并不存在，日常生活中的自我是统一的、静止的、自主的、不变的实体，所谓想当然真实准确的印象其实只不过是人的幻觉；心理分析的自我心理学一直坚持人的生活理想和奋斗目标在维持心理健康中起着重要作用，而佛教强调必须抛弃所有的欲望和对自我的执著；心理治疗通常是假设来求助的人都有或多或少的心理问题，甚至精神疾病，不正常的人才会寻求治疗。但佛教并不适用于有严重心理疾病的人，佛教修行是更多提供给一般正常个体所使用的方法，从各种佛教文献记载和目前的一些相关研究来看，严重的心理障

---

① 高颖：《原始佛教的心理思想》，《宗教学研究》，2007 年第 1 期。

碍患者，如精神分裂症、边缘性人格障碍、自恋性人格障碍等等并不适合修行佛教，因为修行可能会导致他们的人格滑向更严重的精神疾病的深渊。

之所以坚持把佛教和心理学放在一起加以比较，除了两种传统在某些方面有着太多惊人的相似之处外，最大共同之处在于追求共同的人类个体最佳理想生活状态。佛教和心理学，一个起源于古印度，一个起源于近现代的欧洲，他们产生的目的是要对自己当时所生活的处境和所遇到的困难进行解释。对于人类生活特别是对人类苦难问题深切关注并都提出了自己的见解，为了减轻人类痛苦都提供了一套非常复杂的理论和方法。心理分析和佛教的整个历史都是在解读人为什么会痛苦以及如何解除痛苦，每一种心理分析的流派和每一个佛教的宗派都对前一个问题"人为什么会痛苦"给出了不同的描述，也对后一个问题"如何解除痛苦"给出了不同的答案。对于解除人类的苦难，两种概念都有着自己复杂的理论和方法，也都有自己的优势和局限性。一些痛苦可以得到改善，如生物机体疾病方面的症状，而有些痛苦则是人类存在的基础，因为它们与生俱来，伴随着生命的始终。心理学的主要目标是去除心理疾病或者精神疾病患者的痛苦，佛教相信只要人达到了觉悟（或者涅槃），才可以拔除痛苦。在佛教的研究著作中，觉悟通常被认为是人类生存的最佳境界，是从痛苦、不满意的生活转向自由的状态。由于佛教和心理学一样，流派纷呈，每一种流派采用了各不相同的哲学思想和实践类型，也因此没有一种绝对正确的关于觉悟的定义，在佛教的不同传统甚至同一种传统中对于觉悟有着不同的描述 ①。佛教也并非单一的思想体系，在过去的 2500 年中，它发展出了不同流派的理论和实践，如一棵根粗干壮枝繁叶茂的大树，不断窜出新的枝条向不同的方向伸展出去，东南亚国家的南传佛教，中国的禅宗、朝鲜和日本的禅、甚至美国的禅，还有流传世界各地的藏传佛教等，都呈现出各自的特征。佛教修行实践虽有不同的方法，甚至前后矛盾、存在争议，但是正是这种相异和不同丰富发展了佛教本身，也给不同的人群带来同样的心灵抚慰和生命幸福。

第二节　佛教的"无明""我执"和 "心理分析"中的"自恋"

一、社会工作和佛教中对"自我"概念的探讨

探寻社会工作在西方的发展历史，社会工作经历了一个从没有理论指导到自觉采用理论指导，从指导理论单一化到指导理论多元化的过程 ②。大卫·豪曾经将社会工作理论概括的分为两个部分，一是"为社会工作的理论"，二是"社会工作的理论"，前者侧重于讨论"如何解释人与社会的关系"，后者侧重于讨论"如何改变人与社会" ③。社会工作多元化的理论包括心理学、社会学、行为学等多种学科，而心理学中的精神分析学派作为奠基性理论

---

① Jeffrey B. Rubin, *psychotherapy and Buddhism toward an integration*, New York and London: Plenum Press, 1996.

② 翟进、张曙:《个案社会工作》，北京：社会科学文献出版社，2008年，第 50 页。

③ 王思斌:《社会工作概论》，北京：高等教育出版社，1998年，第 63 页。

对西方心理学界乃至整个人文科学都产生了巨大影响，同样也影响了社会工作的发展进程，因为社会工作在西方的发展历史上曾经深受心理分析学的影响，特别是在初期阶段 1920 至 1930 年间，弗洛伊德的精神分析理论改写了个案工作的命运，个案工作者对案主的帮助从以前的外在环境的重视转变为"内在经验"的分析，个案工作创始人里士满认为个案工作中必须运用心理分析的方法，否则便收不到良好的协助效果。于是，个案工作形成了以精神分析理论为主要基础的"诊断派社会个案工作"①。精神分析理论有着丰富的内容，其中主要的概念通俗地来说包括"自恋"理论，潜意识理论，三个"我"之间的平衡理论等等，与此相对应的社会工作者应用心理分析理论的目的包括对来寻求帮助的案主的不健全人格进行分析治疗，帮助案主恢复本我、自我与超我三者之间的平衡，针对有自恋人格障碍的患者，通过逐步"去幻象化"去掉心理中过分夸大的自体满足成分，而和社会产生正常的人际互动。如果问及为什么 19 世纪西方会产生心理分析学？最直接的回答是人类妄图对自我进行分析，对"自我"做出解释，但是尝试了解人类本质的企图并非是导致 19 世纪西方心理学的诞生的直接原因，因为在此之前这样的尝试已经存在②。

有关认识"自我"的论题在历史上被认为有三种路径：第一条路径，也就是首先被哲学家使用的是理性的自我反省，创始人从苏格拉底到尼采，也有的学者把它称为"哲学心理学"，来证明西方国家的心理学思想的源远流长，但是心理学作为科学并非

---

① 许莉亚编著：《个案工作》，北京：高等教育出版社，2004 年，第 18 页。

② Batkin，M..*Speech genres and other late essays*. Austin：University of Texas Press，1986.

从古希腊、罗马以及中世纪的哲学家的心理学思想中直接形成发展起来的[①]；第二条路径是，比有知识体系的自我反省历史更悠久一点，只是通过亲身体验的方式，改变一种意识的状态，或者使用能够引起幻觉的药物或者是通过沉思冥想的方式来直接得到一些关于自我的知识；第三条路径，就是 19 世纪末产生的心理分析方式，也是最迟才出现的策略。由此可见，西方心理学的诞生迄今为止大约只有 100 多年的历史，作为欧洲和美国个人主义文化产物的西方心理学，只是人类试图了解自身的最迟的努力[②]。早在第一条道路开始产生，一些西方的哲学家也就是被后人称为精神分析学家的人开始放弃其中神话传说和神秘的成分之时，另外一些社会文化里却已经发展出了非常复杂却又成系统的关于人格的理论和进行自我调适、治疗的方法，那就是东方古典宗教之一的佛教，它形成了异常丰富和完备的心理学理论[③]。正像佛教的西方对手一样，佛教心理学理论的知识也包含了无数的关于如何进行实践的理论和流派。为此，佛教五蕴心理学研究者淮海法师曾经总结说"佛教创始人释迦牟尼是心理四维结构的发现者，是第一个心理范式理论——五蕴缘起系统理论的创立者，是十种心理学专业智能的拥有者，是最杰出的心理学大师"[④]。佛陀运用冥想的

---

① 高觉敷：《西方近代心理学史》，北京：人民教育出版社，2007 年 8 月，第 4 页。

② Bergmann, *M.what is psychoanalysis*, *In M.Bergmann F.Hartmann(Eds.) the evolution of psychoanalytic technique*(pp.2−16).New York：Basic books. (1976) p.3。

③ Jeffrey B. Rubin, *psychotherapy and Buddhism toward an integration*, New York and London: Plenum Press, 1996 .

④ 淮海：《五蕴心理学》，北京：宗教文化出版社，2006 年 2 月，第 1 页。

修炼方式通过自己的亲身体验和感悟发展出了人类的心理学。实际上，西方后来发展出来的每一种冥想的思想体系都可以看到它的影子，很多有价值的东西都在小乘佛教的传统中被完整的保存下来。小乘思想的主要核心是通过冥想，加深对"自我"精神本质的理解，使自己处于一种境界，那就是无论现实世界发生了什么都不要过分在意和做出判断，从而拔除痛苦，增进同情，提高智慧，促进道德行动①。

二、"自恋"与"我执"

自从 100 多年前弗洛伊德的奠基性的发明以来，关于对心理的理解和对心理疾病的治疗方面的理论和实践都获得了长足的进展，可以将其大略分为两类：一类是动机结构模式，一类是关系模式。在动机结构模式中，人类被看作是在动力驱使下的，有着自发的，冲突的动物，形成的原因是由过去的经历形成的，是建立在肌体基础上的内生的以自我为中心的享乐主义的冲动和外在的现实之间的冲突，为了平衡这两者之间的冲突而成，必须创造一个中立的没有压力的环境，抵制过去经历的影响，动机理论模式给病人提供了清楚的测量模式，从而控制他们比较棘手的过去。到了 20 世纪 40 年代后期，心理分析越来越强调关系模式，个人与他人、过去与现在、实际和想象之间的关系，很多研究表明佛教和后者关于关系模式就很难有相通之处，但是和前者心理分析动机结构理论上两者相差不多，特别是现当代由经典精神分析学派发展而来的自体心理学中的"自恋"理论和佛教的"我执"理

① Jeffrey B. Rubin, *psychotherapy and Buddhism toward an Integration*, New York and London: Plenum Press. 1996, p.13.

论①，有着极其惊人的相似会通之处。

自体心理学是美国心理学家科胡特在 1971 年提出并逐步完善的，是弗洛伊德经典精神分析学派在当代最重要的发展之一，其最重要的理论之一是定义人类的本质是自恋的，但和原来弗洛伊德对于自恋的定义相当不同。弗洛伊德曾给出"自恋"定义是自己对于自我投注里比多兴奋的状态，有这一情况的个体称之为自恋人格障碍患者。从里比多的方式来说，也就是他将本来应该投注于自我的对象客体的里比多反向投注到自己身上，这样病人就无法和别人建立有效和融入的亲密人际关系，并且经常沉浸在对自己不切实际的幻想中。但科胡特根据结合自己对于自恋性人格障碍治疗研究，并吸取了当时儿童发展心理学等成果，修正了之前弗洛伊德这个"自恋"的定义，而提出自恋其实就是里比多的本质，或者更直接说自恋其实就是人类的普遍性特征，每个人本质上都是自恋的。它超越了原来经典精神分析的观点，对于人性和人格的模型有了全新的定位。自恋是一种自我胜任感的体验，是借着自我胜任的经验而产生的真正的自我价值感，是一种认为自己值得珍惜、爱护的真实感觉。自恋是一种中性的概念，它显示一种常人应有的本性状态。只有当它的发展受到长期挫折而表现出类似自恋性人格障碍的诊断标准的项目时，它才是有问题和影响个体生活和人际的。也就是说一般个体的自恋并不是不健康的，而且整个社会也是允许适度自恋的，而只有个体过度自恋并超出了社会对于自恋允可的范围那才是不健康的。至于自恋性人格障碍的形成，为什么同样有人遭遇失败可以成功修正，有的人

① 徐钧：《佛教和心理学关系的定位——一种自体心理学观点的阐释》，http://www.psychspace.com/psy/dhiti/16.htm.

则没有力量成功调整，其中的原因除了个性差异性外，大部分是和婴儿的养育者与婴儿的有意识和无意识的互动之间有关。科胡特认为，每一个个体在其婴儿期都是有自体自大、夸大倾向的，例如婴儿稍稍不得到满足就会大哭等等，在婴儿的心理世界中，他或她是全能的上帝。当这一上帝由于被养育者(自体客体)所满足时，则获得快乐。如果不满足，则因为自己的全能感遭受挫折无法实现而暴怒。这一不被满足的情况其实是在婴儿养育中经常偶然发生的，但如果养育婴儿者是长期的如此对待婴儿的，也就是说婴儿是长期无法得到夸大的自体自恋满足的，则婴儿将失望于外在，而以自体幻想性循环回路来替代补偿这一自恋之需要。这样的幻想往往是阻碍了自体了解正常自恋的现实性，而超出常人所能接受的范围而形成自己独有和过分的自恋，于是就会有以上自恋性人格障碍的类似夸大性格的表现。

　　自体心理学中对"自恋"的解释和佛教中的"我执"相类似。如在佛教的立场阐述，自恋性人格障碍应该是来自于我执和欲望的满足的失败，而发源于我执的过于强盛和欲望的过于夸大，当这些超越出人类社会许可的一般范围后，就会造成个体的灾难、人际关系失败等，这几乎和自体心理学关于自恋性人格障碍的病因理论如出一辙，但佛教的理论在这里没有用发展心理学的理论从个体早期被养育的经历中找原因，而更注重当前的问题和问题原因，即使找原因加以解释，也往往引用"业"这样的概念来解释该个体可能的先天性原因。如果要解释佛教中的"我执"，有必要对佛教中的"无我"做出说明。佛说宇宙人生万事万物，皆因因缘和合而成立，也因因缘分散而消灭，"我""我们"所谓的"具有生命的人"，被佛教定义成是精神和物质的暂时聚合体，而构成精神和物质也是变化无常和没有绝对主宰的，即所谓"无自性"，这就构成佛教在真理意义上的"无我"。当人类不能认识到这一无常，特别是不知道身体、精神及世界是无我、无主宰的自然规律时，因此执著地将身体、精神、世界当成是真正的我，称为"我执"，在佛陀看来，对于"自我"永远的执著是人的本性，正是它引起了人类的快乐，但也引起了人类的痛苦烦恼，"我"是一切欲望的根源，按照"四谛"说，亦是一切"苦"的根源。当"我"得到了承认或者得到了某些事物而快乐幸福，当"我"被否认或者失去了某些认为是自我的事物而悲伤、烦恼。因此佛教教导只有洞察这一"无我"的自然规律，才能放下自我的执著而解脱，这需要有精神上的训练实践，即禅定和内观，后面一节在与社会工作的认知行为调理相比较中加以论述。

早期佛教把"诸行无常、诸法无我、一切皆苦"称为"三法印"。"诸行无常"是指世间一切事物都是因缘和合而成的，时时在变，永远在变。人们希望美好生活能够保持恒常不变，这种愿望与变化不居的现实之间形成了强烈的矛盾，矛盾得不到解决就会导致痛苦。"诸法无我"是说不存在独立不变的主体，不存在起着主宰作用的"我"；一切事物都是因缘合成的、相对的、暂时的。"无我"分"人无我"和"法无我"。"人无我"的意思是，人不是自己的主宰者，人无法主宰自己的命运，企图通过个人奋斗来改变自己的命运是不可能的；"法无我"的意思是，世上不存在能够主宰一切的超自然力量，祈求神灵是没有用的。"我"并不存在，只是为了沟通方便而制造的心理概念，肉体只是五蕴的组合而已，它的基础并无实质，也不恒常，只有一个不断在改变的过程，这个过程被认为是永恒的实体"自我"。拥有"我"和"我所有"才是苦的真正原因，如果刻意争取和执著，好的东西全部变成苦的原因，赞美、名声、荣誉等等全部变成苦。由于执著和攀援的关系，一切都会变成不如意①。如果什么都不能被想象成"我"，什么都不能被执著为"我所有"，人生痛苦不会产生。

无论是"自恋"还是"我执"的概念都帮助我们看清楚一般心理问题可能的产生原因和治疗途径。佛教认为人生痛苦的根源归根结底是因为"无明"，"苦"或"烦恼"源于人的"我执""执恋"及"欲求"，自我、占有欲和刻意的追求容易使人产生痛苦、不安、失望、烦躁等一系列负面情绪，尝试将自我的执恋放低，简化生活要求，放弃既有的观念。这并非要人苟且偷生，不求进取，而是不拘于世俗名利，放下牵累，培养世人的所谓"超脱"精神，在新的环境下学会适应平静安然的生活②。人的生命是一个充满矛盾运动的过程，既有积极、阳刚的一面，即人有种种的理想，人有无尽的追求和探索，同时也有消极的、阴柔的一面，那就是在追求和探索中，人会感受到种种矛盾、种种痛苦，种种不尽如人意，特别是遭受到种种挫折和打击时，这种痛苦感会更加强烈，佛教此时的说教就是代表了生命运动中消极的、阴柔的一面，的确对抚平心灵的创伤、消解心灵的痛苦有很好的效果③。用"自恋"的概念比附佛教中的"我执"，使一般人在理解自己生活烦恼的心理学意义上的起源而能够比较好面对和调整的同时，对于东方古典哲学精华之一的佛教则可以有更多一种现代性的解释和帮助理解的途径。

---

① ［泰］佛使尊者著，郑振煌译：《何来宗教》，台北：慧炬出版社，1992年，第51页。

② 陈丽云等：《身心灵互动健康模式：小组辅导理论与应用》，北京：民族出版社，2003年6月，第134页。

③ 方广锠：《渊源与流变——印度初期佛教研究》，北京：中国社会科学出版社，2004年5月第1版，第143页。

第三节　佛教的"定慧双修"与"认知行为"调节

一、佛教中的"止""观"理论与认知行为调节

前面章节中，提及了佛教五蕴与痛苦的关系，由于人是五蕴所构成，便常把自己的精神或者肉体执为实有，当成真正的自己，进而往外追逐声色等，以满足自我，但却产生种种的痛苦烦恼。如果使用佛教缘起的心理模型来解释烦恼的生起，即"我执"为核心的无明——欲爱——苦或乐及生死轮回，如果转换成现代术语表达，就是对于"自我"的执著导致错误的认知——执取——负面情绪或具有潜在负面性的正面情绪。为了解除痛苦烦恼，佛教提供了个体的训练方式——提供注意力的禅定和提高洞察力的内观，在佛教里称为"定慧双修"或"止观俱行"，在社会工作中称为"认知行为"调理。如果烦恼的解除或者生死轮回的熄灭还是同样运用上面的心理模型，就变成否定式的，即以结束"我执"的无明（通过禅定和内观）——结束欲爱——结束苦或乐及生死轮回，如果转换成现代术语表达，就是消除自我的执著、结束错误的认知——执取的解脱——负面情绪或具有潜在负面性的正面情绪的终结。虽然目前还没有全面的研究证明这些训练一定会如佛教预期的一样改变个体的人格和心理，但一部分人的实践说明这些训练的确会产生改变，而某些良好的改变可以改善人类的心理状况。

止观二者，观更为重要，最重要的观，是观心。佛教所谓修行、修持，其实质是修心，因此所谓的止观，重点指心观所说的"三学""六度"等修行之道，其实都是自治其心、自净其心的

技术①。

> 观是心性，不见内入心，不见外入心，不见内外入心；
> 不见阴中心，不见界中心。既不见已，作是思惟；如是心、
> 缘为异不异？若心异缘，则一时中应有二心；若心即缘，
> 不应复能观于自心，犹如指端不能自触，心亦如是。作
> 是观已，见心无住无常变异，所缘处灭②。

佛教中的观修也称为"慧"，慧即智慧，佛教中的"慧"，又称般若，内容极其庞杂丰富，其核心是对于人生和宇宙的本质的论述。佛教所说的智慧指的是超越三界的宗教智慧，是要求人们由此建立佛教的世界观③，而有别于我们平时所谓的知识和智慧。"慧"称为佛教小乘三学，大乘六度之一，以后更进一步认为是"般若是佛母"。此中，"般若波罗蜜多"是"到彼岸的智慧"，是一种现观空性的甚深智慧。归根结底，佛教要求人们崇信佛法，看清人的五蕴（精神与肉体）都是以自性空，都是没有内里的实在性，必须看透这一点，才能消灭"无明"，才能由痛苦烦恼中脱离出来，得到自在。所以，经上说："观自在菩萨行深般若波罗蜜多时，照见五蕴皆空，度一切苦厄。"④ 所以佛教修持的最大特点，重视理论的构建，要使生命得到提升，就必须以很深的智慧，而鄙视极端的苦行，印度有一种向内追索的传统的思维方式，

---

① 陈兵：《佛陀的智慧》，上海：上海古籍出版社，2006年1月，第178页。

② 《大集经》卷十，《大正藏》第13册。

③ 方广锠：《渊源与流变——印度初期佛教研究》，北京：中国社会科学出版社，2004年5月第1版，第150页。

④ 《般若波罗蜜多心经》，《大正藏》第8册。

佛教在这里反映出的正是这种思维方式①。在佛教看来，产生社会人事方面的种种痛苦的根源，完全在于人们自身的"怨憎""爱"及"求"。这种归结法的目的就是，实际上是要论证一切问题的关键在于人们自身，在于人们的世界观和认知方式。

除上述之外，佛教中的其它理论也对行为认知心理治疗有非常广泛的意义，如"业"论。佛教认为，人的行为可以通过某种神秘的力量对今后的生活和命运产生影响，这种由于行为带来的神秘力量叫做"业"，佛教有关行为及其行为后果的理论可以称为"缘起的业力理论"。业分为三类：意业、口业、身业。意业就是心理活动，口业就是言语，身业就是行为。这就是说，业不仅指外在行为，还包括心理活动。三业之中，"意业为最重"，因为身口二业皆由意业发起，佛教中的"意"往往与"心""识"连用，《本事经》卷一佛言："心意所使，行如是行，趣如是道。"②这样又把"业"和上述的"心"联系在一起。"心取地狱，心取恶鬼，心取畜生，心取天人"③，所谓善业、恶业，皆以意、心为先导。佛教中，业力的作用表现为当前的行为会对今后很长一段时间产生作用，行为自身是被多种因素决定，但它也产生一定的相关后果，这个行为与后果的相应关系就构成佛教的业论。

按照轮回说，今世的命运是由前世的行为所决定的，今世的行为又会影响来世的命运，这种现象称为"业报"。善有善报，恶有恶报，在佛教的六道轮回理论中，所有的个体便在地狱、饿鬼、

① 方广锠：《渊源与流变——印度初期佛教研究》，北京：中国社会科学出版社，2004年5月第1版，第220页。

② 《本事经》，《大正藏》第17册。

③ 《五苦章句经》，《大正藏》第17册。

畜生、阿修罗、人和天这六个处境中转变轮回，前世为善，后世升级；前世行恶，后世降级。所以为了来生，人必须控制自己的行为，多做好事，少做坏事①。六道轮回的理论很容易被误解成是决定论，就是只知道因与果是有联系的，而忽略了"果"其实应当是相应的果。其实这种决定论恰恰是佛教所极力反对的，佛教所强调的真实情况是，人的行为有多种多样，甚为复杂，并非每种行为都会承担相应的后果，某种性质的业，在某种环境下就会产生某一相应的果。佛陀强调业力只不过是影响人性格中的众多因素中的一种而已，并不决定人的所有一切。现实中可以发现：由于两个人的环境不同，相同的业便会产生不同的后果。因为它强调行为的后果，不单依行为本身而定，而且决定于很多因素。一个没有好好去修炼他的身、心、戒与慧的人，极卑微的罪业就会使他往生地狱。而对已有修炼的人，类似的罪业只会在本世引起小报，甚至无碍。

二、"坐禅"与认知、行为调节

"禅"由梵文音译而来，意译为"思维修""弃恶""静虑"之意，来源于印度哲学，这种"调息静坐，冥思入定"的方法被引入佛教，成为一种练习方法，用来抑制自己的欲望，内心反省自己的行为，守住内心，不让精神外溢。这种修炼方法在佛学中称为"坐禅"。禅修通过内向自省（认知）、静坐（行为）可以使自己不受外界的影响，使心地宁静和平，通过禅定和内观这一佛教称之为解脱的训练，以了解"自己"的身心、世间无我的本质。

---

① 黄国胜：《佛教与心理治疗》，北京：宗教文化出版社，2002年11月，第140页。

在佛教看来，对于"自我"永远的执著是人的本性，正是它引起了人类的快乐，但也引起了人类的痛苦烦恼。当人类通过如实训练观察亲证身心和世间的无常无我本质后，执著和欲望就消逝，这时候痛苦就不再生起，当然这时候快乐也就不再生起，因为我们所感知的快乐是那些隐蔽着痛苦的暂时快乐，这时候的内心将是绝对宁静之幸福喜悦。

当代著名心理学家徐光兴教授曾经高度评价"坐禅"的心理学意义，他认为，"坐禅"不仅仅是一种神秘的宗教体系，在现代心理学意义上，它是一种心理学的修炼方法，相当于认知行为疗法。认知行为疗法在心理治疗体系中原本是两种治疗方法，即认知疗法和行为疗法。行为疗法是 20 世纪 50 年代以后兴起的心理治疗方法，理论基础是巴甫洛夫的经典条件反射说，斯金纳的操作条件反射和班杜拉的社会学习理论，它并不关心潜意识、心理防御等看不见摸不着的东西，而是着眼于行为的改变，具体治疗方法有很多，比较常用的是放松训练、系统脱敏、厌恶疗法、消退法等①。而认知治疗是另外一类心理治疗的总称，包括艾利斯的理性情绪治疗法，贝克的认知疗法等，其理论根据是：人的情绪障碍和行为障碍和人的认知曲解有关，因此改变认知便可以改变人的行为和情绪②。简单地说，认知疗法是通过改变案主的思维方式，即对事情的看法和态度来改变心情，行为疗法是通过改变人的行为来改变案主的状态。两者各有千秋，随着现代心理治疗

---

① 翟进、张曙编著：《个案社会工作》，北京：社会科学文献出版社，2001 年第 1 版，第 204–211 页。

② 黄国胜：《佛教与心理治疗》，北京：宗教文化出版社，2002 年 11 月，第 123 页。

的整合趋势，将这两种不同形式的心理治疗相互结合起来使用，对案主取得不错的效果。坐禅的认知方面即"内向自省"，不受外界干扰，以求得省悟；行为方面即采用"静坐冥思"的方式来调整身心。佛教传入中国后，"坐禅"就变成了东方的行为疗法，在现代的日本发展成为内观疗法。坐禅被看作是一种东方人的心理疗法，1000多年以后，这一技术被欧洲吸收。德国的休尔斯，根据坐禅的技术创造了心理疗法中的"自律训练法"，对世界各国的心理矫治技术产生很大的影响，精神分析学家荣格对"坐禅"进行了总结，此后，国外又有许多心理学家对禅进行了研究，总结了"坐禅"的五大技术，相当于佛教中的"五大法门"①：

（1）调息。调息就是调和呼吸，使身体和心灵宁静下来。此技术就是要排除杂念，集中注意力，进入冥思状态。

（2）不净。即眼睛观看不净之物，例如腐烂之物，尸体等，以抑制内心欲望的扩张。

（3）慈悲。观察美好的事物，求得一种宁静、欢娱的心情，抑制内心的愤怒，以及过激情绪。

（4）因缘。对一切事物，都要用理智、冷静的态度去分析、理解这些事物的因果关系，用理性去战胜邪念。

（5）念诵。幻想佛的坐姿，赞颂他的名号，摆脱恐惧，战胜欲望，达到清净平和的境地。这种方法被使用到暗示疗法中，如用语言、想象等进行自我暗示。

"禅定"这种反省沉思式的情绪体验过程提升了自己对自己、对他人的同感、减少了在理解他人时无意识的限制性的附加条件。

---

① 徐光兴：《心理禅——东方人的心理疗法》，上海：华东师范大学出版社，2007年3月，第147页。

每个人都有快乐和互爱的能力，参禅就是要把所有蕴藏在心中的创造性、仁慈的冲动都自由地发挥出来。用铃木大拙的话说："禅本质上是洞察人生命本性的艺术，它指出从奴役到自由的道路……可以说，禅把蓄积于我们每个人身上的所有能量完全而自然地释放出来，这些能量在普通环境中受到压抑和扭曲，以致找不到适当的活动渠道。因此，禅的目标乃是使我们免于疯狂和畸形。这就是我所说的自由，即把所有蕴藏在我们心中的创造性的与仁慈的冲动都自由发挥出来。我们都具有使我们快乐和互爱的能力，但通常对此视而不见。"①

在社会工作的认知行为调理中，社会工作者更像是一个教育者、教师的角色，而佛教恰恰充满了教育理论，佛陀本人也是一个卓有成效的教育家，一代代的弟子在佛教修行实践中学会了如何达到涅槃的境界，从而在痛苦中解脱，中国佛教制度中的师父的称谓以及师父和徒弟之间的亲情关系更集中体现了充满中国传统文化价值的师生情谊。佛陀采用的教学方法和理论比现代教育学理论的诞生早两千多年，今天的教育学原则大多基于各种心理学资料和科学实验，这些结果只是在过去100多年中获得的，但却能在几千年前的佛教中找到影子。

---

① ［日］铃木大拙：《禅宗与精神分析》，王雷泉等译，贵阳：贵州人民出版社，1987年，第155页、164页。

第四节　佛教的"实存主义"意蕴
与社会工作"人本主义"理论

一、西方哲学中的"实存主义"

实存主义,又被译为"存在主义",是现代西方哲学的一个流派,与精神分析具有相似的文化背景,19世纪末西方二元论世界观的崩落一定程度上造成了它的兴起和发展。西方人对自然人事,都有二元对立的思维倾向,与中国单元式或者交融形态的世界观互相对立,除了亚里士多德所创始通用二千余年的是非对错二值对立的古典形式逻辑,如客体与主体、理想与现实、本体与假相、天启与理性、心与物、社会与个人、灵魂与肉体等等的对立,宗教信仰上的超越世界与现实世界完全分离,天国与地狱断然隔绝,细察西方人的这种二元论世界观的渊源,可以追溯到古希腊形上学理论与正统基督教思想。西方社会在重大变革,如战争、大革命、经济扩张竞争,或者遇有"异端"思想的冲击,如科学主义世界观的、经验论、泛神论等反二元论世界观的哲学思想得势,使得人存在意识本身流离失所,到处弥漫着世纪末的虚无主义气氛,西方哲学家在这种状态下开拓出实存主义理路①。实存主义创始人是丹麦哲学家基尔凯郭尔,他论述了生命中的焦虑与不确定性,德国哲学家尼采提出了权力意志学说使得存在主义思想在19世纪的欧洲流行起来,后来,海德格尔和雅斯贝尔斯以及法国哲学家萨特都

---

① 傅伟勋:《从西方哲学到禅佛教》,上海:生活·读书·新知三联书店,1989年4月第1版,第158页。

试图把存在主义和精神分析相结合，称为"存在分析"或者"存在主义心理疗法"，萨特在其著作《存在与虚无》一书中曾经专列一节讨论存在主义和精神分析，把弗洛伊德的理论称为"经验主义的精神分析"，把自己的理论称为"存在主义的精神分析"[①]。曾经一度在法国流行今天仍有较大影响的萨特无神论实存主义乃是以伊凡所高唱的"（假如）神已逝去，则（结论上）一切皆可妄为"当作理论的出发点，畅论"实存主义即是人本主义"一篇中所表现出的人性观、自由观与伦理观[②]。

实存主义，把个人存在看作一切存在的出发点，实存问题中最重要的分辨是实存主体的自由抉择或者信守所显现出来的"本然性"或者"非本然性"的分辨，如一个人在违背自己的良知或者良心时会产生一种内在的实存矛盾，这种抉择就是非本然性，反之，就是本然性的抉择。萨特是实存主义者之中最不遗余力的主张"实存先于本质"的一位，每个人生下来就具有他人无可替代的实存独特性，人有绝对的自由去做种种的抉择，没有任何"本质"，不论是传统思想、社会习俗、宗教教条、或者政治社会原理，预先管制或者指导每一独特主体的实存的抉择或者信守，虽然有些极端，但他强调实存主体的自由、自主或者独特的性格的观点可以为中国人所接受，因为中国哲学大学与中庸所云"慎独"功夫，王阳明的"致良知"，甚至庄子与禅宗所倡导的"无心"，都具有极其浓厚的中国式实存主义意味，都十分注重伦理道德或

---

① 黄国胜：《佛教与心理治疗》，北京：宗教文化出版社，2002 年 11 月第 1 版，第 286 页。

② 傅伟勋：《从西方哲学到禅佛教》，上海：生活·读书·新知三联书店，1989 年 4 月第 1 版，第 165 页。

者宗教解脱上的自我抉择与自我负责。台湾著名哲学家傅伟勋曾经把禅宗作为中国式"实存主义"去分析。

　　傅伟勋把人的内在问题分为三类：第一是人的心理问题，第二是人的精神问题，第三就是实存问题。心理问题是处在最底层的内在问题，也是所有人都普遍遇到的问题，主要指心理活动的负面现象，人人在日常生活里时时刻刻有所感知，如寂寞、孤独、抑郁、紧张、神经错乱等大大小小的心理失常或者病症都包括在内；精神问题则属于高层次的内在问题，如对生命意义的丧失以及重新探求，对于死亡与死后的迷惑，伦理道德上的责疚感，儒家所说的忧患意识等等；实存问题，特指实存主义所关心的"实存（兼含现实存在与真实存在二义）的抉择或者信守"问题。在傅先生看来，弗洛伊德的心理分析理论把所有内在问题还约化为心理问题，而不承认所谓的精神问题或者实存问题，心理问题的原因不外乎是心理活动的二元性分裂所引起的"心理冲突"，譬如自我与本我之间的冲突、自我与超我之间的冲突，而几乎所有心理问题都可以还原到孩童甚至婴儿时期的原始性爱欲求所由产生的偏差或者不满足。弗洛伊德解决心理问题的根本办法是，对于造成心理冲突的或者病症的早期原因，使用催眠术，观念联合、患者的自由发泄等去进行心理分析，让患者依靠精神病学的帮助重新追溯自我病症史的始因，而获得病原学的自我了解。在承认他的理论在人格形成理论、精神病理学、精神医学、心理治疗等方面有显著贡献的同时，也看到了他的理论犯有科学主义的心理还约化偏失，因为他坚信科学的纯粹知性可以完全取代传统的哲学和宗教，彻底解决人的一切内在问题。实存主义的萨特，与弗洛伊德完全对立，把人的内在问题统统还约化为实存问题，用实存分析去探讨内在问题的本质结果是，问题的解决在于除去一切虚伪信念或者自我欺瞒，唤醒人人从实存的非本然性梦眠悟觉过来，重新发现并肯认无法脱离的实存主体的绝对自由，由是彻底转化实存主体的非本然性为本然性，还出本有的绝对自由。佛教兼有宗教的广度和哲理的深度，佛教禅宗一方面超越的包容传统大小乘的佛学理论，一方面又以简易无比的顿悟功夫彻底的消解人的内在问题，所谓的"内在问题"原是本来无一物，将"复杂的世俗众谛寓于简易的无心真谛"，化"有"为"无"，而以无心无念，无得无失的绝对主体性之下体认"生死即涅槃"或者"日日是好日"的终极意义①。

二、佛教中"人本主义"调理式的教导方法

佛教的最终的目标是觉悟，而禅宗的悟，不是单纯的教导。论证只是让人理解、明白某种道理，也许是某种概念的"悟"，但不是禅的体验的"悟"。禅师唯一的教导方式是让人亲自去实践、体验，必要时给予暗示，这类似于社会工作个案辅导中的"人本主义治疗"，或者"来访者中心治疗法"，"非指示性"的心理咨询方法。这种咨询技术是将个人自我发展潜力释放出来，用自我理解和觉醒来达到当事人的认知、行为方式的变化②。以下以佛教禅宗流派临济禅为例说明。

在临济禅思想中，这种对个体自我主体性的确认表现为对"真正见解"的强调，所谓真正见解，即是真正的自己，要人在自己

① 傅伟勋：《从西方哲学到禅佛教》，上海：生活·读书·新知三联书店，1989 年 4 月第 1 版，第 350、352、355 页。
② 徐光兴：《心理禅——东方人的心理疗法》，上海：华东师范大学出版社，文汇出版社，2007 年 3 月第 1 版，第 17 页。

的生命中树立起真正的自我，树立起自己的主体性。在日常生活的各个方面，不要人云亦云，而应当有自己的见解，智慧来自认识你自己。《临济录》①中说："今时学佛法者，且要求真正见解。若得真正见解，生死不染，去住自由，不要求殊胜，殊胜自至。"这段文字提到人如果能确立自己的"真正见解"，便可"生死不染，去住自由"。这些善与恶、净和染、生和死之间的矛盾，实际上都是相对性的矛盾，而真正的主体性则是一超越的主体性，所以真正的主体性超乎一切由生死、善恶、染净等相对事物所构成的二元格局，是超越这些相对性的矛盾，所谓"不要求殊胜，殊胜自至"。意谓人若能建立真我，则无需刻意的追求精彩，求殊胜，这殊胜便自然达到，因为殊胜都是依于真正的主体性而成立，都是由于自己真实的自我所发出的，离开这一真我，其他一切事物都是外在的，并没有真正的殊胜在。

　　"夫出家者，须辨得平常真正见解。辨佛辨魔，辨真辨伪，辨凡辨圣，若如是辨得，名真出家"。②佛与魔之间的分别，凡与圣之间的分别，都是在真正见解之下确定的，这些所谓的"真伪""佛魔""凡圣"的区别，明显的不是知识问题，涉及的是一个内在的精神状态的提升的问题。如果你能就当前的日常生活中树立起自己的真正见解，真实的主体性，便当下是佛，是真，是圣，否则便是凡，是伪，是魔，这些不是研究某些外在的对象的知识问题就能解决的。如果你能不断地提升自己的精神状态，以真正能够树立起真正自我和主体性，你的生命便由凡转圣，由伪转真，这才是真的出家，出家与否不是从形象上去区别，剃了头，披了

---

① 《镇州临济慧照禅师语录》，《大正藏》第 47 册。
② 《正法眼藏》卷第二之上，《大正藏》第 67 册。

袈裟，这些只是外在的表现，若单只有出家的形式，内心却时常怀有邪恶的念头，想着发财出名，树立自己的权力地位，这种出家是没有多大意义的。"真佛无形，真道无体，真法无相"①，人如果从"形""相""体"这些外在的东西去所求真理主体性，都是没有结果的。这些都是要建立内在的主体意识，不要在外在的形式上求索和纠缠。只做些琐碎的工夫。真佛无形，是指真正的佛不是从外在的形相去决定，真道无体，是指真正的大道或者道理本身也不是从形体看。真法无相，真理本身是超越乎种种相对的形状。②

禅宗进一步指出，人要能有自己的真正见解，才不会受别人迷惑，然后才能把自信建立起来，在临济的语录里，时常提到"不受人惑"，"自信"等语，这都是要人挺立内在的自我及真正的见解。下面一段文字：

> 如真正学道人，念念心不间断，自达磨大师从西土来，只是觅个不受人惑底人。③④

他说达摩从印度来，目的是寻求一些不受他人迷惑的人。所谓不受他人迷惑，就是人能挺立自己的主体性，有自己的见解、主张，而不会摇摆不定，事事跟着别人的脚跟转。而人所以能有自己的

---

① 《古尊宿语录》卷第四，《镇州临济慧照禅师语录》，《大正藏》第 68 册。

② 吴汝钧：《中国佛学的现代诠释》，台北：文津出版社有限公司，1995 年 6 月，第 218、219、220、221、222 页。

③ 《镇州临济慧照禅师语录》，《大正藏》第 47 册。

④ 《古尊宿语录》卷第四，《镇州临济慧照禅师语录》，《大正藏》第 68 册。

见解和主张，是因为它能树立真正的自我、主体性。所以"如山僧指示人处，只要不受人惑，要用便用，更莫迟疑，如今学者不得，病在甚处？病在不自信处，若自信不及，便茫茫地，循一切境转，被他万境回换，不得自由"。① 真正见解最终是要从树立主体性处着眼，"只要不受人惑，要用便用，更莫迟疑"意思是人若能挺立自己的主体精神，不受外在事务的引诱及别人知见的迷惑，这样便能要用便用，所谓"用"就是表现，你要如何表现，便能如何表现。顺应着你原来主体性的方法去做，不再因为别人的引诱和影响而迟疑不决。人的弱点乃"病在不自信处"，对自己没有自信，摇摆不定，思想和行为上都不能建立自己的主张。如不能建立自信，则"茫茫地，循一切境转"，茫茫然地被一切外在因素所影响，跟着这些外在因素兜转，无法维持自己的主张。这些因素使人四处流荡，左右摇摆，所以"被他万境回换，不得自由"一时则如此，一时则如彼，不能依于特定的立场、原则或者见解前进，如此人便不得自由。总之，临济禅以为人若不能挺立自己的主体性，便会缺乏自信，易受人愚弄和迷惑，由是一切行为活动都只有随着别人或者外在事物而流转，忘失自我，不能表现出真正自我。

除了上述对人的生命存在表示乐观、自信之外，临济禅诱导学人的手段表现出丰富的技巧和经验，在授人道理时，并不是纯粹客观的理论问题，而是与实存主体的个别需要息息相关，即在尊重个体差异的基础上，对应不同根器的教法②。

---

① 《正法眼藏卷》第一之下，《大正藏》第 67 册。

② 吴汝钧：《中国佛学的现代诠释》，台北：文津出版社有限公司，1995 年 6 月版，第 230、231 页。

> 山僧此间作三种根器断。如中下根器来，我便夺奇
> 境而不出奇法。或中上根器来，我便境、法俱夺。如上
> 上根器来，我便、境、法人俱不夺。如有出格见解人来，
> 山僧此间便全体作用，不应根器 ①。

他在这段文字中提到四种不同根器的人，即"中下""中上""上上"及"出格见解"。这些不同根器的人，他会以不同的教法诱导，而其教法则涉及三个方面，包括"境""法""人"。"境"指对象，"法"指整个存在世界，"人"则指主体。对于中下根器的人，他会"夺奇境而不出奇法"，即对他否定外境，对象方面而保留整个存在世界。因为这种根器比较低的人，比较容易执著对象，以为对象是有自性的，所以常常纠缠在对象上；另一方面，这种根器的人，对于世界又有一种厌离的心态，对世界抱有一否定的态度。对应这类见解的人，方法便是"夺奇境而不出奇法"，对他们所执著的外境、对象方面加以否定，而对于一般的存在世界，则予以保留，来矫正他们的偏颇。对于中等根器的人，则"境、法"俱夺，即对于对象及存在世界两方面同时加以否定，使他们觉悟到无论是对象还是存在世界，其本质都是缘起，都是空。要他们明白"空"这一绝对真理。对于上等根器的人，则"境、法、人"俱不夺，即对于根器较高的人，既不否定对象，也不否定存在世界及作为主体的人，使人明白真理本身，不是单纯的以"空"可以概括。根器高的人，对于外境与存在世界这些存在，应能如实的去看待，而不是单从自性的否定性上着眼，这是对比三种不同根器的人的不同教法。对于那些最上乘的，所谓"出格见解"的人又如何呢？

---

① 《古尊宿语录》，《大正藏》第 68 册。

所谓"格"即指一般的规格。"出格"即是超出一般的规格，非一般规格所能限制的人。这些人又有独特的天资，根器较前三者都要高，对于这些人，临济便要用其全部的机用与生命力来引导他，无需计量他的根器、能力，只就当前的表现、需要而随机的运用一切的方法、机用去引导。

临济禅中充分体现了对个体差异的尊重，对个体特殊性的考虑。即使持戒，因个人根器不同，也有三种戒相："上品高达能爱能持，修道会圣；下品小人能受能破；中品之徒，善不自发，望上而学，可准下流耶。"①

这当然不仅仅是临济的独创，而是沿袭了佛教始祖释迦牟尼的传道手段，释迦牟尼传道时一般都是针对具体的人、具体的事而说法，或应弟子及其他的人要求就某一具体的事情发表观点，佛经称这种方法为"对机说法"。有时释迦牟尼也主动发表一些观点，佛经称这种方法为"无问自说"②，但这种场合的概率很低。"对机说法"发展到密宗时期成为"一把钥匙开一把锁"，具有难以猜测的神秘主义色彩。这类似于孔子教育方法中的"因材施教"，在社会工作方法中称为"个案社会工作"，也称为"一对一"服务。尽管案主们的问题看来很相似，工作者也很可能会把他们分类与组合，然后以一定的模式去处理。但是，个别化的原则仍是重要的，因为只有靠个别化原则才能确保个案工作者对每个个案做出适当、精确以及有独特功效的诊治。由于个案工作的对象是人，而人的状况与问题是复杂的，个案工作的基本价值理念是

---

① 《行事钞》卷上三《受戒缘集篇》，《大正藏》第40册，第30页上。
② 方广锠：《渊源与流变——印度初期佛教研究》，北京：中国社会科学出版社，2004年5月第1版，第83页。

尊重个性、承认人的价值和独特性，这是个案社会工作的灵魂，所以个案工作不能以刻板化公式化的方式进行，而是因人而异，要求个案工作者认同和了解每个个案的独特性，将案主看成独特的个人，重视案主对待困难和问题的个人感受与看法，个人问题的性质和成因以及解决问题的阻力和助力不同，并运用不同的原则和艺术性的方式来帮助案主①。

佛经中有这样一个故事：小乘佛教修行五停心观以对治世俗不同的心绪和欲望，这就是以"不净观""慈悲观""因缘观""界分别观"和"数息观"分别对治"贪欲""瞋恚""愚痴""我见"和"散乱之心"，数息观和不净观都为五禅法之一，数息观，指通过计数呼吸次数让浮躁分散的精神变得专注的禅法，不净观，指观肉体的不净而停止贪欲之心的修行禅法。释迦牟尼的高足舍利弗为洗衣店老板教授数息观，为铁匠教授不净观，但这二人始终不能掌握，释迦牟尼见到此景，就把讲授内容反过来，教洗衣店老板不净观，教铁匠数息观，于是二人立即产生了很大智慧②。个别化和因人而异的原则表明了助人职业的复杂性和从事这项工作时所应遵循的人本主义原则。因为"悟"有时不是从老师的教导处得到的，也不是从理性的分析中得到，而是自己本身能量积聚的爆发，此谓"顿悟"。

社会工作者的宗旨和原则是"助人自助"，尽管社会工作以"助人"开始，但是最终的结果是"自助"，"自助"有两种理解，一是助人者自己从中获益，或是境界的提升，或是人格的完善，

---

① 许莉娅：《个案工作》，北京：高等教育出版社，2008年5月，第4页。

② ［日］池田大作、［英］B.威尔逊：《社会与宗教》，成都：四川人民出版社，1991年10月，第150页。

二是被帮助的对象能够自立和自主。为什么社会工作者相信人有"自助"的能力？这来源于社会工作者对个体人的非常乐观的自信，在人本主义社会工作者眼中，每一个工作对象都有潜在的发挥自己的优势、实现自己的价值的能力。之所谓的"自主性"，在社会工作者眼中，自主性是指个体对自己生活价值的肯定，它使个体感到自己是一个积极、主动、有效的活动主体①，只不过这种能力由于各种原因没有被挖掘出来，这需要社会工作者帮助求助者认识自我，认识自我是发挥自己的潜能的前提。在佛教的传法过程中，特别是佛典中所记载的佛陀对弟子们的教育，始终是把着眼点放在如何开发个人的内在潜能上。佛陀对人心有细致入微的观察，揭示了人心不可思议的潜能，提出了一系列自知其心、自净其心、开发自心潜能的操作技术，描述了人心潜能被彻底开发的奇妙功用，树立了彻底净化自心的圣智型人格楷模②。

本章小结

本章主要内容是佛教社会工作微观服务技术，其中主要从三个方面分析了佛教与心理学之间的会通。佛教和心理学当然不是同一件事情，如贝蒂肯所说，任何含义的产生是因为阅读者和他所读的原文之间产生互动或者对话的结果，而不是它早已经作为毫无确定性质的原稿固定的存在于那里等着人去发现它。因此，

---

　　①　童敏编著：《社会个案工作》，北京：中国社会出版社，2000年9月，第51页。

　　②　陈兵：《佛陀的智慧》，上海：上海古籍出版社，2006年1月，第294页。

佛教和心理治疗各自是两种异质的事物各自按自己的逻辑轨道原本并不相干地发展着，之所以二者之间后来有了关联，完全是因为那些读者主观意志的原因，他们从心理学、历史学、社会文化学、性别观等不同的视角，把所看到的有关两者的文献资料的观点理论并结合一些实践中的亲身体会进行整合和再创造，于是就把两者拉在了一起进行诠释①。但通过本书上述的诠释，至少在下面三点可以找出二者的一些共同语言：第一，二者都承认有一些障碍阻挡了应该发生的变化，佛教所讲的人生痛苦在心理学家看来就是人都有心理障碍，心理分析中的心理防御机制的"否认"或者"拒绝"，佛教上称为"无明"。第二，二者都强调人本主义的关怀，都强调人际关系的重要性。佛教传统上强调师父和弟子之间如亲情般的师生友谊，心理咨询强调心理治疗师和接受治疗的人之间要有良好的互动关系，这样亲密的情感关系本身充满了人本主义的色彩。第三，都强调类似的进行实际情绪体验的过程，佛教称之为"禅定"，心理治疗称之为"冥想"。总之这些共同语言使将两者之间进行比较分析成为可能。

任何一种传统都不是这个世界上最终的断言，即使将这两种文化互相借鉴、互相吸收，进行交叉使用也不是万能药，一方的缺点另一方也不能完全替它弥补，这两者之间的互相补充和丰富不能解决所有领域都要解决的问题。比如即使有了佛教的补充，心理分析也不可能在对于文化、社会经济和历史力量在人类发展中的所扮演的角色有更多的敏感性，佛教也不可能因为遭遇到了心理分析使得它对于现实中女性仍然受到歧视问题改变原来的观

---

① Batkin, M.（1986）.Speech genres and other late essays. Austin：university of Texas Press。

点。无论是心理分析还是佛教都不是绝对的的真理，他们不是在任何情境下都必须要遵循的一系列理论和程序。人类的一些创造，只不过是一些特殊人群在特定的历史情境中，为了解决某些历史性的突出问题，而发明出来用来服务人类的某些特殊兴趣罢了，因此没有一成不变的理论，这一章节的意图是让两者在互相尊重的基础上进行平等的对话，除了诉说不同之处，能彼此感兴趣并向对方彼此提供一些有意义有价值的东西。

思考和讨论
——多重文化交融视域下的佛教社会工作中国化路径

  社会工作起源于西方社会，自传入中国后，一直存在着本土化和中国化的诸多探讨。西方社会工作的兴起与宗教慈善有着深厚的渊源，一开始从事这种助人活动的大多是基督教徒或者各类带有宗教背景的慈善组织。基督教的价值理念深深影响并塑造了社会工作的价值观念，如"平等、利他、助人、奉献、敬业"等。[①] 基督教思想中包含的博爱、平等的观念促使上层社会对平民百姓尤其是弱势群体产生道德上的同情，对至善的颂扬使"社会工作"这种利他行为变得更为自觉。后现代的社会工作思想流派，更加强调社会工作理应成为工作者个人的道德实践，社会工作者和求助者的专业关系中的道德反省成为工作者个人道德实践的一部分。[②] 社会工作作为社会福利的发送体系，从一诞生便与宗教伦理相联系，宗教伦理中包含的精神价值，一直就是与社会福利精

---

  ① 李素菊：《论宗教的社会工作意义》，《中国宗教》，2009 年第 3 期。
  ② 朱志强：《社会工作的本质：道德实践与政治实践》，见何国良、王思斌主编：《华人社会社会工作本质的初探》，香港：八方文化企业公司，2000 年。

神有着亲和性的关系，甚至是推动社会福利的主要动力。①尽管在西方社会存在大量的社会服务机构和组织，由于宗教深厚的历史传统，这些服务机构大都有宗教背景，而当民众生活上遇到困难时，往往更加信任并且首先求助有宗教背景的慈善团体。鉴于宗教与社会工作的关系，也有现代学者直接将基督徒或者带有基督教背景的社会机构所从事的服务活动称为"基督教社会工作"。我国与西方国家有着不同的文化背景，佛教而非基督教是传统文化的重要组成部分，佛教慈悲济世的宗教理念一直影响着中国民众的社会公益心理，佛教社会福利也在中国传统社会中和政府福利、家族福利一起为提高民众福祉发挥了重要功能。本书把佛教的社会服务事业称为"佛教社会工作"。

"佛教"和"社会工作"本来是两个互无交涉的概念，能结合在一起的重要原因来自于两个领域的现实需要：首先是来自社会工作本土化的需要；其次是佛教现代化发展的需要。首先，中国佛教伦理和实践是社会工作重要的本土资源。西方社会工作传入中国后面临着本土化的问题，本土化的其中一个重要意义是在吸收外国先进理论的基础上发展本国的自生理论，自生理论的来源之一是历史和文化传统。社会工作学者提出要"重新审视本土思想资源与社会工作的关联"的迫切性，将社会工作与本土思想资源进行系统地联结的某些尝试。②对于中国传统文化对社会工作本土化的积极影响，以往研究侧重于对长期占中国正统文化地位

---

① 王顺民：《有关社会福利资源开拓与整合的若干想法：以宗教类非营利组织为例》，见郭静晃主编：《社会问题与适应》，台北：扬智出版公司，2000年，第553–570页。

② 何雪松：《重构社会工作的知识框架：本土思想资源的可能贡献》，《社会科学》，2009年第7期。

的儒家思想的挖掘，如"儒家社会工作"概念的提出。[①] 但是对作为中国传统文化的重要组成部分之一的佛教却有所忽略，有关佛教教义与西方社会工作伦理相通之处的系统研究相当缺乏。其实，佛教的"仁慈好施、慈悲为怀"等类似于西方基督教思想中蕴含的博爱、利他主义的道德规范一直为中国人践履之，而佛教在"家国同构"的中国传统社会一直是"公共利益"的承担者。现代社会，佛教社会福利若能与社会工作成功结合，有着重要的意义。如果在现阶段把中国社会工作视为在党和政府联合社会力量共同合作为百姓谋福利的事业，那么这种社会力量的组成也应该是多元化的，作为中国传统文化重要组成部分的佛教力量当然不可或缺，佛教社会工作的加入，将使中国社会工作本土化的探索性进程行走得更加协调和健康。其次，佛教社会工作是佛教顺应现代化发展的需要。佛教是中国的大宗教，而且在慈善公益事业发展历史中成为慈善公益组织中的一名资格较"老"的成员，在未来社会福利事业中发挥的潜在作用巨大。

佛教教义中蕴含着丰富的伦理，如慈悲、布施、福田等思想，与西方社会工作伦理和价值观如"平等、利他、助人、奉献、敬业"有相通之处。佛教自印度传入中国后，服务个体人生，应对社会灾难，佛教道德伦理指引着中国佛教不断为人类福祉贡献着自己的意义。中国佛教社会工作不仅拥有深厚的教义哲学基础，还积累了丰富的历史经验，在不同时期创造了契合时代特征的社会工作实践形态。佛教传入中国后，在魏晋南北朝时期提供了社会流动中的福利；唐宋时期的"悲田养病坊"，成为"官督寺办"的

---

① 钟桂男:《儒家社会工作学的教育与实践模式》,《华东理工大学学报》,
2006 年第 1 期。

制度化福利形式；明末清初时期围绕寺院捐赠形成的地方"士绅社会"，寺院提供了一个在其中可将士绅地位变成公共权力的社会领域；近现代民国时期以来，佛教在生存压力之下被迫进行改革，经过百年转型，已经初步从传统走向现代，太虚大师当年创立的"人间佛教"理论体系，经过印顺法师在台湾的推进和赵朴初先生在大陆的重新阐述，如今已经成为海峡两岸各宗各派公认的主导思想，也在世界华人佛教社区中得到印证和实践。海内外众多的佛教团体，在佛教法师的带领下，集众人的力量，在公益慈善、社会服务方面努力做出贡献，"人间佛教"思想指引着中国佛教迈向新的征程，也不断地为人类福祉贡献着自己的意义。当代大陆地区随着经济发展，也开始出现新的组织形式，有条件的佛协与寺院先后成立各类佛教慈善基金会，其它寺院亦仿效，陆续成立类似机构，各个佛教寺院的社会服务项目和基金会的运作，为慈善公益事业的有序展开及规范化奠定了基础。

值得探讨的是，佛教并非中国本土文化，诞生于印度的佛教自两汉时期传入中国后，与原有文化碰撞交融，逐渐实现了佛教中国化的过程，这引出一个"外来宗教"或者"外来文化"如何中国化的议题。中国佛教社会工作的历史实践过程也揭示出"宗教中国化"的必由之路。"宗教中国化"主要内含涉及"三重意义"，即如何真正从文化、政治、社会三方面适应。这里指出的"三重融入"，其理论内涵就是学术界在全球化时代所深切关注的"文化融合""政治认同"和"社会适应"，这样"宗教中国化"的必由之路也就揭示出来了：既然生存于斯、发展于斯，中国宗教便理应融入中华文化、适应中国社会，共同弘扬"以人为本、和而不同、兼容并蓄、海纳百川、有容乃大"的中华民族优秀文化传统。[①] 佛教自东汉时期落地中国后，始终受到以儒、道为代表的中国本土文化的影响，在与儒道的交融互动中，渐渐与中国文化融为一体，儒释道三教合一，共同构成中国传统文化的主体。当今兼容并蓄的多元文化社会当中，佛教文化对推动社会工作本土化，延续中国的传统文明，促进社会工作的发展以及中西文化的多元兼容，推动社会文明的进步，具有积极意义和历史功用。[②]

---

① 张志刚：《"宗教中国化"与中华文化传统》，《中国社会科学报》，2016 年 05 月 31 日，第 977 期。

② 王佳:《中国佛教团体与慈善公益事业研究评述》,《世界宗教文化》,2011 年第 2 期。